파이썬으로 시작하는 웹 프로그래밍

이한영의
Django 장고 입문

DIGITAL BOOKS
디지털북스

. . .
파이썬으로 시작하는 웹 프로그래밍

이한영의
Django ^{장고} 입문

| 만든 사람들 |

기획 IT·CG기획부 **| 진행** 박소정 **| 집필** 이한영 **| 일러스트** 장우성
표지 디자인 원은영 · D.J.I books design studio **| 편집 디자인** 이기숙 · 디자인숲

| 책 내용 문의 |

도서 내용에 대해 궁금한 사항이 있으시면
저자의 블로그나 이 책의 참조 사이트를 통해서 해결하실 수 있습니다.

디지털북스 홈페이지 digitalbooks.co.kr
디지털북스 페이스북 facebook.com/ithinkbook
디지털북스 인스타그램 instagram.com/digitalbooks1999
디지털북스 유튜브 유튜브에서 [디지털북스] 검색
디지털북스 이메일 djibooks@naver.com
저자 블로그 lhy.kr
저자 이메일 dev@lhy.kr
도서 참조 사이트 https://books.django.ac

| 각종 문의 |

영업관련 dji_digitalbooks@naver.com
기획관련 djibooks@naver.com
전화번호 (02) 447-3157~8

머리말

필자는 대학교에서 처음으로 프로그래밍을 접했다. 막연히 컴퓨터로 무언가를 만들어보고 싶다는 기대로 선택한 컴퓨터공학과의 첫 수업은 C언어였다. 학과 수업시간에 배운 메모리 할당과 포인터, 기초 알고리즘과 같은 내용은 입문자에겐 정말 재미없는 일들이었다. 학점은 바닥에 가까웠고, 그 뒤로 몇 년간은 프로그래밍에 흥미를 붙이지 못했다.

처음으로 프로그래밍이 재밌다고 느끼게 된 건 모바일 앱을 만들었을 때였다. 생활에서 실제로 사용할 수 있는 프로그램을 만들면서 프로그래밍에 빠지게 되었고, 이어서 웹 프론트엔드와 백엔드 개발에도 관심을 가지게 되었다. 이 경험으로 필자는 새로운 것을 배울 때 흥미를 잃지 않는 것이 가장 중요하다고 생각하게 되었고, 입문자에게는 기반 지식보다는 예제 위주로 직접 기능을 구현해보며 프로그래밍을 배우는 것을 추천하고 있다.

프로그래밍 입문 시절에 책이나 예제들을 보며 가장 힘들었던 것은, 쓰여진 시점에서 시간이 흐르며 사용하는 기술이 업데이트되어 실행되지 않는 코드들이었다. 경험자는 오류 메시지를 읽고 코드를 고칠 수 있지만, 입문자는 간단한 오류로도 많은 시간을 낭비하게 된다. 이 책의 코드들은 꽤 오랜 시간이 지나 사용 중인 기술들이 업데이트 된다 해도 최대한 문제없이 동작하는 것을 우선적으로 고려했다.

감사의 글

지면에 실을 수 없을 만큼 감사한 분들이 많지만, 이 책과 직접적으로 관계있는 분들께 특별히 감사의 말을 남긴다.

입문자의 시선에서 이 책의 원고로 스터디를 함께 진행하고, 많은 시간을 할애해주신
김도오, 김수연, 김정윤, 반태영, 최예흠

원고를 살펴보고 피드백을 해주신 **권은비, 신동현, 최병광**

Django를 접하고 배우는 데 도움을 주신 **배권한, 정윤원**

그리고 기나긴 집필 기간을 기다려주신 **디지털북스**와 까다로운 교정 요청에도 여러 번 애써주신 **박소정** 편집자님, 항상 격려해주신 **부모님**께 감사를 전한다.

마지막으로 사랑하는 아내 **주희**에게 황금 같은 주말마다 집필을 위해 카페에 출근하며 함께 시간을 보내주어 감사하다는 말을 전한다.

■ 대상 독자 및 필요 배경지식

이 책은 기초 Python을 학습했으며, Django를 처음 접하는 입문자가 예제를 따라 프로젝트를 구현하며 자연스럽게 Django의 기능들을 학습할 수 있도록 도와주는 것을 목적으로 한다. Django를 사용해 웹 사이트를 구성하려면 몇 가지 배경지식이 필요하다.

- 파이썬 기초
- HTML과 CSS

이 책은 Django 자체의 기능에 집중하며, 위 두 기능에 대해서는 다루지 않는다. 파이썬은 Django를 사용하기 위한 프로그래밍 언어이며, HTML과 CSS는 웹 브라우저에 사용자가 볼 수 있는 문서의 형태와 스타일을 구성해주는 언어이다. 이 둘에 대한 자료는 온라인이나 프로그래밍 서적으로 쉽게 찾아볼 수 있다.

웹 프로그래밍을 처음 접한다면, 한 예제를 여러 번 실습할 것을 권장한다. 예제 프로젝트를 한 번에 이해하는 것은 어려운 일이며, 몇 번의 반복 학습이 반드시 필요하다.

■ 독자들을 위한 편의성

이 책에서는 필자가 접했던 프로그래밍 도서들에서 불편하다고 여긴 점들을 최대한 개선했다.

1. 예제 코드의 페이지 분리 없음

파이썬은 들여쓰기로 코드 블록을 구분해 페이지가 나뉜 예제는 따라서 타이핑하기 매우 어렵다. 긴 예제 코드라도 반드시 한 페이지를 벗어나지 않도록 적절히 레이아웃을 조절했다. (이 편의성에는 편집자님과의 수많은 교정이 있었다. 노고에 감사드린다.)

2. 코드 중 추가된 영역 표시

이전 코드에 내용을 추가하는 설명의 경우, 어떤 부분이 추가되었는지 확인하기 번거롭다. 이러한 작업을 최대한 줄이기 위해 이 책에서는 추가된 내용에만 별도 음영 처리를 하여 쉽게 알아볼 수 있도록 처리했다.

3. 외부 링크 접속 편의를 위한 생성 URL 사용

책에 모든 기능을 담을 수 없어 외부 문서 링크를 첨부하는 경우, 해당 링크의 주소가 너무 길면 전자책이 아닌 종이책에서는 해당 링크에 접속하기가 너무 어렵다. 예를 들어 아래와 같은 URL이 있다면 https://docs.djangoproject.com/en/dev/topics/auth/customizing/#using-a-custom-user-model-when-starting-a-project

책에는 위 링크로 연결되는 별도로 생성한 URL을 기술했다. 실제로 아래의 URL을 사용한다. https://docs.django.ac/models/custom-user

■ 온라인 자료 참조

이 책에서 사용한 코드들은 아래 사이트에서 확인할 수 있다.

https://books.django.ac/

최대한 오타를 줄이기 위해 많은 검수 과정을 거쳤지만, 출판까지 교정하지 못한 오타나 내용의 오류가 있다면 위 사이트에 공지될 것이다. 오랜 시간이 지나 개발환경 설정이나 배포 방법이 달라진 경우 해당 내용에 대한 업데이트도 있을 것이므로, 학습을 시작하기 전에 위 주소에 방문하여 변경사항을 확인하기 바란다.

목차

PART 03　pylog 프로젝트

PART 04   pystagram 프로젝트

PART 05   사이트를 온라인에 올리기

PART 01

Django
웹 개발 준비

django

Django와 프로그래밍을 처음 접하는 독자들을 위해, 웹 개발을 위해 Django를 사용하는 이유와 웹 사이트 동작 원리를 알아본다.

## CHAPTER 01

Django와 웹 사이트의 이해

1.1 Django는?

 Tips

Django의 국제음성기호는 'ʤǽŋgoʊ'로, 한글로 표시하면 **쟁고**이지만 국내에서는 대부분 **장고**라 발음한다.

Django는 파이썬으로 작성된 **웹 프레임워크**이다. 프레임워크란 반복적으로 사용되는 특정 기술을 모아놓은 도구 상자와 같은 기능을 말한다. 이렇게 설명하면 직관적으로 이해가 되지 않을 테니 예를 하나 들어보자.

우리가 자주 들어가는 웹 사이트를 생각해보자. 예를 들어 여러 쇼핑몰 사이트들이 있을 수 있겠다. 대부분의 쇼핑몰에서는 회원가입, 로그인, 사용자 정보 수정, 장바구니, 결제 등 공통적인 기능들을 제공한다.

인터넷상에는 아주 많은 쇼핑몰 사이트가 있다. 각각의 쇼핑몰을 구현할 때, 항상 처음부터 끝까지 모든 기능을 개발한다면 사이트마다 매우 유사한 회원가입과 로그인 기능을 매번 만들어야 한다.

만약 회사 이름만 채워 넣으면 해당 기업명으로 회원가입 기능을 구현할 수 있는 기반이 되는 코드가 공유되고 있다면 어떨까? 각각의 쇼핑몰 사이트 개발자들은 해당 코드를 사용해서 쉽게 회원가입 기능을 만들 수 있을 것이다. 이러한 기능(코드 조각)들을 모아놓은 코드 집합을 **프레임워크**라고 부른다.

Django는 **웹** 프레임워크로써 **웹 사이트**를 만들기 위해 일반적으로 필요로 하는 기능들을 가지고 있다.

1.2 Django의 핵심 기능

Django가 가진 기능은 몇 페이지로 요약하기 힘들 정도로 많으나, 여기서는 쉽게 이해할 수 있으면서도 중요한 기능을 몇 개 소개한다.

데이터베이스 관리

데이터베이스(Database), 줄여서 DB라고도 하는 용어를 들어보았을 것이다. 컴퓨터에서 정보들을 저장하고, 불러오며, 저장된 정보들을 찾기 위한 저장소이다.

웹 사이트를 구성할 때 데이터베이스에 정보를 입력하고, 저장되어 있는 정보들을 특정 조건에 따라 다시 가져오는 작업은 필수적이다. 하지만 입문자에게는 어려운 일이다. Django는 데이터베이스에 정보를 저장하고, 불러오기 위한 일관적이며 쉬운 방법을 제공한다.

강력한 관리자 기능

어떠한 웹 사이트를 운영하든 개발자가 모든 데이터를 관리할 수는 없다. 시스템의 설계는 개발자가 맡지만, 운영되고 있는 사이트의 데이터는 내부 관리인력이 다루기 마련이고 그 사람들은 대부분 데이터베이스를 다루지 못한다(앞서 말했듯 데이터베이스를 직접 조작하는 것은 꽤 어려운 일에 속한다).

그러므로 개발자는 내부 인력이 데이터베이스의 정보들을 조회/추가/수정/삭제할 수 있는 관리자 페이지를 개발해서 제공해야 한다. 이 관리자 페이지를 제작하는 것은 아주 유사한 페이지를 반복적으로 만들어야 하는 소모적인 작업이며, 많은 개발자들은 관리자 페이지를 제작하는 반복 작업을 그다지 좋아하지 않는다.

Django는 처음부터 이 **관리자 기능**에 큰 중점을 두고 만들어졌다. 실제로 전혀 노력하지 않아도 꽤 쓸만한 수준의 데이터베이스 조회/추가/수정/삭제 기능을 제공하며, 약간의 수정만으로도 실제 운영되는 서비스에서도 사용할만한 관리자 페이지를 자동으로 생성해준다.

웹 프로그래밍 세계에는 많은 프레임워크가 있지만, 필자는 Django의 관리자 기능이야말로 지금까지 Django가 도태되지 않고 계속해서 사랑을 받는 가장 중요한 두 이유 중 하나라고 여긴다(나머지 하나는 Django가 인기 있는 언어인 파이썬으로 작성되었다는 점이다).

보안

해킹으로 개인 정보가 유출되었다느니, 랜섬웨어로 피해를 입었다는 뉴스들을 보았을 것이다. 비개발자의 시선에서는 공격한 해커들이 대단한 기술을 사용했다고 생각할 수 있지만, 대부분의 경우에는 보안을 위해 반드시 지켜야 할 사항들을 무시한 결과이다.

하지만 이 **반드시 지켜야 할 사항**들은 굉장히 많다. 인터넷은 아주 오래전에 개발된 기술이며, 인터넷이 개발될 때는 해킹과 같은 악성 행위에 대한 대책이 정확히 마련되지 않은 상태였다. 추후 여러 가지 보안 기술이 추가되었고, 그 덕에 지금 우리는 안전한 웹 서핑을 할 수 있게 된 것이다.

입문자가 이런 보안 기술들을 모두 신경 쓰며 개발하기는 어려운 일이다. 예를 들어 당신이 실제 개발을 처음 접하는 입문자라면, 아래와 같은 사실을 전혀 몰랐을 수 있다.

- 당신이 가입한 사이트의 서버 관리자는 당신 계정의 비밀번호를 모른다.
  (서버에는 비밀번호가 암호화되어 저장되며, 이를 복호화하는 것은 불가능하다)
- 당신이 누군가의 공유기를 사용해서 무선 인터넷을 하고 있다면, 특정 사이트(모든 사이트는 아니다)에서 로그인할 경우 해당 ID/PW를 공유기의 소유자가 직접 볼 수 있다.
  (그러므로 잘 모르는 공개 Wi-Fi를 사용할 때는 주의해야 한다)
- 당신의 개인 컴퓨터가 인터넷에 연결되어 있다면, 그 컴퓨터에는 무수한 해킹 시도가 24시간 일어나고 있다. 다만 당신의 컴퓨터는 정보를 '제공'하는 목적이 아닌 '사용'하기 위한 설정만 되어 있으며, 그로 인해 그 시도가 무위로 돌아갈 뿐이다.
  (대부분의 개인용 컴퓨터는 정보를 '제공'하는 기능이 OFF로 설정되어 있으므로, 해킹 시도 자체를 원천적으로 차단한다)

Django는 다양한 보안 장치를 기본적으로 탑재하고 있으며, 숙련자의 경우 자신이 원하는 대로 보안 요소들을 쉽게 추가할 수 있게 설계되어 있다. 실제로 Django가 제공하는 기능을 굳이 **굳이** 비활성화하지 않는다면, Django가 관리하는 영역의 보안은 크게 신경 쓰지 않아도 될 정도이다.

다양한 내장 기능과 파이썬 확장 기능

Django는 웹 사이트를 만들기 위해 필요한 내장 기능을 많이 가지고 있다. 그중에는 입문자의 입장에서는 무엇인지 알기 힘든 항목도 있으니, 누구나 알 수 있는 기능들만 추려서 나열해보겠다.

- 데이터베이스 관리
- 이메일 전송
- 언어별 번역 관리
- 로그인/회원가입/비밀번호 변경 등의 인증
- RSS 피드/검색 엔진을 위한 Sitemap 생성
- CSV, PDF 생성 기능

Django는 자체적으로 탑재된 내장 기능과 함께, 유연하게 확장 기능을 추가할 수 있다. 파이썬의 최대 강점은 수많은 확장 기능 프로젝트(일반적으로 이를 **라이브러리**라고 부른다)를 가지고 있다는 것이다. 여러분이 상상할 수 있는 거의 모든 기능들은 이미 파이썬과 Django 확장 프로그램에 존재할 것이다. 자신의 사이트를 만들고 싶은 사람들이 구현하고자 하는 기능으로 예를 들면 다음과 같다.

- 문자 메시지 보내기
- 채팅
- 온라인 결제
- WYSIWYG 에디터
- 모바일 앱(안드로이드, iOS)에 푸시 메시지 발송

Django의 최대 장점은 이러한 파이썬 라이브러리(확장 기능)를 자유자재로 사용할 수 있다는 것이다.

## CHAPTER 02

우리는 어떻게 웹 사이트를 볼 수 있을까?

2.1 웹 페이지가 요청에 응답하는 방법

우리가 웹 사이트에 접속하는 건 매장에서 햄버거를 사는 것과 비슷한 과정을 가진다.

원하는 햄버거를 사기 위해서는 어떻게 하는지 순서를 정리해보겠다. 아주 간단하게 설명하면 아래와 같다.

1 햄버거 가게에 간다
2 점원에게 주문한다
3 햄버거를 받는다

위 과정이 실제 웹 사이트에서 어떻게 이루어지는지 알아보자.

파이썬 공식 사이트를 예로 들어보겠다. 스마트폰이나 컴퓨터가 있다면 주소 표시줄에 **python.org**를 입력해보자. 그러면 브라우저에 다음과 같은 화면이 나타날 것이다.

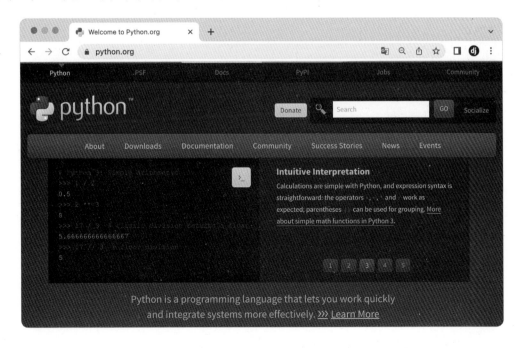

python.org의 내용을 보여달라는 **요청(Request)**을 브라우저를 통해서 보냈고, 브라우저는 해당 요청을 어딘가의 컴퓨터로 보낸다(여기서 어딘가의 컴퓨터가 어떻게 결정되는지는 아직 몰라도 좋다).

이 페이지의 내용은 인터넷상의 어떤 컴퓨터에서 보내진 것이며, 해당 컴퓨터는 우리의 **요청(Request)**을 받은 후 **응답(Response)**을 되돌려준 것이다.

이 과정을 간단히 도식화하면 아래와 같다.

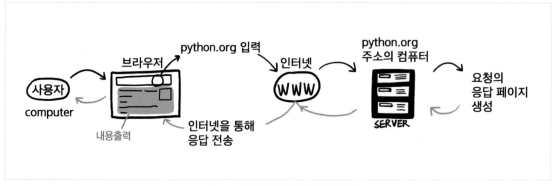

python.org 주소에 대한 요청이 처리되는 과정

사용자 → 브라우저에 **python.org** 요청→ 인터넷을 통해 **python.org**에 해당하는 컴퓨터에 요청을 전달 → 해당 컴퓨터는 요청에 응답하는 내용을 전달 → 인터넷을 통해 우리 컴퓨터로 응답이 돌아옴 → 브라우저는 이 내용을 표시 → 사용자는 표시된 내용(위 화면)을 확인

하지만 대부분의 웹 사이트는 여러 개의 페이지를 가진다. 다른 화면을 보고 싶고, 이를 햄버거를 사는 과정으로 나타낸다면 아래와 같이 한 단계가 추가된다.

1 햄버거 가게에 간다
2 '원하는' 햄버거를 고른다
3 고른 햄버거를 점원에게 주문한다
4 주문한 햄버거가 나온다

여기에서 **원하는 햄버거**는 우리가 **보고자 하는 페이지**에 해당한다. 우리가 브라우저에 입력한 **python.org**는 인터넷상의 어떤 컴퓨터(위 예로 따지면 **특정 햄버거 가게**에 해당한다)를 나타내며, 특별히 어떤 페이지도 요청하지 않는다면 기본 페이지를 돌려준다. 위 파이썬 공식 홈페이지의 화면은 우리가 어떠한 특별한 페이지도 요청하지 않았을 경우의 결과이다.

그러면 기본 페이지가 아닌 다른 페이지를 요청해보자. 원하는 메뉴를 골라 점원에게 알려주듯, 우리는 브라우저를 통해 우리가 원하는 메뉴가 무엇인지를 알려주어야 한다. 원하는 페이지는 브라우저의 주소 표시줄에 입력한 주소로 알려줄 수 있다.

python.org가 요청을 응답할 컴퓨터일 때, 추가로 입력한 다른 텍스트는 특정 페이지를 요청하는 데 사용된다. **python.org/downloads**라는 주소를 입력해보자. 이 주소는 **python.org**라는 컴퓨터에서 **downloads**라는 페이지를 요청하는 의미이다.

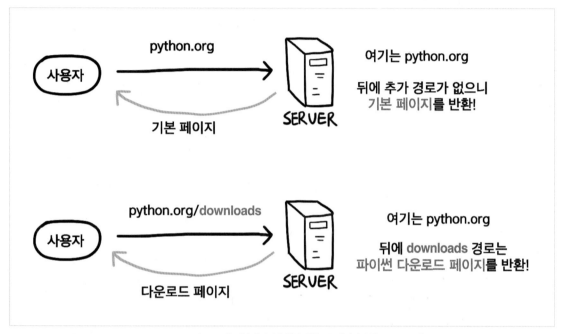

python.org에 기본 페이지 요청과 다운로드 페이지 요청

여기서 입력한 텍스트는 **URL(Uniform Resource Locator)**이라고 부른다. URL은 웹 페이지를 찾기 위한 주소를 의미한다. 앞으로는 웹 사이트의 주소를 URL이라는 단어를 사용해 나타내겠다.

2.2 Django가 요청에 응답하는 방법

Django가 요청에 응답하는 방법 역시 햄버거를 사는 것에 비유해보자. 전체적으로 개념은 같지만, 비유에 Django가 사용하는 용어들을 사용하겠다.

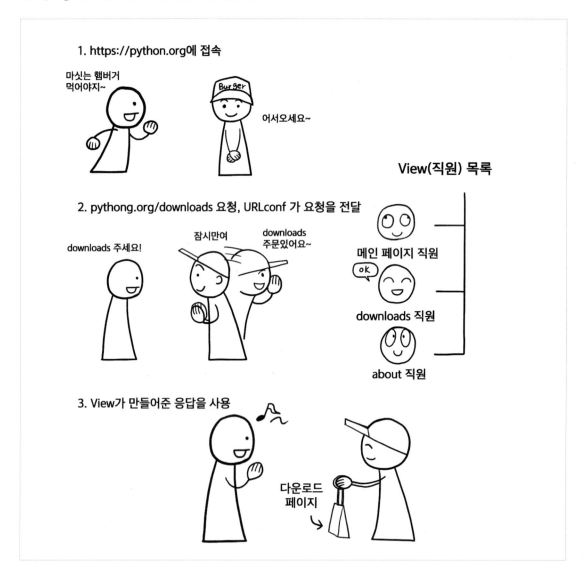

1. URL로 사용자의 요청이 전달된다

> 어떤 햄버거 가게로 갈지 정한다. 위 예제의 경우, python.org라는 주소에 요청을 전달한다.

URL은 인터넷상에서 자원의 위치를 나타낸다. 여기서는 python.org라는 주소의 컴퓨터에 해당한다. https://python.org로 시작하는 URL은 python.org 내용을 제공하는 컴퓨터로 연결된다.

2. 요청에 응답할 수 있는 함수로 요청을 전달한다

> **점원**에게 원하는 메뉴를 주문한다. 감자 튀김을 주문했다면 튀김 담당 직원에게, 햄버거를 주문했다면 햄버거 담당 직원에게 전달하듯, **주문한 메뉴**를 만드는 직원에게 주문 사항을 전달한다.

여기서 **점원**은 Django에서 **URL 설정(URLconf)**에 해당한다. 점원이 주문한 메뉴가 무엇인지 구분하듯이, Django의 URL 설정은 요청자가 브라우저의 주소 표시줄로 전달한 URL로부터 어떤 페이지를 요청했는지 구분해준다.

점원이 주문 받은 메뉴를 처리할 **직원**은 Django에서 View에 해당한다. 이 View는 함수이다.

> 💡 **Tips** _ 함수란?
> 함수는 입력값을 처리해 값을 반환(return)해주는 기능을 말한다. 교육과정에서 $f(x) = 2x + 3$과 같은 수식을 배운 적이 있을 것이다. $f(x)$ 함수는 입력값으로 7을 지정하면, 우측의 처리 과정으로 17을 반환해준다.
>
> 프로그래밍에서의 함수 역시 입력값을 처리하는 로직(과정)을 가지는 기능을 말한다. Django의 View 함수는 외부 URL로부터의 요청(request)을 입력값으로 받아 브라우저에 표시할 수 있는 내용을 반환해주는 로직을 가진다.

3. View 함수는 요청을 처리한 후, 응답을 되돌려준다

> **주문한 메뉴**를 담당하는 직원은 주문 사항을 적절히 처리하고 메뉴를 만들어 내보낸다.

여기서 **만들어진 메뉴**는 Django의 **응답(Response)**에 해당한다. 이 응답은 브라우저가 해석할 수 있는 형태의 데이터이다.

4. 응답은 요청자의 브라우저로 전달되며, 브라우저는 응답을 해석해서 사용자에게 보여준다

> **만들어진 메뉴**가 나왔음을 주문자에게 알리고, 주문자는 해당 메뉴를 가져간다.

View 함수가 돌려준 **응답(Response)**은 브라우저가 읽을 수 있는 형태이며, 이 응답은 인터넷을 통해 요청을 발송했던 브라우저로 전달된다. 브라우저는 전달받은 내용을 화면에 표시한다.

지금까지 어떻게 우리가 웹 사이트를 볼 수 있는지, 웹 사이트는 어떻게 응답을 돌려주는지, Django의 어떤 기능들이 그 역할을 하는지 알아보았다. 이제 위 과정들을 코드로 작성하고, 실제 동작을 살펴보자.

## CHAPTER 03

개발환경 구성

3.1 Python 설치

 Tips _ 초기화

개발환경 구성 시 기존에 설치된 프로그램이나 개발환경과 충돌이 있을 수 있으므로, 사용하던 운영체제를 초기화하고 진행할
것을 강력히 권장한다. 책에서는 다음 두 운영체제(OS)에서 설치 및 실습을 진행했다.

- Windows10 Education (Build: 19044.1826)
- macOS Monterey (12.4)

새로운 OS에서는 개발환경 설정이 달라질 수 있다. 책에 설명된 것보다 최신의 운영체제를 사용한다면,
https://django.ac/env에서 업데이트된 내용을 확인할 수 있다.

Python 다운로드

https://python.org/downloads에서 다운로드 후 설치한다. 이 책에서는 3.11 버전을 사용하지만, 추후
나올 버전에서도 문제 없이 작동될 것이다. 책과 환경을 동일하게 맞추고 싶다면 링크들 중 자신의 OS를
클릭해서 나오는 목록에서 3.11.x 버전을 선택해서 다운로드하자.

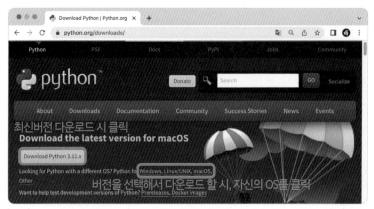

Python 다운로드 페이지

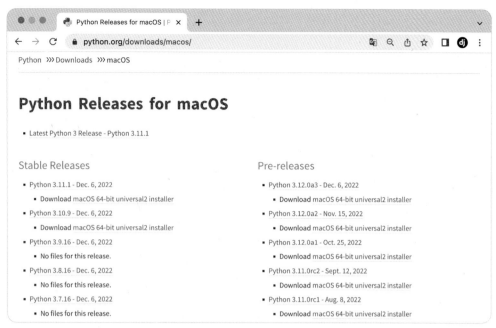

릴리즈 목록에서 원하는 버전을 다운로드할 수 있다

다운로드가 완료되었으면 설치 프로그램을 실행해 파이썬을 설치한다. macOS에서는 '계속' 혹은 '동의' 버튼을 눌러 넘기다 보면 설치가 끝난다. Windows 또한 설치 방법은 간단하나, 다음 두 가지 사항을 주의하도록 하자.

Python 설치 시 주의점 (Windows)

01 설치 프로그램 실행 후 **Add Python 3.11 to PATH** 항목을 체크해준다. 이 옵션이 체크되어 있어야 Windows의 시스템 어디서든 설치한 파이썬을 찾을 수 있다.

02 설치 후 완료 화면이 나타나면 **Disable path length limit** 버튼을 눌러준다. Windows의 기본값(260 글자)보다 긴 PATH 경로를 가져도 오류가 발생하지 않게 해주는 옵션이다.

3.2 PyCharm Community Edition 설치

3.2.1 PyCharm Community Edition 다운로드

개발 도구로는 PyCharm을 사용한다. PyCharm은 JetBrains에서 제작한 파이썬 IDE(통합 개발 환경, Integrated Development Environment)로, 유료 버전인 Professional과 무료 버전인 Community Edition 으로 나뉜다.

Professional 버전은 Django 개발 시 더 강력한 지원을 해주므로, 원한다면 Professional 30일 체험판 을 사용해보는 것도 좋다. 학생이라면 본인이 소속된 학교 이메일을 사용해서 교육용 라이선스를 받아 Professional 버전을 무료로 사용할 수 있다. 실습에서는 무료 버전인 Community 버전을 사용한다.

- **PyCharm 다운로드**: https://www.jetbrains.com/pycharm/download/
- **Jetbrains 교육용 라이선스**: https://www.jetbrains.com/community/education

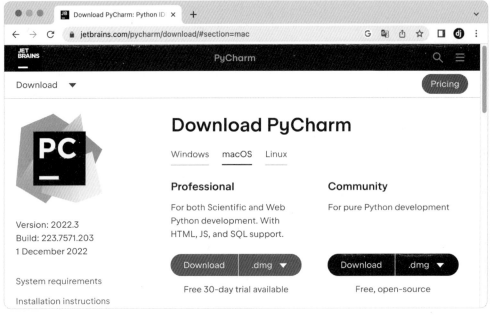

PyCharm 다운로드 페이지

PyCharm Community Edition 설치 (Windows)

설치 시 옵션에서 **Create Desktop Shortcut**과 **Add launchers dir to the PATH** 옵션을 모두 체크한다.

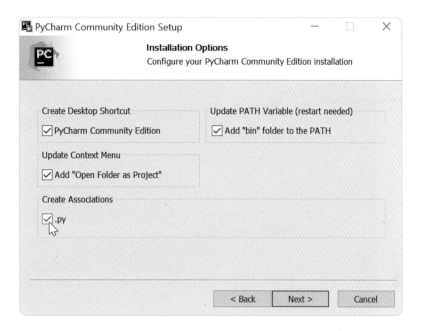

PyCharm Community Edition 설치 (macOS)

설치 프로그램(dmg)을 열고 왼쪽의 아이콘을 우측 Applications 디렉터리로 드래그한다.

3.2.2 새 프로젝트 생성

PyCharm에서 새 프로젝트를 생성해보자. 프로젝트명은 **HelloWorld**를 사용한다.

01 설치한 PyCharm을 실행하고 **New Project** 버튼을 누른다.

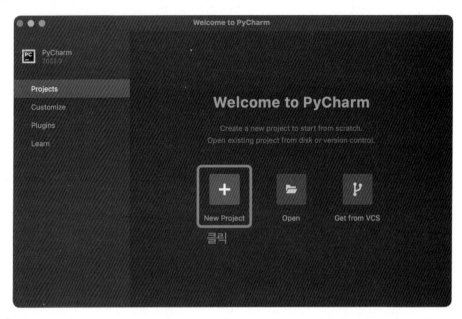

02 다음 설명을 참고하여 New Project를 설정해보자.

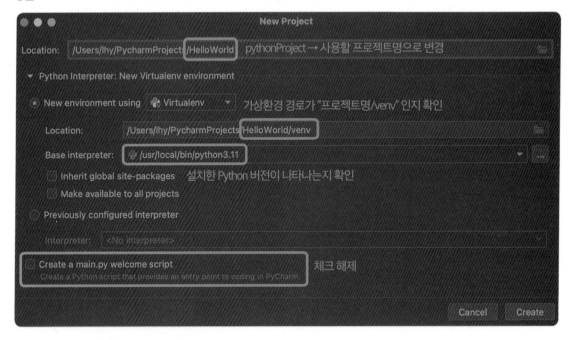

① **Location(프로젝트 위치)**: 경로의 마지막에 **pythonProject**가 기본값으로 입력되어 있다. 마지막의 **pythonProject** 부분을 원하는 이름(HelloWorld)으로 바꾼다.

② **Virtualenv(가상환경)**: 프로젝트별로 사용하는 파이썬 버전이나 설치된 라이브러리들을 분리해주는 파이썬 가상환경을 설정한다.

- **Location(가상환경 위치)**: 프로젝트 위치와는 다르게 개발 환경에서 설치한 파이썬 라이브러리들을 보관할 위치이다. PyCharm에서 제공하는 기본값을 사용한다.
- **Base interpreter(파이썬 인터프리터)**: 가상환경에 어떤 버전의 파이썬을 사용할지 정한다.

③ **Create a main.py welcome script**: 프로젝트에 main.py 파일을 추가하는 옵션이다. 사용하지 않으니 해제한다.

> 📄 **Note** _ 설정 화면 확인
>
> Windows에서 macOS에서의 Location과 Base interpreter의 위치가 다르다.
>
> - **Windows**: Location은 C:\로, Base interpreter 위치는 C:\Users\{사용자명}\AppData…로 시작한다.

PyCharm New Project - Windows

> - **macOS**: Location은 /User로, Base interpreter 위치는 /usr/local/bin…으로 시작한다.

PyCharm New Project - macOS

03 파이썬 버전 및 가상환경 확인

New Project 설정 후 Create를 눌러 프로젝트를 시작한다. 좌측 위에 가상환경 내용이 저장될 venv 디렉터리가 있고, 우측 아래에 Python 3.11 (HelloWorld)라는 문구가 있다. 둘 다 확인된다면 가상환경이 적용된 3.11 버전의 파이썬을 사용할 수 있게 된 것이다.

3.2.3 Hello, World!

프로젝트에 파이썬 코드를 추가하고 실행해보자.

01 파이썬 파일(.py) 생성

좌측 상단의 최상위 프로젝트 디렉터리(HelloWorld) 우클릭 후 New → Python File을 클릭한다.

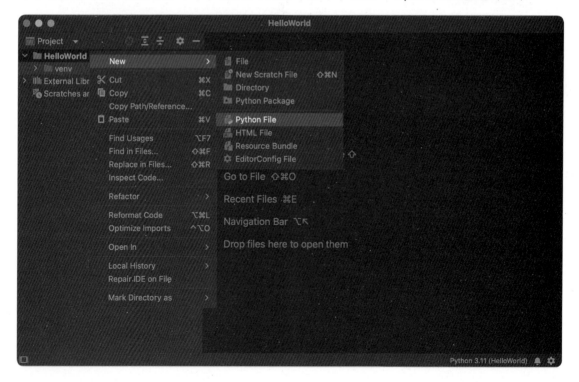

파일 이름은 main.py를 사용한다.

02 코드 입력

생성한 파일을 더블 클릭 하고, 우측의 코드 입력 부분에 아래와 같이 입력한다.

```python
import sys

print(sys.version)
print("Hello, World!")
```

03 터미널 실행

아래 메뉴들 중 **Terminal** 버튼을 클릭한다.

04 파이썬 코드 실행

터미널에 **python main.py** 입력 후 Enter를 누른다. 그러면 파이썬 버전과 "Hello, World!" 문자열이 출력된다.

3.3 터미널 설정

Windows를 사용한다면 **3.3.A 터미널 설정**(Windows), macOS를 사용한다면 **3.3.B 터미널 설정**(macOS)를 참고하길 바란다.

3.3.A 터미널 설정 (Windows)

터미널 실행

Alt + F12 또는 하단 메뉴의 **Terminal** 버튼을 클릭해 터미널을 실행한다.

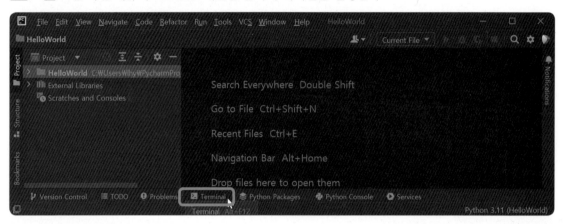

보안 오류 해결

터미널을 실행했을 때 다음과 같은 메시지가 나온다면 셸(Shell)의 보안 설정을 변경해주어야 한다.

> 이 시스템에서 스크립트를 실행할 수 없으므로…
> CategoryInfo: 보안 오류: ParentContainsErrorRecordException

셸에서 ParentContainsErrorRecordException 오류가 발생한 경우

PowerShell에서 보안 설정 변경

01 시작 버튼을 누르고 power shell을 검색한 후, Windows PowerShell을 우클릭 → 관리자 권한으로 실행한다.

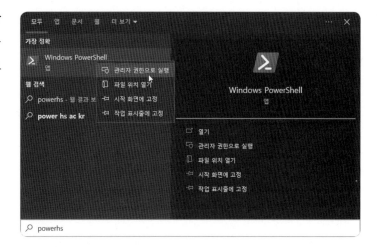

02 Set-ExecutionPolicy Unrestricted 명령어를 입력하고, 셸 스크립트의 실행 보안 설정을 '예(Y)'로 변경한다. 아래처럼 설정 변경한 후 PyCharm을 재시작한다.

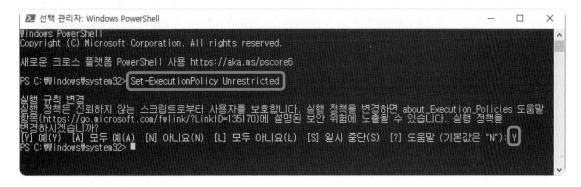

파이썬 버전 확인

보안 설정을 변경한 후 터미널을 시작하면 오류 메시지가 발생하지 않으며, 명령줄 좌측에 (venv)가 표시된다. (venv)는 가상환경이 적용되면 나타난다.

python --version 명령어로 설치한 파이썬이 인식되었는지 확인해본다.

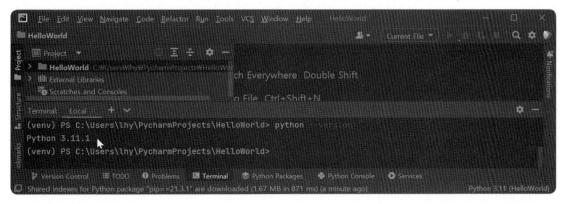

3.3.B 터미널 설정 (macOS)

터미널 실행

Option + F12 또는 하단 메뉴의 **Terminal** 버튼을 클릭해 터미널을 실행한다.

> **Tips _ macOS - 표준 기능키**
>
> Option + F12로 볼륨이 조절된다면 Option + Fn + F12를 사용한다. 이 설정은 키보드 설정의 F1, F2 **등의 키를 표준 기능키로 사용** 옵션에서 변경할 수 있다.

파이썬 버전 확인

아래는 터미널이 실행된 모습이다. 명령줄 좌측에 표시된 (venv)는 가상환경이 적용되었다는 뜻이다. **python --version** 명령어로 파이썬 버전을 확인해본다.

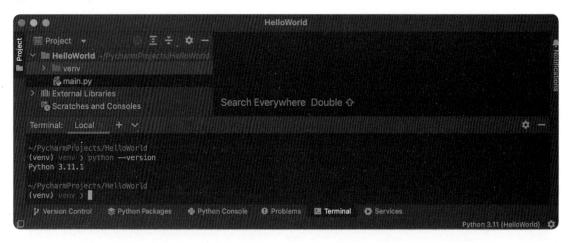

```
(venv) ... HelloWorld % python --version
Python 3.11.x
```

다운로드한 파이썬의 버전이 출력되는지 확인한다. 앞으로 터미널 명령어를 표시할 때는 (venv) … HelloWorld 부분은 생략하며, 터미널 명령어는 〉 또는 % 기호 뒤에 나타낸다.

> **Tips _ 프롬프트의 형태**
>
> 명령어를 입력하기 전에 좌측에 나타나는 문자는 환경에 따라 아래와 같이 %나 〉로 표시된다.
>
> - (venv) lhy@lhy HelloWorld %
> - (venv) HelloWorld 〉
>
> 필자의 스크린샷과 다른 문자가 나타날 수 있으나 모양차이만 있을 뿐, 기능은 같다.

3.4 터미널 사용법

터미널에서 탐색기처럼 경로를 이동하고, 디렉터리를 생성하는 간단한 명령어들을 알아본다.

pwd(print working directory): 현재 작업 중인 위치 출력

```
〉pwd
Windows: C:₩Users₩{사용자명}₩PycharmProjects/HelloWorld
macOS:    /Users/lhy/PycharmProjects/HelloWorld
```

cd(change directory): 디렉터리 변경

..은 상위 디렉터리를 나타낸다.

```
〉pwd
Windows: C:₩Users₩{사용자명}₩PycharmProjects/HelloWorld
macOS:    /Users/lhy/PycharmProjects/HelloWorld

〉cd ..     # 한 단계 상위 디렉터리로 이동
〉pwd
Windows: C:₩Users₩{사용자명}₩PycharmProjects
macOS:    /Users/lhy/PycharmProjects

〉cd HelloWorld   # 입력한 디렉터리 아래로 이동
〉pwd
Windows: C:₩Users₩{사용자명}₩PycharmProjects/HelloWorld
macOS:    /Users/lhy/PycharmProjects/HelloWorld
```

cd ~: 홈 디렉터리로 이동 (물결표(~, tilde)도 같이 입력해야 한다.)

/Users/{현재 로그인한 사용자명} 디렉터리로 이동한다.

```
〉pwd
Windows: C:₩Users₩{사용자명}₩PycharmProjects/HelloWorld
macOS:    /Users/lhy/PycharmProjects/HelloWorld

〉cd ~
〉pwd
Windows: C:₩Users₩{사용자명}
macOS:    /Users/lhy
```

ls -al(list segments): 현재 위치의 모든 디렉터리/파일 출력

> Windows에서는 -al 없이 ls 명령어만 사용한다.

- **-a 옵션**: .(dot)으로 시작하는 이름을 포함

- **-l 옵션**: 긴 포맷으로 출력

```
> ls -al   # Windows에서는 ls
total 0
drwxr-xr-x  4 lhy  staff  128  7 19 07:40 .
drwxr-xr-x  4 lhy  staff  128  7 19 07:40 ..
drwxr-xr-x  8 lhy  staff  256  7 19 07:47 .idea
drwxr-xr-x  6 lhy  staff  192  7 19 07:40 venv
```

mkdir(make directory): 디렉터리 생성

```
> mkdir .temp
> ls -al   # Windows에서는 ls
total 0
drwxr-xr-x  5 lhy  staff  160  7 19 17:56 .
drwxr-xr-x  4 lhy  staff  128  7 19 07:40 ..
drwxr-xr-x  8 lhy  staff  256  7 19 07:47 .idea
drwxr-xr-x  2 lhy  staff   64  7 19 17:56 .temp   # 생성된 디렉터리
drwxr-xr-x  6 lhy  staff  192  7 19 07:40 venv
```

Django의 동작 이해

햄버거 목록을 저장하고 보여주는 pyburger 사이트를 만들며 Django가 어떻게 동작하는지 알아보자. 이 파트에서는 아래 기능들을 실습한다.

- Django 서버를 실행하고, 브라우저에 URL을 입력해서 서버 내용 보기
- View 함수를 사용해 원하는 내용을 브라우저에 돌려주기
- Django의 데이터 모델을 정의하고, 만들어진 실제 데이터베이스 구성 살펴보기
- Django admin을 사용해 데이터베이스 내용을 조회하고 추가하기
- Template을 사용해 HTML 파일로 응답 형태 구성하기
- 브라우저에서 입력받은 값을 View 함수에서 사용하기

## CHAPTER 04

Django가 요청에 응답하게 하기

4.1 Django의 디자인 패턴

본격적으로 Django 프로젝트를 시작해보기 전에 Django에서 코드를 분리하는 단위에 대해 알아본다. 처음 보는 용어가 많겠지만 '소프트웨어 개발에는 이런 개념도 있구나' 하는 느낌으로 가볍게 읽으며 넘어가자.

4.1.1 디자인 패턴

소프트웨어 디자인 패턴(software design pattern)은 소프트웨어를 개발할 때 공통적으로 발생하는 문제들을 해결하기 위한, 재사용 가능한 해결책이다. 실제 코드를 말하는 것은 아니며 코드를 작성하기 위한 일종의 서식이다.

4.1.2 MTV 패턴

모델-템플릿-뷰(Model-Template-View)는 디자인 패턴의 일종이며, Django에서 역할에 따라 코드를 분리하는 가이드로 사용한다.

Model

모델(Model)은 Django와 데이터베이스를 연결시켜주는 코드이며 데이터의 형태를 나타낸다. 일반적으로 각각의 모델은 데이터베이스 테이블과 매핑된다.

모델은 다음 속성들을 가진다.

- 파이썬의 클래스를 사용하며, 모든 Model 클래스는 django.db.models.Model 클래스를 상속받는다.
- 각각의 모델 속성은 데이터베이스 필드를 나타낸다.

파일명은 기본값으로 **models.py**를 사용한다.

models.py

```
class DjangoModel(models.Model):
    name = models.CharField("이름")
```

Template

템플릿(Template)은 웹 브라우저로 돌려줄 코드이며, 사용자에게 제공될 결과물의 형태를 나타낸다. HTML을 사용해서 나타내며, Django에서는 templates 디렉터리 내에 HTML 파일을 사용한다.

templates/sample.html

```
<!DOCTYPE html>
<html lang="ko">
  <body>
    <h1>DjangoTemplate</h1>
  </body>
</html>
```

View

View는 사용자의 요청을 받아 처리하는 웹 사이트의 로직을 가지는 코드이다. 파이썬의 **함수(Function)** 를 사용한다.

파일명은 기본값으로 **views.py**를 사용한다.

views.py

```
def django_view(request):
    return HttpResponse("Django View")
```

 Tips _ MTV와 MVC 패턴

Django의 MTV 패턴은 유명한 소프트웨어 디자인 패턴인 모델-뷰-컨트롤러(Model-View-Controller, MVC)와 같은 패턴이며, 부르는 명칭에만 차이가 있다.

- MVC의 **View** → MTV의 **Template**
- MVC의 **Controller** → MTV의 **View**

각각의 패턴에서 **View**가 의미하는 바가 다름에 주의하자.

 Docs _ Django – Why Django don't use the standard names?

Django가 MVC 대신 MTV라는 이름을 사용하는 이유가 궁금하다면 다음 링크를 참고하길 바란다.
https://docs.django.ac/mtv

4.2 Django 설치와 프로젝트 생성

4.2.1 PyCharm 프로젝트 생성

Chapter 03의 개발환경 구성(p.26)을 참조하여 새 PyCharm 프로젝트를 생성한다.

프로젝트명은 **pyburger**를 사용한다.

4.2.2 Django 설치

3.3의 터미널 설정(p.30 혹은 p.32)을 참조하여 PyCharm에서 새 프로젝트를 생성한다. 프로젝트명은 pyburger를 사용한다.

프로젝트 생성 후, PyCharm에서 가상환경이 적용된 터미널을 실행하고 파이썬 패키지 관리 시스템인 **pip**를 사용해서 Django를 설치해보자. 이 책에서는 Django 4.x 버전을 사용하므로, 5 버전 미만의 Django를 설치한다.

설치 전에, PyCharm의 Termianl이 열려 있다면 Local 옆의 x를 눌러 종료 후 다시 시작한다.

 Tips _ Django의 버전

Django의 버전은 {major}.{minor}.{patch}로 나타내며, 이 책은 major 버전이 4인 모든 코드에 대해 동작을 보장한다. 추후 major 버전이 5나 6인 Django가 출시되어도, 학습 목적으로는 과거 버전의 Django도 충분히 사용할 수 있다. 그러므로 이 책을 실습할 때는 **pip install 'django<5'**로 Django의 major 버전을 4로 지정하도록 한다.

 Tips _ 셸과 터미널, 커맨드라인 인터페이스

셸(Shell)은 사용자의 입력을 운영체제(OS)로 전달해주는 프로그램이며, 터미널(Terminal)은 셸을 실행하기 위한 프로그램이다. 셸도 프로그램이고 터미널도 프로그램이지만 각 역할에 차이가 있다. 셸은 특정 값을 운영체제로 전달해주는 역할을 한다면 터미널은 그보다 바깥에서 사용자의 입력을 받아 셸에 전달하고, 셸이 운영체제로부터 받은 값을 보여주는 역할을 한다.

터미널을 사용해 컴퓨터와 사용자가 상호작용하는 방식을 커맨드라인 인터페이스(Command-line interface, CLI)라 부르며, 이러한 인터페이스를 제공하는 프로그램을 셸이라 부른다. 이들 셋은 유사한 개념으로 사용되며, 이 책에서는 셸, 터미널, 커맨드라인에 입력하라는 말은 같은 의미로 취급한다.

```
(venv) > pip install 'django<5'
Collecting django<5
  Downloading Django-4.x-py3-none-any.whl (8.0 MB)
    ---------------------------------------8.0/8.0 MB 21.9 MB/s eta 0:00:00
Collecting sqlparse>=0.2.2
  Using cached sqlparse-0.4.2-py3-none-any.whl (42 kB)
Collecting asgiref<4,>=3.4.1
  Downloading asgiref-3.5.1-py3-none-any.whl (22 kB)
Installing collected packages: sqlparse, asgiref, django
Successfully installed asgiref-3.5.1 django-4.x sqlparse-0.4.2
```

위 명령어를 사용하면 Django가 동작하기 위해 필요한 패키지들도 함께 설치된다. 제대로 설치되었는지 확인하기 위해 다음 명령어로 설치된 Django의 버전을 확인해보자.

```
(venv) venv > django-admin --version
4.x.x
```

5 버전 미만이며, 4.x 중에는 최신 버전이 설치되므로 4. 뒤의 x.x 부분은 설치하는 시점에 따라 다르게 출력된다. 이 책의 코드들은 Django 4.0, 4.1, 4.2 버전을 모두 지원하므로, major 버전이 4인지만 확인하자(minor나 patch 버전을 고려할 필요는 없다).

4.2.3 Django 프로젝트 생성

프로젝트 구조를 생성하는 명령어

```
# config 다음 .을 입력하기 전에 공백 한 칸이 반드시 있어야 한다
> django-admin startproject config .    # 마지막 .은 현재 위치를 나타낸다
```

> **! Warning** _ 현재 위치를 뜻하는 .(dot)
>
> 명령어 마지막에 .(dot)이 있는 것에 주의하자. .은 현재 위치에 프로젝트를 생성하겠다는 의미이며, .을 입력하지 않으면 프로젝트가 한 단계 더 하위 레벨에 생성된다.

django-admin은 터미널에서 실행할 수 있는 프로그램으로, Django 프로젝트를 관리하는 여러 기능들을 가지고 있다. 그중 **startproject**는 Django 프로젝트의 기반 구조를 만드는 기능이다.

위와 같이 입력하면 PyCharm의 좌측 Project에 config 디렉터리가 추가되며 구조는 다음과 같다. (venv 디렉터리는 제외한다.)

startproject로 생성된 구조

```
# 저장공간에서 프로젝트의 위치
# ~/PycharmProjects/pyburger
pyburger
├── config
│   ├── __init__.py
│   ├── asgi.py
│   ├── settings.py
│   ├── urls.py
│   └── wsgi.py
└── manage.py
```

생성한 프로젝트의 개발용 서버를 동작시켜보자. 개발용 서버는 **python manage.py runserver** 명령어로 실행시킬 수 있다.

```
〉 python manage.py runserver
Watching for file changes with StatReloader
Performing system checks...

System check identified no issues (0 silenced).

You have 18 unapplied migration(s). Your project may not work properly until you
apply the migrations for app(s): admin, auth, contenttypes, sessions.
Run 'python manage.py migrate' to apply them.
{timestamp}
Django version 4.x, using settings 'config.settings'
Starting development server at http://127.0.0.1:8000/   # URL 정보
Quit the server with CONTROL-C.
```

개발 서버(development server)가 **http://127.0.0.1:8000/**에서 실행되었다고 알려준다. 네트워크에서 127.0.0.1은 자신의 컴퓨터에 다시 접속할 수 있는 주소를 나타낸다.

브라우저를 열고 **localhost:8000**이나 **127.0.0.1:8000**을 입력해보자. **localhost**와 **127.0.0.1**은 모두 자신의 컴퓨터를 나타내므로, 둘 중 아무 주소나 입력해도 같은 결과가 나올 것이다. 맨 앞의 http://는 생략해도 브라우저가 자동으로 입력해준다.

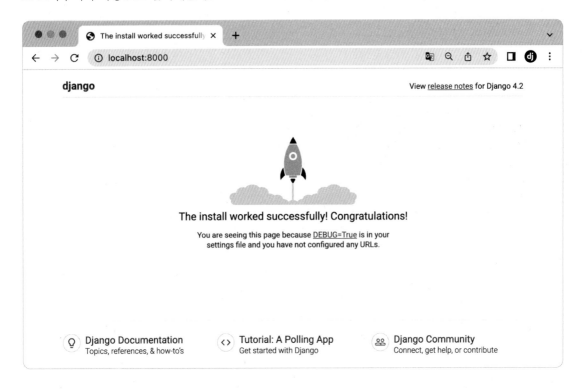

runserver 명령어를 실행하면 127.0.0.1:8000에서 프로그램이 실행된다고 알려준다. 여기서 콜론(:) 뒤의 8000이 포트번호이다.

포트번호는 프로그램이 이 컴퓨터의 어떤 부분에서 실행되는지를 의미한다. 컴퓨터에서 여러 프로그램들이 실행되고 있을 때, 외부에서 특정 프로그램에 요청을 전달하려면 해당 프로그램이 실행되고 있는 포트번호에 데이터를 전달한다.

루프백(Loopback, loop-back)은 신호가 원래의 장치로 돌아가는 것을 말하며, 주로 전송을 테스트하는 데 사용한다.

네트워크에서는 **localhost** 또는 **127.0.0.1**이 루프백 주소로 사용되며, 이 주소로 요청을 전송하면 요청은 전송한 컴퓨터로 돌아오게 된다.

4.2.4 루프백 주소로의 요청

외부 네트워크(인터넷)로의 요청

브라우저의 주소표시줄에 python.org를 입력하는 것은 컴퓨터 외부의 네트워크(인터넷)에 요청을 보내게 된다. 아래와 같이 특정 주소에 위치하는 서버(컴퓨터)에 요청을 보내고 해당 컴퓨터가 처리하고 돌려주는 응답을 돌려받는다.

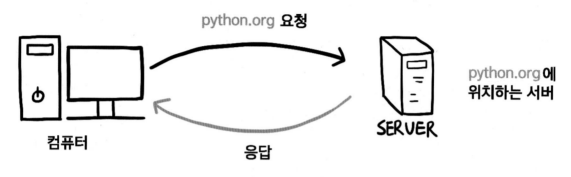

컴퓨터에서 외부로의 요청 전달과 응답

내부 네트워크 어댑터의 역할

이 과정에서 주소표시줄에 입력한 주소는 컴퓨터의 네트워크 어댑터(랜카드)가 해석하여 외부 네트워크로 전달해준다.

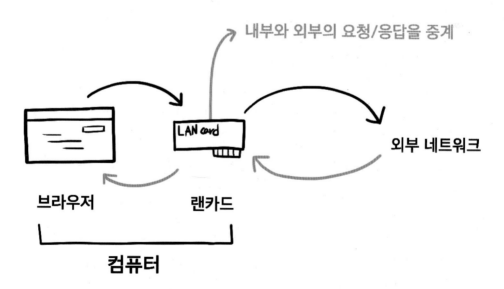

네트워크 어댑터(랜카드)의 역할

루프백 주소로의 요청 전달

주소표시줄에 localhost 또는 127.0.0.1을 입력하면, 해당 요청은 네트워크 어댑터에서 외부로 나가는 대신 마치 외부에서 이 컴퓨터로 전달한 것처럼 내부 시스템에 전달된다.

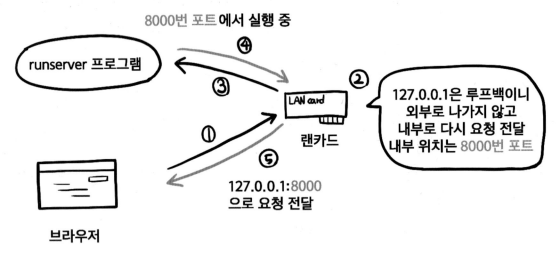

루프백(127.0.0.1)으로의 요청

위 그림의 순서를 좀 더 자세히 알아보자.

① 브라우저에 **127.0.0.1:8000**을 입력한다. 127.0.0.1은 요청을 전달할 주소이며, 콜론(:) 뒤의 8000은 주소에 해당하는 컴퓨터의 포트번호를 가리킨다.

② 네트워크 어댑터는 **127.0.0.1**이라는 주소를 해석한다. 127.0.0.1은 루프백으로, 외부가 아닌 내부 네트워크를 가리킨다.

③ 8000번 포트를 해석한다. 랜카드는 내부 네트워크의 8000번 포트에서 실행되는 프로그램에 이 요청을 전달한다.

④ 8000번 포트에는 개발서버(runserver)로 전달된다. 개발서버는 브라우저에서 전달한 요청을 처리하고, Django의 기본 페이지를 만들어 응답한다.

⑤ 랜카드는 받은 응답을 요청의 근원지로 다시 전달한다. 요청은 내부 네트워크의 브라우저에서 시작했으므로, 응답은 다시 해당 브라우저로 전달된다.

⑥ 브라우저에는 Django의 응답이 표시된다.

> 📋 **Note** _ 루프백 처리
>
> 루프백 주소를 내부 네트워크로 전달하는 동작은 물리적인 장치가 아니라 소프트웨어적으로 처리되지만, 이해를 돕기 위해 랜카드에서 처리하는 것으로 기술하였다.

4.3 View 사용하기

4.3.1 View 구현

프로젝트 설정 전에, 앞에서 다룬 내용을 잠깐 되짚어보겠다. **Part 1**에서 예시로 든 햄버거 가게에서, **View**
는 주문을 처리하는 직원에 해당한다. 직원은 요청을 받은 메뉴를 만들어 제공해야 하며, 이러한 과정은
하나의 함수로 정의되어 처리된다.

메인 페이지(main)를 제공하는 View 함수를 만들어보자. config 디렉터리에 views.py 파일을 만들고, 그
안에 아래 내용을 적는다.

config/views.py (새로 생성)

```python
from django.http import HttpResponse

def main(request):
    return HttpResponse("안녕하세요, pyburger입니다")
```

def 구문으로 main 함수를 정의했다. 파이썬의 함수에서 문자열을 돌려주고자 한다면 마지막 줄에서
return "돌려줄 문자열"을 사용한다. 하지만 Django의 View 함수에서 브라우저에 텍스트를 돌려주고 싶
다면, 문자열을 직접 리턴하는 것이 아니라 **HttpResponse 객체**를 리턴해주어야 한다. 단순한 문자열 리
턴과는 달리, **HttpResponse**는 Django가 돌려준 값을 브라우저가 읽을 수 있도록 적절한 처리를 해주는
역할을 한다.

> 📃 **Note** _ HttpResponse의 역할
> 지금은 **HttpResponse**의 역할이 이해되지 않아도 괜찮다. 'View 함수가 **문자열**을 리턴하고 싶다면, 언제나 **HttpResponse**
> 객체 안에 담아서 돌려준다!'라고 이해해도 충분하다.

위 코드로 **메인 페이지**를 돌려주는 직원(View)을 정의했다. 이 직원(View)은 **'안녕하세요, pyburger입니**
다'라는 텍스트를 요청한 사용자에게 보여줄 수 있다. 하지만 아직 우리의 Django 프로젝트에는 **요청**
(Request, 손님)과 **View(주문을 처리하는 직원)**를 연결시켜줄 **URLconf(주문을 받는 직원)**가 존재하지 않는
다. 이제, 어떤 메뉴를 요청하면 이 직원이 처리한 결과를 돌려줄 수 있는지 정의하는 메뉴판 역할을 하는
URLconf를 작성해보자.

4.3.2 URLconf 구현

앞에서 URLconf는 **주문을 받는 직원**이라 하였다. 우리는 새 햄버거 가게를 열었으나, 메뉴가 없었기 때문에 이전 화면에서는 Django가 기본적으로 제공하는 화면을 볼 수 있었다. 이번 챕터에선 **주문을 받는 직원(main 함수)**이 기본 메뉴를 제공할 수 있도록 해본다.

URLconf는 **config** 디렉터리의 **urls.py** 파일에 구현한다. 새로 생성한 config/views.py 파일과는 달리, **config** 디렉터리에는 이미 **urls.py** 파일이 만들어져 있다. 해당 파일을 열어보자.

config/urls.py

```
from django.contrib import admin
from django.urls import path

urlpatterns = [
    path("admin/", admin.site.urls),
]
```

몇 줄의 코드가 이미 작성되어 있지만 지금은 무시해도 좋다. 이 코드에서 보아야 할 요소는 **urlpatterns** 변수이다.

urlpatterns는 리스트이며, 이 리스트의 각 **path** 항목은 메뉴를 나타낸다. 기본적으로 `path("admin/")` 항목이 정의되어 있으며, 이는 나중에 살펴볼 관리자 페이지 주소를 나타낸다.

메뉴를 나타내는 경로는 **path** 함수를 사용한다. **path** 함수는 Django에 내장된 함수이며, 이 파일의 상단에 있는 `from django.urls import path` 구문으로 불러와져 있다(import되어 있다고도 표현한다).

우리가 만든 View(주문을 처리하는 직원)를 path 함수를 사용해 연결시켜야 한다. from … import 구문을 사용해 views.py에 작성한 main 함수를 config/urls.py에 불러온다.

config/urls.py (config/views.py의 main 함수를 불러온다)

```
from django.contrib import admin
from django.urls import path
from config.views import main  # views.py에 작성한 main 함수를 가져오기

urlpatterns = [
    path("admin/", admin.site.urls),
    path("", main),  # 공백(아무것도 입력하지 않은 경로)과 main 함수를 연결
]
```

이제 개발용 서버(runserver)를 다시 작동시키고 **localhost:8000**에서 결과를 확인해보자. 기존에 Django가 기본 제공하던 화면이 **main** 함수가 돌려주는 값으로 바뀐 것을 확인할 수 있다.

```
> python manage.py runserver
```

기본값인 Congratulations 화면에서 main 함수에서 리턴하는 문자열로 변경

대문 역할을 하는 메인 페이지를 만들었으니, 이제 다른 페이지를 추가해보자.

4.3.3 View 종류 늘리기

localhost:8000에 접속했을 때 Django가 기본적으로 제공하는 화면 대신에 대문 역할을 할 메뉴(페이지)를 만들었다. 이번에는 다른 경로로 접근했을 때 보여줄 페이지를 구성해보자.

대문 역할을 하는 View인 **main** 함수가 있는 **config** 디렉터리의 **views.py** 파일을 열고, burger_list라는 새로운 View 함수를 추가하자.

config/views.py (burger_list 추가)

```
from django.http import HttpResponse

def main(request):
    return HttpResponse("안녕하세요, pyburger입니다")

def burger_list(request):
    return HttpResponse("pyburger의 햄버거 목록입니다")
```

새 View 함수인 **burger_list**는 이 가게에 어떤 버거가 있는지 알려주는 직원 역할을 하게 만들 예정이다. 일단은 **"pyburger의 햄버거 목록입니다"**라는 문자열만 돌려주도록 하고, 이 직원(View 함수)을 메뉴판(URLconf)과 연결시켜보자.

config/urls.py ('burgers/' 주소를 burger_list 함수와 연결한다)

```
from django.contrib import admin
from django.urls import path

# burger_list 함수를 추가적으로 import한다
from config.views import main, burger_list

urlpatterns = [
    path("admin/", admin.site.urls),
    # 경로를 지정하지 않으면 main 직원을 호출한다
    path("", main),
    # 'burgers' 경로로 접근하면 burger_list라는 직원을 호출한다
    path("burgers/", burger_list),
]
```

View함수(직원)의 이름은 **burger_list**인데, URLconf에서의 이름(메뉴명)은 **burgers/**이다. 이 둘의 이름은 같지 않아도 되며, 여기서는 둘의 이름이 달라도 됨을 알려주기 위해 일부러 다른 이름을 사용했다.

새로 만든 경로인 **localhost:8000/burgers/**에 접속하면 "pyburger의 햄버거 목록입니다"라는 메시지를 볼 수 있다. 확인해보자.

localhost:8000/burgers/ 경로의 결과는 burger_list 함수에서 리턴된다

💡 **Tips** _ 개발서버

코드를 수정하다 보면 개발서버가 종료되는 일이 간혹 있다. 이때는 개발서버를 작동시켜 놓은 터미널에서 확인해보고, 서버가 종료된 경우 **python manage.py runserver** 명령어로 다시 개발서버를 실행한다.

지금까지 만든 페이지들은 단순한 텍스트만을 보여준다. 하지만 브라우저는 단순 텍스트보다는 HTML문서를 보여주는 데 최적화되어 있다. **4.4 Template 사용하기**로 넘어가서 메인 페이지와 버거 목록 페이지를 HTML 형식으로 돌려주어 보자.

4.4 Template 사용하기

Template은 Django가 브라우저에 보낼 문서의 형태를 미리 만들어놓은 것이다. 브라우저에 돌려줄 내용을 View 함수에 기록할 수도 있지만, 웹 브라우저에 보내는 문서 형식인 HTML은 많은 내용을 가지고 있다.

이 내용들을 전부 View 함수 내부에서 다루면 코드를 읽기 힘들어진다. 따라서 Django에서는 요청을 처리하는 함수인 View와 처리해서 보내줄 내용을 미리 담아놓은 Template을 분리해서 사용한다.

📋 **Note** _ MTV 패턴 - Template

브라우저에 돌려줄 내용(사용자에게 보여줄 내용)을 담은 HTML 파일은 MTV 패턴에서의 Template에 해당한다.

4.4.1 HTML

HTML과 태그

HTML(Hyper Text Markup Language)은 웹 페이지 표시를 위해 개발된 마크업 언어이다. HTML 문서는 태그(Tag)들로 이루어져 있으며, 태그는 두 가지 형태를 가진다.

> **Tips** _ 마크업 언어
>
> 마크업 언어(Markup Language)는 태그(〈로 시작해서 〉로 끝나는 요소)를 사용해서 문서나 데이터의 구조를 명기하는 언어로, 대표적으로 HTML과 XML이 있다.

- **열고 닫는 형태**: 태그 사이에 다른 태그나 내용을 넣을 수 있다.
  ex) 〈div〉내용〈/div〉
- **단독 형태**: 태그 사이에 내용을 넣을 수 없으며, 단독으로 쓰인다.
  ex) 〈img src="이미지 주소"〉

최신 HTML 버전인 HTML5는 다음의 기본 형태를 가진다.

```
<!doctype html>        # HTML5를 사용함을 선언
<html lang="ko">       # html 태그: HTML 문서임을 나타내며, 어떤 언어로 작성되었는지 표시
  <head></head>        # head 태그: 내용에는 나타나지 않는 HTML 문서의 속성 영역
  <body></body>        # body 태그: 내용을 나타내는 영역
</html>
```

HTML에는 많은 태그들이 있지만, 실습에서는 아래의 몇 가지 태그만 사용할 것이다.

- 〈div〉 태그: 특별한 의미를 갖지 않으며, 문서의 영역을 수평으로 나눌 때(division) 사용한다.
- 〈p〉 태그: 문장(paragraph)을 나타낼 때 사용한다.
- 〈img〉 태그: 이미지를 첨부할 때 사용한다.
- 〈ol〉, 〈ul〉 태그와 〈li〉: 리스트(ordered list, unordered list)와 리스트 아이템(list item)을 나타낼 때 사용한다.
- 〈h1〉, 〈h2〉, 〈h3〉, 〈h4〉: 헤더(header)를 나타내며, 숫자가 작을수록 상위 항목임을 나타낸다.

앞에서 작성했던 메인 페이지와 버거 목록 페이지의 HTML을 생성해보자.

HTML을 저장할 디렉터리 생성

HTML은 프로젝트의 **templates** 디렉터리에 저장한다. 이 디렉터리는 앞으로 Django가 HTML 파일을 찾을 때 사용하게 될 것이다.

프로젝트 최상단 경로인 pyburger에서 우클릭 → New → Directory를 선택해 디렉터리를 만든다. 디렉터리명은 **templates**를 사용한다.

생성 후 프로젝트는 아래와 같은 상태여야 한다. PyCharm의 왼쪽 창으로 같은 구조인지 확인해보자.

```
pyburger
├── config
│   ├── __init__.py
│   ├── asgi.py
│   ├── settings.py
│   ├── urls.py
│   ├── views.py
│   └── wsgi.py
├── templates     ← 생성된 디렉터리
├── db.sqlite3
└── manage.py
```

메인 페이지와 버거 목록의 HTML 구현

templates 디렉터리를 생성했으면, 해당 디렉터리 위에서 우클릭 → New → HTML File을 선택해서 main.html과 burger_list.html 두 개의 HTML 파일을 만들고 각각의 파일에 다음과 같이 내용을 입력하자.

먼저 메인 페이지는 "안녕하세요, pyburger입니다"라는 문자열이 크게 나타나도록 〈h1〉 태그를 사용한다(다음 쪽 코드 참조).

```
<!doctype html>
<html lang="ko">
<body>
    <h1>안녕하세요, pyburger입니다</h1>
</body>
</html>
```

앞과 비슷하게, 버거 목록에서는 "pyburger의 햄버거 목록입니다"라는 문자열을 나타내보자.

```
<!doctype html>
<html lang="ko">
<body>
    <h1>pyburger의 햄버거 목록입니다</h1>
</body>
</html>
```

4.4.2 Django에 Template 설정

templates 디렉터리를 Django가 인식할 수 있도록 설정하기

templates 디렉터리 안에 HTML 파일들을 만들었다. 이제 Django가 이 디렉터리의 HTML 파일을 Template으로 사용할 수 있도록 설정을 추가해야 한다. settings.py에 해당 설정을 추가한다.

01 먼저 settings.py 위쪽에서 BASE_DIR = Path(__file__).resolve().parent.parent 코드를 찾아, 그 아래에 templates 디렉터리를 가리키는 TEMPLATES_DIR 변수를 만든다.

```
# BASE_DIR의 아래에 TEMPLATES_DIR 변수를 생성한다
BASE_DIR = Path(__file__).resolve().parent.parent      ①
TEMPLATES_DIR = BASE_DIR / "templates"  # 새 경로 할당     ②
...
```

TEMPLATES_DIR은 생성한 templates 디렉터리의 경로를 나타낸다. TEMPLATES_DIR이 생성한 templates 디렉터리를 가리키는 과정은 다음과 같다.

① BASE_DIR은 프로젝트 최상위 경로인 ~/PycharmProjects/pyburger 디렉터리를 가리킨다.

② TEMPLATES_DIR의 경로인 **BASE_DIR / "templates"**는 **~/PycharmProjects/pyburger/templates** 디렉터리를 가리킨다.

02 settings.py의 아래쪽에서 **TEMPLATES = [**로 시작하는 코드를 찾고, **"DIRS": []**, 부분의 리스트 사이에 앞서 정의한 **TEMPLATES_DIR** 변수를 넣어준다.

```
# 생성한 변수를 TEMPLATES 항목의 "DIRS" 리스트에 추가한다
TEMPLATES = [
    {
        "BACKEND": "django.template.backends.django.DjangoTemplates",
        "DIRS": [TEMPLATES_DIR],    # Template을 찾을 경로 추가    ③
        ...
    },
]
```

③ TEMPLATES 아래의 "DIRS" 리스트에 있는 경로는 Django가 Template을 찾는 디렉터리들이다.

main과 burger_list View 함수에서 Template 사용하기

HttpResponse는 지정한 문자열을 브라우저에 돌려줄 때 사용하지만, HTML 파일을 돌려주지는 못한다. HTML 파일을 브라우저에 돌려주기 위해서는 **django.shortcuts.render** 함수를 사용한다.

config/views.py

```
from django.shortcuts import render    # render 함수를 import

def main(request):
    return render(request, "main.html")             # HttpResponse 대신 render 함수 사용

def burger_list(request):
    return render(request, "burger_list.html")    # HttpResponse 대신 render 함수 사용
```

render 함수의 첫 번째 인수(argument)로는 View 함수에 자동으로 전달되는 request 객체를 지정해야 하며, 두 번째 인수에는 Template의 경로를 지정한다. Template의 경로는 settings.py에 지정한 TEMPLATES 설정의 DIRS에 추가한 디렉터리 경로(**templates** 디렉터리)를 기준으로 작성한다.

localhost:8000과 localhost:8000/burgers/에서 결과를 확인하자.

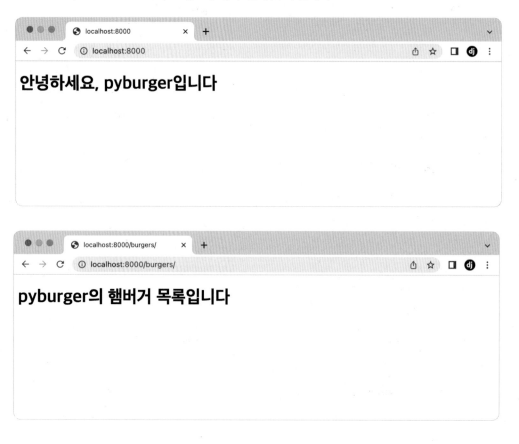

〈h1〉 태그가 적용되어 글자 크기가 달라졌다.

HTML 파일을 Template으로 사용해서 브라우저에 나타내보았다. 다음 챕터에서는 데이터베이스를 구성하고, 데이터를 추가하는 작업을 진행해보자.

## CHAPTER 05

Django에 데이터 저장하기

5.1 Model 구성하기

5.1.1 데이터베이스란?

데이터베이스는 여러 사람이 공유하여 사용할 목적으로 체계화해 통합, 관리하는 데이터의 집합이다. 쉽게 이해하기 위해, 데이터베이스를 하나의 엑셀 파일에 빗대어 보겠다. 회사에서 사원들의 목록과 급여 지급 내역을 관리하는 엑셀 파일이 있다고 생각해보자. 첫 번째 시트에는 사원들의 데이터를 저장하고, 두 번째 시트에는 각 사원의 월별 급여 지급 내역을 기록하면 보기 좋게 데이터를 정리할 수 있을 것이다.

엑셀과 같은 스프레드시트는 사람을 위한 데이터 관리 도구이며, Django와 같은 웹 프레임워크에서는 데이터베이스가 이와 같은 역할을 담당한다.

5.1.2 Model과 데이터베이스의 관계

앞에서 URLconf를 메뉴판, View를 해당 메뉴를 처리하는 직원으로 비유했다. Model은 메뉴를 만들기 위한 재료들을 저장하는 창고라고 생각해보자. 블로그에 작성해놓은 글이 없으면 늘 같은 화면 밖에 볼 수 없듯, 우리가 만든 main과 burgers View는 늘 같은 답변 밖에 주지 못한다. 계속해서 업데이트되는 햄버거 목록을 보여주고 싶다면, 먼저 햄버거 정보를 저장할 수 있는 엑셀 시트가 필요하다.

저장할 데이터의 형태는 Model의 구성으로 정할 수 있다. 파이썬의 함수를 사용해 View를 정의하듯, Model은 파이썬의 클래스로 정의할 수 있다. 각각의 Model 클래스는 엑셀에서 **시트(Sheet)**에 해당하며, 같은 개념을 데이터베이스에서는 **테이블(Table)**이라고 부른다. 이제 햄버거 데이터를 저장할 Model 클래스를 만들어보자.

> 💡 **Tips** _ Model과 유사한 개념
> Excel의 시트(Sheet) = Django의 모델(Model) = DB의 테이블(Table)

5.1.3 햄버거 정보를 저장할 app 추가

Django에서는 큰 프로젝트를 **application**(줄여서 app)이라는 단위로 나눈다. 지금까지는 별도의 app을 만들지 않았다. 이번에는 햄버거 정보를 저장하기 위해 별도의 app을 만들어 작업하도록 하자.

새 application 생성

현재 프로젝트 구조는 다음과 같으며, application을 생성하는 명령어는 **manage.py** 파일이 있는 곳에서 실행한다.

```
~/PycharmProjects/pyburger
├── config
│   ├── __init__.py
│   ├── asgi.py
│   ├── settings.py
│   ├── urls.py
│   ├── views.py
│   └── wsgi.py
├── manage.py
└── requirements.txt
```

application은 **python manage.py startapp** 명령어로 생성한다. 터미널을 열고 아래 명령어를 입력한다.

```
> python manage.py startapp burgers    # burgers라는 app을 생성
```

명령을 실행하면 프로젝트에 burgers라는 디렉터리가 하나 생성되며, 전체 구조는 아래와 같아진다.

```
~/PycharmProjects/pyburger
├── burgers
│   ├── migrations
│   │   └── __init__.py
│   ├── __init__.py
│   ├── admin.py
│   ├── apps.py
│   ├── models.py
│   ├── tests.py
│   └── views.py
├── config/
├── manage.py
└── requirements.txt
```

생성된 burgers 디렉터리 안에는 많은 파일이 자동으로 생성된다. 이 파일들은 일반적으로 application 이 가지는 기능들을 담을 수 있는 구조를 만드는 역할을 한다. 이 파일들 중 **models.py**에 Model 클래스 를 작성할 것이다.

📋 **Note _ 모듈과 패키지**

지금까지 아래에 파일이 추가될 수 있는 디렉터리와 파일이라는 명칭을 사용했다. 디렉터리와 파일은 운영체제의 파일 시스 템에서 사용하는 용어이다.

파이썬 코드에서는 각각의 .py로 끝나는 파이썬 파일들은 **모듈(module)**이라 부르며, 모듈들을 포함하는 디렉터리는 **패키지 (package)**라 부른다.

앞으로 파이썬 코드에 해당하는 구조에서는 **디렉터리**와 **파일** 대신, **패키지**와 **모듈**이라는 명칭을 사용한다.

📄 **Docs _ Python 공식 문서 – 모듈**

https://docs.django.ac/python/modules

새 application을 Django에 등록

application을 생성하면, 우리가 이 application을 사용할 것이라고 Django에게 알려주어야 한다. **config/settings.py**에서 INSTALLED_APPS 리스트에 아래와 같이 추가한다.

config/settings.py

```
INSTALLED_APPS = [
    "burgers",  # 기존 항목들의 맨 위에 기록

    "django.contrib.admin",
    "django.contrib.auth",
    "django.contrib.contenttypes",
    "django.contrib.sessions",
    "django.contrib.messages",
    "django.contrib.staticfiles",
]
```

우리가 **burgers** application(app)을 사용할 것이라고 Django에게 알려주었다. 새로 만든 app에 햄버거 정보를 저장할 Model 클래스를 정의해보자.

5.1.4 Model 클래스 구현

Model 클래스를 정의하기 전에 햄버거를 나타낼 수 있는 정보를 몇 가지 정리해보자.

- 이름
- 가격
- 칼로리

엑셀로 나타내면 아래와 같은 표가 될 것이다.

이름	가격	칼로리
더블와퍼	9,600	842
트리플머쉬룸X	8,100	776
통새우와퍼	7,700	741

이 데이터를 저장할 수 있는 클래스를 만든다면 아래의 형태가 될 것이다.

```
class 햄버거:
    이름
    가격
    칼로리
```

Model 역할을 하는 클래스를 만들 때는 Django에 내장된 **models.Model** 클래스를 반드시 상속받아야 한다. Django가 제공하는 **models.Model** 클래스는 정의한 클래스가 데이터베이스에서 하나의 테이블 역할을 할 수 있도록 도와준다.

클래스 정의 시에 다른 클래스를 상속받기 위해서는 클래스명 뒤에 괄호로 상속받을 클래스를 적어주면 된다. 실제 코드로 작성해보자. 새로 생성한 **burgers/models.py**에 아래 내용을 적어보자.

> **！ Warning _ 클래스와 인스턴스**
> 클래스는 객체의 형태를 나타내며, 클래스로 만들어진 객체는 인스턴스라 부른다. 클래스와 인스턴스가 무엇인지 잘 모르겠다면 파이썬 기본서에서 해당 내용을 학습하고 돌아오자.

Note _ 패키지와 네임스페이스(namespace, 이름 공간)

모듈은 상위 패키지로부터 .(점, dot)으로 구분된 모듈명(dotted module names)으로 나타낼 수 있다.
burgers 패키지 아래에 models 모듈이 있다면, 파일 시스템상의 경로는 다음과 같다.

~/{프로젝트경로}/burgers/models.py

이때 점으로 구분된 모듈명은 다음과 같다.

burgers.models

이렇게 패키지와 모듈명을 .(dot)으로 구분한 모듈명은 다른 모듈에서 해당 모듈 또는 해당 모듈의 속성을 불러올 때(import 할 때) 사용된다.

Docs _ Python 공식 문서 – 패키지
https://docs.django.ac/python/packages

burgers/models.py

```
from django.db import models                          ① Django가 가진 모듈 가져오기

class Burger(models.Model):                            ② 햄버거를 나타내는 Model 클래스 정의 시작
    name = models.CharField(max_length=20)             ③ 문자열을 저장하는 CharField
    price = models.IntegerField(default=0)             ④ 숫자를 저장하는 IntegerField
    calories = models.IntegerField(default=0)          ⑤ 숫자를 저장하는 IntegerField
```

여기서 정의한 Burger 클래스는 파이썬 기본서에서 배운 클래스와는 조금 다르게 생겼을 것이다. 각 줄이 어떤 의미를 가지는지 살펴보자.

① **from django.db import models**: Django에서 models라는 모듈(기능)을 가져온다. 모든 Model 클래스가 상속받아야 하는 **models.Model** 클래스는 django.db 모듈 안에 들어 있다.

② **class Burger(models.Model)**: **Burger**라는 이름의 Model 클래스의 정의를 시작한다. 반드시 클래스 이름 뒤의 괄호 안에 **models.Model**을 적어야 Model 역할을 하는 클래스가 된다.

③ **name = models.CharField(max_length=20)**: Burger Model이 가지는 속성 중 이름을 나타낸다. 여기서 **models.CharField**는 속성이 문자열 형태를 가짐을 알려준다.

④ **price = models.IntegerField(default=0)**: Burger Model이 가지는 속성 중 가격을 나타낸다. 여기서 **models.IntegerField**는 속성이 숫자 형태를 가짐을 알려준다.

⑤ **calories = models.IntegerField(default=0)**: Burger Model이 가지는 속성 중 칼로리를 나타낸다. price와 마찬가지로 이 속성 역시 숫자 형태를 가진다.

여기서는 Model 클래스가 다룰 수 있는 데이터 유형 중 문자열과 숫자를 사용했다. 데이터 유형을 지정하는 것은 엑셀에서 시트의 특정 열(column)이 날짜나 숫자, 통화를 나타내도록 설정할 수 있는 것과 유사하다.

5.2   데이터베이스 마이그레이션

5.2.1   마이그레이션의 생성과 적용

Model 클래스는 데이터베이스 테이블(엑셀에서 하나의 시트와 같은 역할)의 형태를 구성한다. **Burger** 클래스를 만든 것은 '테이블의 형태가 이러할 것이다' 하고 정의한 셈이다. 이제 정의한 형태 그대로 실제 데이터베이스 안에 테이블을 생성해야 한다. 이 과정을 **데이터베이스 마이그레이션 생성과 적용**이라고 부른다.

Django는 개발용으로 쉽게 사용할 수 있는 SQLite라는 파일 기반의 데이터베이스를 내장하고 있다. SQLite는 데이터베이스를 **하나의 파일**로 관리하며, Django에서는 SQLite를 특별한 설정 없이 곧바로 사용할 수 있다.

runserver 명령어로 개발서버를 동작시켜보자.

```
> python manage.py runserver
Watching for file changes with StatReloader
Performing system checks...

System check identified no issues (0 silenced).

You have 18 unapplied migration(s). Your project may not work properly until you
apply the migrations for app(s): admin, auth, contenttypes, sessions.
Run 'python manage.py migrate' to apply them.
{timestamp}
Django version 4.x, using settings 'config.settings'
Starting development server at http://127.0.0.1:8000/
Quit the server with CONTROL-C.
```

You have…로 시작하는 경고 문구를 보자.

```
You have 18 unapplied migration(s). Your project may not work properly until you
apply the migrations for app(s): admin, auth, contenttypes, sessions.
Run 'python manage.py migrate' to apply them.
```

경고 문구를 번역하면 다음과 같다.

> 적용되지 않은 마이그레이션이 18개 있습니다. apps(admin, auth, contenttypes, sessions)에 대한 마이그레이션을 적용할 때까지 프로젝트가 제대로 작동하지 않을 수 있습니다. **'python manage.py migrate'**를 실행하여 적용하십시오.

여기서 apps(admin, auth, contenttypes, sessions)는 우리가 만든 burgers와 같은 application이다. 다만 우리가 정의하지 않았으며 Django에 내장되어 기본 기능들을 구현해놓은 application들이다.

Django에 내장된 기본 기능들도 동작을 위해 데이터베이스를 필요로 한다. 예를 들면, Django는 기본적으로 사용자의 회원가입과 로그인 기능을 가지고 있다. 이 기능이 동작하려면 사용자 정보를 저장할 수 있는 데이터베이스 테이블이 필요할 것이다. 이 내용들이 **migration(마이그레이션)**이라는 단위로 미리 작성되어 있으며, 이들을 적용시켜 데이터베이스에 테이블을 만들어주어야 Django가 가진 기본 기능들이 정상적으로 동작한다.

Ctrl + C를 눌러 runserver를 종료하고, 일단은 Django가 이미 가지고 있는 마이그레이션들을 적용시켜 새로운 테이블들을 만들어보자. 다음 명령어를 입력한다.

```
〉 python manage.py migrate
Operations to perform:
  Apply all migrations: admin, auth, contenttypes, sessions
Running migrations:
  Applying contenttypes.0001_initial... OK
  Applying auth.0001_initial... OK
  Applying admin.0001_initial... OK
  Applying admin.0002_logentry_remove_auto_add... OK
  Applying admin.0003_logentry_add_action_flag_choices... OK
  Applying contenttypes.0002_remove_content_type_name... OK
  Applying auth.0002_alter_permission_name_max_length... OK
  Applying auth.0003_alter_user_email_max_length... OK
  Applying auth.0004_alter_user_username_opts... OK
  Applying auth.0005_alter_user_last_login_null... OK
  Applying auth.0006_require_contenttypes_0002... OK
  Applying auth.0007_alter_validators_add_error_messages... OK
  Applying auth.0008_alter_user_username_max_length... OK
  Applying auth.0009_alter_user_last_name_max_length... OK
  Applying auth.0010_alter_group_name_max_length... OK
  Applying auth.0011_update_proxy_permissions... OK
  Applying auth.0012_alter_user_first_name_max_length... OK
 Applying sessions.0001_initial... OK
```

무언가가 성공했다는 메시지들이 출력된다. 복잡해보이지만, 테이블 몇 개를 생성했다는 의미이다.

데이터베이스를 좀 더 직관적으로 이해하려면 생성된 테이블을 엑셀 시트와 같은 형태로 직접 보는 것이 좋다. **DB Browser for SQLite**라는 프로그램을 사용해서 데이터베이스가 어떻게 구성되어 있는지 살펴보자.

5.2.2 DB Browser for SQLite 설치

SQLite 공식 사이트(https://sqlitebrowser.org/)에서 **Download** 탭을 눌러 다운로드 페이지로 이동한다. 자신의 OS에 맞는 버전을 선택해 다운로드 후 설치한다.

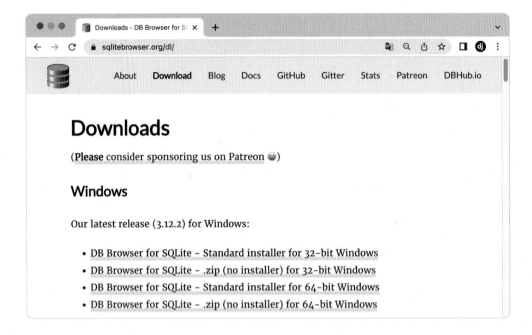

5.2.3 pyburger 프로젝트의 데이터베이스 살펴보기

📁 **Note** _ 데이터베이스 파일 경로
- **Windows**: C:\Users\{사용자명}\PycharmProjects\pyburger\db.sqlite3
- **macOS**: ~/PycharmProjects/pyburger/db.sqlite3

💡 **Tips** _ [macOS 전용] open .
터미널에서 open . 명령을 사용하면 현재 위치의 디렉터리를 Finder로 열 수 있다.

설치한 DB Browser for Sqlite를 실행하고 **데이터베이스 열기** 버튼을 누른 후 프로젝트 경로로 이동하여 **db.sqlite3** 파일을 선택한다.

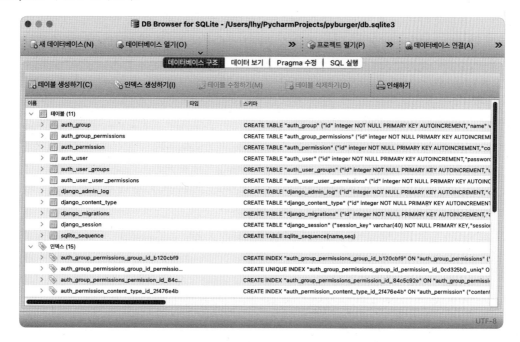

실행한 환경에 따라 보이는 모습이 조금씩 다를 수 있지만, 이렇게 10개 내외의 테이블 정보가 보인다. 여기서 **auth_user**라는 테이블의 구조를 살펴보자.

id, password, last_login 등 사용자와 관련된 column들을 볼 수 있다.

좌측의 펼침 버튼을 눌러 auth_user 테이블의 정보 보기

auth_user 테이블에 어떤 내용이 있는지 확인해보자.

01 상단의 '**데이터 보기**' 탭을 클릭한다.

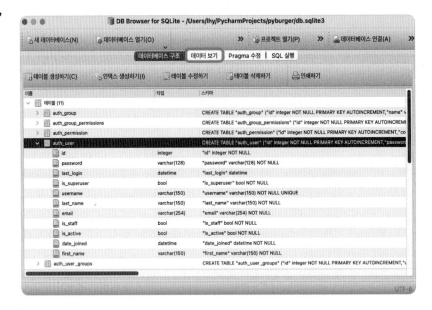

02 **auth_group**으로 선택되어 있는 드롭다운을 클릭한다.

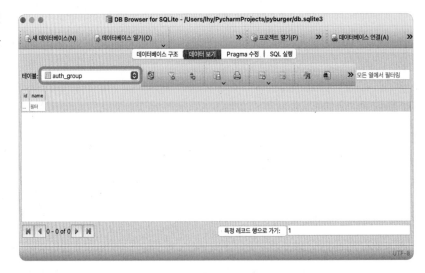

03 목록에서 **auth_user**를 클릭한다.

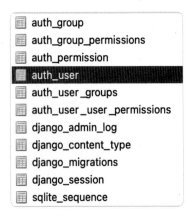

04 auth_user 테이블을
확인한다.

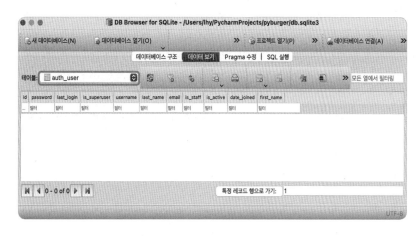

이 테이블은 구조만 만들어져 있으며 데이터는 없다. column 이름들을 보면 유추할 수 있는데, 이 테이블
은 username, password, email과 같은 **사용자**의 정보를 저장하는 역할을 한다.

테이블 목록을 보면, Burger 클래스를 나타내는 테이블은 아직 생성되지 않았다. Burger 클래스를 테이
블로 만들어보자.

5.2.4 Burger 클래스의 마이그레이션

Model에 정의한 Burger 클래스가 데이터베이스 테이블이 되려면 다음의 두 과정이 필요하다.

1 마이그레이션 파일 생성
2 마이그레이션 파일을 데이터베이스에 적용

먼저 Burger 클래스의 마이그레이션 파일을 생성해보자. 마이그레이션 파일을 생성하는 manage.py 명
령어는 **makemigrations**이다.

```
> python manage.py makemigrations burgers
Migrations for 'burgers':
  burgers/migrations/0001_initial.py
    - Create model Burger
```

Burger 클래스가 속한 **burgers app**에 대한 마이그레이션을 생성한다. 마이그레이션은 하나의 Model 클
래스가 아닌, app 단위로 생성된다. 위 출력 결과는 burgers app에는 **0001_initial.py**라는 마이그레이션
이 생성되었으며, 해당 마이그레이션은 Burger model을 생성함을 알려준다.

이제 생성한 마이그레이션 파일을 데이터베이스에 적용해보자. 마이그레이션을 적용하는 manage.py 명
령어는 **migrate**이다.

```
> python manage.py migrate burgers
Operations to perform:
  Apply all migrations: burgers
Running migrations:
  Applying burgers.0001_initial... OK
```

burgers의 모든 마이그레이션을 적용할 것이라 알려준 후, burgers app의 0001_initial이라는 마이그레이션을 적용하는 데 성공했음이 출력된다.

이제 SQLite Browser로 돌아와 생성된 테이블을 확인해보자. 프로그램을 열어놓았다면 테이블 드롭다운 옆의 새로고침 버튼을 눌러 DB 정보를 다시 받아오자.

우측의 새로고침 버튼을 클릭

테이블 목록에 burgers_burger 테이블이 추가된다.

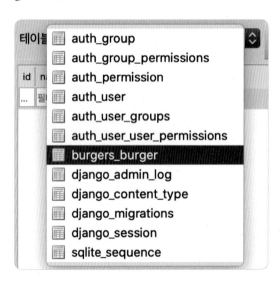

burgers_burger 테이블은 id, name, price, calories 총 4개의 열을 가진다. id를 제외한 필드들은 Burger 클래스에 정의되어 있지만 id는 정의한 적이 없는데, Django는 각 행을 식별할 수 있는 고유의 값을 가지는 id 열을 테이블마다 자동으로 생성해준다.

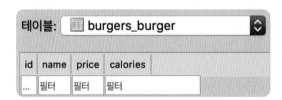

테이블을 새로 만들거나 열을 추가하는 등의 데이터베이스를 변경하는 작업은 이러한 과정을 거친다. 다시 한번 정리해보자.

1 Model 클래스를 생성하거나 내용을 변경
2 변경된 내용을 데이터베이스에 적용할 수 있는 마이그레이션 파일 생성(makemigrations)
3 마이그레이션 파일을 데이터베이스에 적용(migrate)

앞으로 테이블을 생성하거나 필드를 변경할 일이 있으면 위 과정을 계속해서 반복할 것이다.

이제 테이블을 만들었으니 데이터를 추가해보자. DB Browser for SQLite에서도 데이터를 추가할 수는 있지만, 우리는 Django가 제공하는 **멋진** 관리자 기능을 사용해볼 것이다.

5.3   Django admin 사용하기

5.3.1   The Django admin site

DB Browser for SQLite와 같은 데이터베이스 관리 도구를 사용하면 데이터베이스의 데이터들을 쉽게 추가하고 편집할 수 있다. 하지만 전체 데이터베이스를 누구나 접근하게 하는 것은 보안상 좋지 않으며, 사용자들이 개발자의 의도와는 다른 데이터를 넣는 등 여러 부작용이 발생하기 쉽다.

Django는 개발자나 사이트를 사용하는 사람들이 쉽게 데이터를 편집할 수 있는 관리자 페이지를 제공하며 이를 Django admin이라 부른다.

 Docs _ The Django admin site
https://docs.django.ac/admin
Django의 공식 문서에서 admin은 Django의 가장 강력한 기능 중 하나로 소개하고 있다.

[원문] One of the most powerful parts of Django is the automatic admin interface. It reads metadata from your models to provide a quick, model-centric interface where trusted users can manage content on your site.

[번역] Django의 가장 강력한 부분 중 하나는 자동 관리 인터페이스입니다. 모델에서 메타데이터를 읽어 신뢰할 수 있는 사용자가 사이트의 콘텐츠를 관리할 수 있는 빠른 모델 중심 인터페이스를 제공합니다.

5.3.2 admin.py 구현

Burger 클래스(DB의 burgers_burger 테이블)를 다룰 수 있는 관리자 페이지를 만들어보자. 관리자 기능은 각 app의 admin.py에 정의한다.

burgers/admin.py

```python
from django.contrib import admin
from burgers.models import Burger

@admin.register(Burger)
class BurgerAdmin(admin.ModelAdmin):
    pass
```

5.3.3 관리자 페이지 동작 확인

개발서버의 동작을 확인하고, 브라우저에 **localhost:8000/admin/**을 입력해 관리자 페이지에 접속하자.

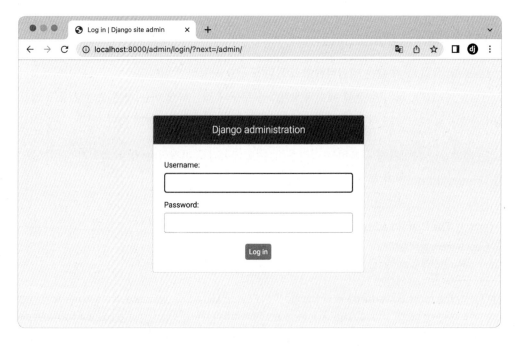

아이디(username)과 비밀번호(password)를 입력할 수 있는 창이 나타난다.

이 페이지는 Django가 기본적으로 탑재하고 있는 admin 기능이 제공하는 화면이다. 로그인 버튼은 보이지만 회원가입 버튼은 보이지 않는데, 관리자 페이지에 들어가는 계정은 manage.py를 사용해 직접 생성할 수 있다. 다음 명령어로 관리자 계정을 하나 만들어보자. Username과 Email은 적절히 입력한다.

```
# 개발서버가 실행되고 있는 터미널이 있다면, 다른 터미널을 실행 후 입력한다.
> python manage.py createsuperuser
Username: django
Email address: django@django.ac
Password:
Password (again):
Superuser created successfully.
```

 Tips _ Password

Password 부분은 입력하는 내용이 터미널에 보이지 않지만, 실제로는 입력되고 있다.

 Tips _ Username

Django에서 id는 Model 클래스를 생성할 때 자동으로 생성해주는 필드명으로 사용되기 때문에, 우리가 회원가입 시 일반적으로 id라고 부르는 사용자 계정명은 username이라 부른다.

생성한 사용자의 username/password로 로그인해보자.

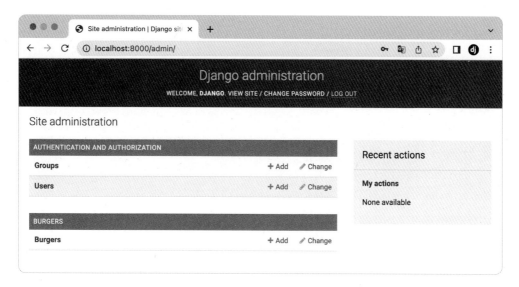

Burger Model로 만들어진 데이터베이스 테이블을 관리할 수 있는 페이지가 열린다. Burgers 링크를 눌러 들어가보자.

우측 위의 **ADD BURGER +** 버튼을 누르면 테이블에 데이터를 추가할 수 있는 화면이 나타난다.

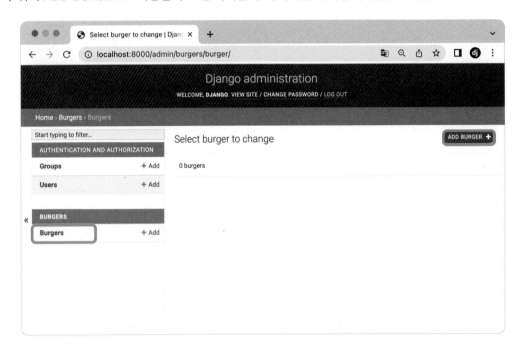

더블와퍼, 9600, 842를 입력하고 **SAVE** 버튼을 눌러 데이터를 저장해보자.

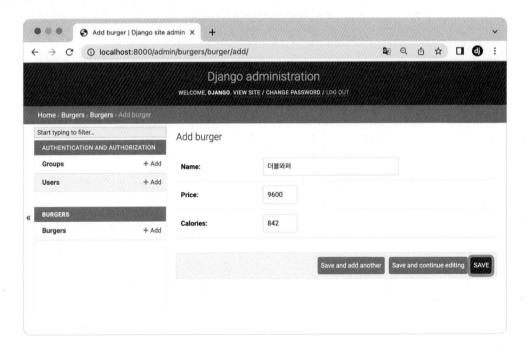

새 데이터가 추가되었다는 알림이 위에 보이며, 아래에는 Burger object (1)이 추가된 것을 확인할 수 있다. 여기서 1은 데이터베이스에서 해당 Burger 객체를 구별하는 고유한 값이다.

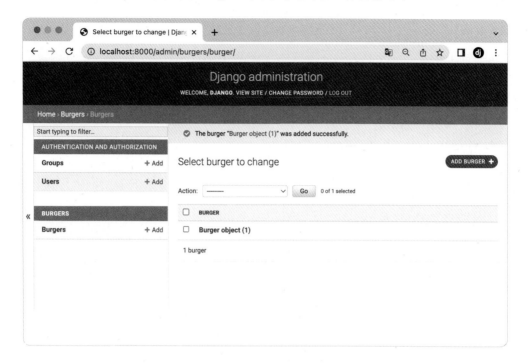

Burger object (1)이라는 이름은 우리가 해당 Burger가 어떤 햄버거인지 알아보는 데 도움이 되지 않는다. 햄버거 객체를 좀 더 쉽게 알아볼 수 있도록 Burger 클래스에 추가 설명을 작성해보자.

5.3.4 관리자 페이지에서 Burger 정보를 더 정확히 나타내기

burgers/models.py

```python
from django.db import models

class Burger(models.Model):
    name = models.CharField(max_length=20)
    price = models.IntegerField(default=0)
    calories = models.IntegerField(default=0)

    def __str__(self):
        return self.name
```

__는 밑줄(_, underscore)을 두 번 쓴 것이다.

models.py의 Burger 클래스에 **__str__** 메서드를 추가한다. 이 메서드는 모델 클래스의 인스턴스를 어떻게 표현할지 나타낸다. 지금은 해당 Burger 인스턴스의 **name** 속성을 나타내도록 한다.

코드 내용을 변경하면 일반적으로 개발서버는 자동으로 재시작된다. 자동으로 재시작되지 않고 오류가 발생했다면 Ctrl + C를 눌러 종료 후 재시작해주자.

```
~/PycharmProjects/pyburger/burgers/models.py changed, reloading.
Watching for file changes with StatReloader
Performing system checks...

System check identified no issues (0 silenced).
{timestamp}
Django version 4.x, using settings 'config.settings'
Starting development server at http://127.0.0.1:8000/
Quit the server with CONTROL-C.
```

개발서버가 코드를 다시 불러들인 후(또는 개발서버를 재시작), 관리자 페이지를 새로고침해보자. Burger object (1)은 햄버거 명을 나타내도록 바뀌었을 것이다.

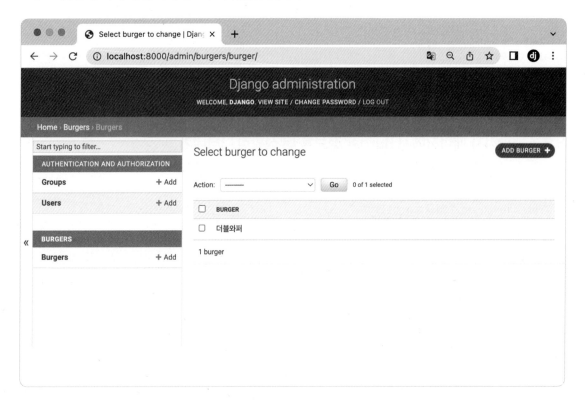

이제 어떤 햄버거인지 명확히 알 수 있다. 아래의 두 데이터를 추가하고 다음 챕터로 넘어가자.

이름	가격	칼로리
트러플머쉬룸X	8100	776
통새우와퍼	7700	741

## CHAPTER 06

Django로 데이터 보여주기

4.3 View 사용하기(p.45)에서 햄버거 목록을 보여줄 페이지를 만들었다(views.py의 burger_list 함수). 이제 해당 View 함수가 데이터베이스에 있는 햄버거 목록을 동적으로 보여줄 수 있도록 해보자.

6.1 데이터베이스 다루기

6.1.1 전체 햄버거 목록 가져오기

Django 코드를 포함한 파이썬 인터프리터 실행

> 📋 **Note** _ 인터프리터
>
> 인터프리터(Interpreter)는 소스코드를 바로 실행하는 프로그램 또는 환경을 말한다. 파이썬 설치 후 터미널에 python이라 입력하면 아래와 같이 입력을 받고 출력 결과를 표시해주는 프로그램이 실행되는데, 이것이 파이썬 인터프리터다.

python 명령어로 인터프리터를 실행할 수 있다. 파이썬을 공부할 때 어떤 형태로든 사용해보았을 것이다.

```
〉python
Python 3.11.x (main, {timestamp}) [Clang ...] on darwin
Type "help", "copyright", "credits" or "license" for more information.

# Django 코드의 내용을 찾지 못함
>>> from burgers.models import Burger
Traceback (most recent call last):
  File "<stdin>", line 1, in <module>
ModuleNotFoundError: No module named 'burgers'
```

python 명령어로 실행한 인터프리터에는 Django 프로젝트의 내용이 포함되어 있지 않다. Django 프로젝트의 코드를 포함한 인터프리터를 사용하려면 manage.py를 사용해야 한다. 명령어는 **shell**이다.

```
> python manage.py shell
Python 3.11.x (main, {timestamp}) [Clang ...] on darwin
Type "help", "copyright", "credits" or "license" for more information.

# Django 코드의 내용
>>> from burgers.models import Burger
>>> Burger
<class 'burgers.models.Burger'>
```

실행했을 때의 출력 결과는 같아보이지만, **manage.py shell**로 실행된 인터프리터에서는 Django 프로젝트의 코드를 바로 사용할 수 있다.

Django ORM 실습

> 📁 **Note** _ ORM
> ORM(Object-relational mapping, 객체 관계 매핑)은 데이터베이스의 데이터를 객체와 연결해주는 기능이다. Django ORM에서 Model 클래스는 데이터베이스의 테이블을 연결시켜주며, Model 클래스의 objects 속성은 데이터베이스 명령인 SQL 쿼리(SQL Query)를 사용할 수 있게 해준다.

> 📄 **Docs** _ Django - Making queries(ORM)
> Django ORM을 사용해 SQL 쿼리를 생성하는 방법은 아래 문서에서 배울 수 있다.
> https://docs.django.ac/models/orm

Model 클래스는 데이터베이스에서 **테이블**의 형태를 나타낸다고 하였다. 이외에도 Model 클래스가 가진 다른 역할이 있는데, 해당하는 데이터베이스 테이블의 데이터를 가져올 때도 Model 클래스를 통해 가져오게 된다. 데이터를 가져올 때는 Model 클래스의 **objects** 속성을 사용한다.

전체 목록을 가져오는 코드는 아래와 같다. Django를 포함한 파이썬 인터프리터(앞으로는 줄여서 인터프리터라 부른다)에서 아래 내용을 입력해보자.

```
>>> from burgers.models import Burger
>>> Burger.objects.all()
<QuerySet [<Burger: 더블와퍼>, <Burger: 트러플머쉬룸X>, <Burger: 통새우와퍼>]>
```

Burger.objects.all()을 입력하면 QuerySet이라는 객체가 출력되며, 해당 객체는 내부 속성으로 Burger들을 가지고 있음을 볼 수 있다. 이 과정을 풀어 쓰면 다음과 같다.

1. Burger 클래스를 사용해 데이터베이스의 테이블을 사용
2. objects 속성은 테이블에 접근하도록 도와주는 역할
3. objects의 **all()**을 호출해서 테이블의 전체 데이터를 가져옴

 **Docs** _ Django – Manager

objects는 테이블의 데이터를 다루는 기능을 가진 Manager 객체이다.
https://docs.django.ac/models/managers

6.1.2 특정 조건을 만족하는 햄버거 한 개의 정보를 가져오기

데이터베이스에서 특정 테이블의 전체 데이터를 가져오는 것도 때때로 필요한 일이지만, 대부분의 경우에는 데이터베이스에서 특정 조건에 해당하는 정보를 검색해서 가져오게 된다. 이번에는 조건을 주어 해당하는 햄버거 데이터만 가져오도록 해보자.

전체 햄버거 중 **더블와퍼**라는 이름을 가진 햄버거를 가져와보자. 앞서 사용한 **all**은 조건 없이 테이블 데이터 전체를 가져온다. **get** 메서드는 **조건에 부합하는 객체 하나**를 가져온다.

```
>>> Burger.objects.get(name="더블와퍼")
<Burger: 더블와퍼>
```

위 코드는 burgers_burger 테이블에서, name(이름) 속성이 **더블와퍼**인 햄버거만 골라서 가져오도록 하는 의미이다. 그 결과로 name 속성값이 **더블와퍼**인 Burger 객체가 리턴된 것을 볼 수 있다.

객체를 burger 변수에 할당하고 속성을 확인해보자.

```
>>> burger = Burger.objects.get(name="더블와퍼")
>>> burger.id
1

>>> burger.name
'더블와퍼'

>>> burger.price
9600

>>> burger.calories
842
```

DB Browser for SQLite로 테이블의 내용을 보면, id가 1인 Burger의 정보와 Django를 사용해 가져온 정보가 같음을 확인할 수 있다.

테이블: 🏷 burgers_burger

id	name	price	calories
...	필터	필터	필터
1	더블와퍼	9600	842
2	트러플머쉬룸X	8100	776
3	통새우와퍼	7700	741

6.1.3 특정 조건을 만족하는 햄버거들의 정보 가져오기

all은 모든 객체를, get은 조건을 만족하는 객체 하나만을 가져온다. 조건을 만족하는 여러 객체를 가져올 때는 **filter** 메서드를 사용한다.

```
# name 속성이 '와퍼'로 끝나는 모든 Burger 가져오기
>>> burgers = Burger.objects.filter(name__endswith="와퍼")
>>> burgers
<QuerySet [<Burger: 더블와퍼>, <Burger: 통새우와퍼>]>

# Burger.objects.filter의 리턴값은 QuerySet 인스턴스
>>> type(burgers)
<class 'django.db.models.query.QuerySet'>
```

Burger.objects.filter를 사용하면 Burger 객체 대신 QuerySet 객체가 리턴된다. DB에 요청한 조건에 해당하는 객체를 하나가 아니라 목록으로 받을 때는 객체를 담는 리스트 역할을 하는 QuerySet 객체를 받게 된다.

QuerySet 객체는 리스트처럼 다룰 수 있다. 파이썬의 리스트 자료형에서 지원하는 기능들을 사용해보자.

```
# QuerySet의 길이(담겨 있는 Burger 객체의 개수)
>>> len(burgers)
2

# 인덱스로 리스트 항목 참조
>>> burgers[0]
<Burger: 더블와퍼>
>>> burgers[1]
<Burger: 통새우와퍼>
```

(다음 쪽에서 코드 계속)

```
# 길이를 초과하는 인덱스를 요청 시 IndexError 발생
>>> burgers[2]
Traceback (most recent call last):
  File "<console>", line 1, in <module>
  File "/Users/lhy/PycharmProjects/pyburger/venv/lib/python3.11/site-packages/
django/db/models/query.py", line 344, in __getitem__
    return self._result_cache[k]
IndexError: list index out of range

# for문으로 순회하기
>>> for burger in burgers:
...     print(burger.id, burger.name, type(burger))
...
1 더블와퍼 <class 'burgers.models.Burger'>    # QuerySet 내의 객체는 Burger 인스턴스
3 통새우와퍼 <class 'burgers.models.Burger'>  # QuerySet 내의 객체는 Burger 인스턴스
```

6.2 View에서 데이터 다루기

6.2.1 데이터를 가져오는 과정

데이터는 다음 과정을 통해 사용자가 볼 수 있도록 가공된다.

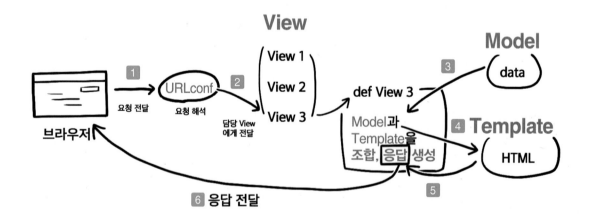

1 사용자는 브라우저에 URL을 입력해서 원하는 데이터를 요청한다.

2 URLconf가 전달받은 URL을 해석하여 요청에 해당하는 View 함수를 실행한다.

3 **View 함수는 Model 클래스를 통해 데이터베이스에서 데이터를 가져온다.**

4 **View 함수는 가져온 데이터를 Template에게 전달한다.**

5 Template은 View에서 전달된 데이터를 사용해 동적인 HTML을 생성한다.

6 생성한 HTML은 View 함수의 return에 의해 브라우저로 돌아가 사용자에게 보여진다.

1 과 2 는 이미 구현되었으니 그다음 과정을 차례대로 코드로 구현해볼 것이다. 먼저 3 ~ 4 를 실습해보자.

6.2.2 View 함수에서 데이터 가져오기

6.1 데이터베이스 다루기에서 실습한 데이터베이스를 사용해서 View 함수에서 전체 햄버거 목록을 가져와보자. 이 과정은 3 에 해당한다.

config/views.py

```python
# from .. import ..의 맨 아래에 작성
from burgers.models import Burger

# 기존 burger_list 함수에 내용 추가
def burger_list(request):
    burgers = Burger.objects.all()
    print("전체 햄버거 목록:", burgers)
    return render(request, "burger_list.html")
```

중간에 **print(burgers)** 코드가 있는 것을 볼 수 있다. 이 코드의 실행 순서를 정리하면 이렇게 된다.

1. **브라우저**: 사용자가 브라우저에 localhost:8000/burgers/를 입력
2. **URLconf**: URLconf(config/urls.py)는 **burgers/** URL을 분석. 이 요청은 **burger_list** View 함수가 처리해야 한다는 걸 알아내고 요청을 **burger_list** View 함수로 전달
3. **View**: burger_list 함수를 실행
    *   burgers = Burger.objects.all( ) 로 전체 햄버거 데이터를 데이터베이스로부터 가져옴
    *   print(burgers)로 가져온 데이터를 개발서버가 실행되는 화면에 출력
    *   burger_list.html Template의 내용을 사용자에게 돌려줌

브라우저에 **localhost:8000/burgers/**를 입력해보자. 개발서버를 실행 중인 터미널에 새로운 메시지가 나타날 것이다. 만약 나타나지 않는다면 해당 페이지에서 새로고침 버튼을 눌러보자.

> 전체 햄버거 목록: <QuerySet [<Burger: 더블와퍼>, <Burger: 트러플머쉬룸X>, <Burger: 통새
> 우와퍼>]>

데이터베이스로부터 가져온 전체 햄버거 목록이 출력되는 것을 볼 수 있다.

💡 **Tips** _ print 함수
실습 중 원하는 대로 동작하지 않는 부분이 있다면, print 함수를 사용해 사용하고 있는 변수들을 디버깅해보자.

6.2.3 가져온 데이터를 Template으로 전달해주기

이 과정은 ④에 해당한다. 과정 ③으로 View 함수에서 데이터를 가져왔고, 올바른 데이터를 가져왔는지 print 함수로 확인도 했다. 하지만 사용자가 보게 될 화면 정보는 HTML 파일인 Template이 가지고 있다.

여기에서 View와 Template의 역할이 나뉘는 것을 볼 수 있다.

- View 함수는 Model 클래스를 사용해 데이터베이스로부터 원하는 데이터를 가져오고, 그 데이터를 템플릿으로 전달해주는 역할을 한다.
- Template은 View 함수가 전달해준 데이터를 사용해서 동적으로 HTML을 구성한다

동적으로 HTML을 구성한다는 것은, 사용자의 요청이나 데이터베이스의 데이터에 따라 다른 HTML을 그때그때 만들어서 보여준다는 의미이다. 포털 사이트의 뉴스나 인스타그램의 피드를 생각해보면 좋다. 같은 웹 사이트이며, 보여주는 내용의 형태는 같지만 뉴스는 최신 항목이 올라오면 다른 내용이 나오며, 인스타그램의 피드는 로그인한 사용자마다 다른 내용들을 보여준다.

Template으로 가져온 데이터를 전달해줄 때는 파이썬의 dictionary(사전) 객체를 사용해 전달한다. 관용적으로 Template에 전달하는 사전 객체의 변수명은 **context**를 사용한다.

config/views.py

```python
def burger_list(request):
    burgers = Burger.objects.all()
    print('전체 햄버거 목록:', burgers)

    # Template으로 전달해줄 dict 객체
    context = {
        "burgers": burgers,   # burgers 키에 burgers 변수(QuerySet 객체)를 전달한다
    }
    # render 함수의 마지막에 context 전달
    return render(request, "burger_list.html", context)
```

context 변수는 사전 형태임을 알 수 있고, 사전에는 **burgers**라는 하나의 키가 있다. 해당 키의 값은 burgers 변수로, 해당 변수는 Burger.objects.all()을 실행한 결과인 QuerySet 객체이다.

View 함수의 return에서 돌려주는 render() 함수의 3번째 인수로 context 변수를 추가한다. render 함수의 3번째 인수는 Template에 전달해줄 사전(dict) 객체여야 한다.

이제 Template(HTML 파일)에서 전달받은 데이터를 사용해보자.

6.3 Template에서 데이터 다루기

이제 데이터를 가져오는 과정 중 5 ~ 6 을 구현해보자.

1. 사용자는 브라우저에 URL을 입력해서 원하는 데이터를 요청한다.
2. URLconf가 전달받은 URL을 해석하여 요청에 해당하는 View 함수를 실행한다.
3. View 함수는 Model 클래스를 통해 데이터베이스에서 데이터를 가져온다.
4. View 함수는 가져온 데이터를 Template에게 전달한다.
5. **Template은 View에서 전달된 데이터를 사용해 동적인 HTML을 생성한다.**
6. **생성한 HTML은 View 함수의 return에 의해 브라우저로 돌아가 사용자에게 보여진다.**

6.3.1 Template 문법

HTML의 형태를 가진 Template은 별도의 문법을 가진다. 여기서 사용할 Template 요소에 대해 알아본다.

변수

Template에서 변수를 출력하고자 할 때는 {{ 와 }} 사이에 변수명을 입력한다. 변수명이 object라면 **{{ object }}**라고 입력한다.

태그

태그는 {%로 시작하고 %}로 끝난다.

■ for

for 태그는 반복가능한(Iterable) 객체를 순회하는 데 사용한다.

objects = [1, 2, 3, 4, 5]와 같은 리스트 객체가 있다고 가정하고, 파이썬과 Template에서의 사용법과 결과는 아래와 같다.

파이썬의 경우

```
>>> for item in objects:
...   print(item)
----------------------
1
2
3
4
5
```

Django Template의 경우

```
{% for item in objects %}
    <div>{{ item }}</div>
{% endfor %}
--------------------------
<div>1</div>
<div>2</div>
<div>3</div>
<div>4</div>
<div>5</div>
```

이외에도 많은 태그들이 있지만, 다른 태그들은 사용하는 시점에 다시 설명하도록 하겠다.

> 📄 **Docs** _ Django Template 내장 태그
> Django에 내장된 모든 태그 목록은 아래 링크에서 확인할 수 있다.
> https://docs.django.ac/templates/tags

6.3.2　Template에서 전달된 데이터 출력하기

변수를 그대로 출력

앞에서 burgers 키(dict key)로 Burger.objects.all( )의 결과인 QuerySet 값(dict value)을 가진 사전(dict) 객체를 Template으로 전달했다.

사전의 키(key)는 Template에서 변수(variable)가 된다. **burgers** 키로 전달된 변수를 출력해보자.

```
<!doctype html>
<html lang="ko">
<body>
    <h1>pyburger의 햄버거 목록입니다</h1>
    <div>{{ burgers }}</div>
</body>
</html>
```

위와 같이 템플릿의 내용을 변경하고 햄버거 목록을 보여주는 페이지로 다시 접속해보자.

QuerySet 객체가 출력된다. 저 내용만으로도 어떤 버거가 있는지 정도는 알 수 있겠지만, QuerySet이나 〈Burger: 더블와퍼〉라 표시된 내용은 사용자 입장에서는 필요 없는 내용이다. 또, 버거의 가격이나 칼로리 정보도 표시되지 않는다.

QuerySet은 여러 개의 Burger 정보를 가지고 있고, for문으로 순회할 수 있는 객체이다. **{% for %}** 태그를 사용해서 햄버거를 하나씩 출력해보자.

for 태그를 사용해서 객체를 순회하며 변수를 출력

```
<!doctype html>
<html lang="ko">
<body>
    <h1>pyburger의 햄버거 목록입니다</h1>
    {% for burger in burgers %}
        <div>{{ burger }}</div>
    {% endfor %}
</body>
</html>
```

for문에서는 burgers, for문 내부에서는 burger 변수를 사용하는 것에 유의하자. burgers를 순회하며 각 순회 항목을 burger라고 새로 이름지었기 때문에, for문 안에서는 burger 변수명을 사용해야 한다.

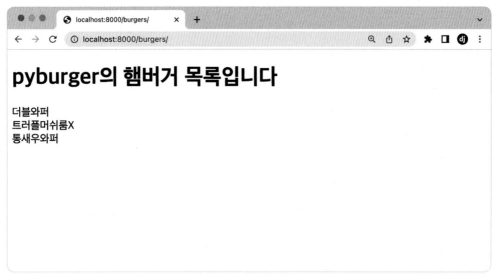

burgers QuerySet 객체를 순회하며 burger 객체를 출력

객체의 속성을 출력

이제 햄버거의 가격과 칼로리 정보도 함께 표시해보자.

templates/burger_list.html

```
<!doctype html>
<html lang ="ko">
<body>
    <h1>pyburger의 햄버거 목록입니다</h1>
    {% for burger in burgers %}
        <div>
            {{ burger.name }}
            (가격: {{ burger.price }}원,
            칼로리: {{ burger.calories }}kcal)
        </div>
    {% endfor %}
</body>
</html>
```

HTML의 태그 내에서는 줄바꿈을 하여도 HTML 페이지에는 표시되지 않는다. 내용이 너무 길다면 줄바꿈으로 구분해서 작성하자.

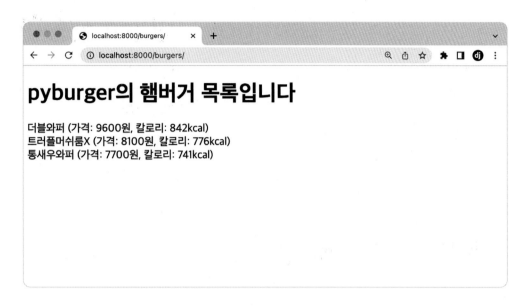

Django admin에 등록한 모든 햄버거 목록과 각 햄버거의 정보를 표시했다. 다음 챕터에서는 특정 햄버거를 검색하는 기능을 만들어보자.

## CHAPTER 07

Django에 데이터 전송하기

쇼핑몰 사이트에는 많은 상품이 있지만, 모든 상품을 한 화면에서 보는 경우는 드물다. 일반적으로는 원하는 카테고리나 이름을 가진 상품들을 검색하여 조건에 일치하는 상품들을 볼 것이다. 이번 챕터에서는 브라우저를 통해 Django에 검색어를 전달하고, 전달받은 검색어에 해당하는 버거를 찾아내 사용자에게 돌려주는 버거 검색 기능을 구현한다.

7.1 웹에서 데이터를 전송하는 방법

GET과 POST

웹 브라우저를 사용해서 서버에 데이터를 보내는 방법에는 두 가지 방식이 있다. 하나는 GET, 또 하나는 POST 방식이라고 부른다.

■ GET 방식으로 데이터 전송하기

GET 방식은 우리가 서버에 보낼 데이터가 공개되어도 상관없는 경우에 사용한다. 예를 들어 포털 사이트에서 **파이썬**이라는 검색어의 결과를 보고 싶다면 서버에 내가 **파이썬**이라는 단어를 검색한다는 사실을 알려주어야 하며, 이는 보내는 데이터가 공개되는 경우이다.

이해를 돕기 위해 네이버에서 특정 검색어에 대한 결과를 보는 과정을 다뤄보겠다. 네이버 메인페이지의 검색창에 **파이썬**이라 입력하고 검색(돋보기) 버튼을 눌러보자.

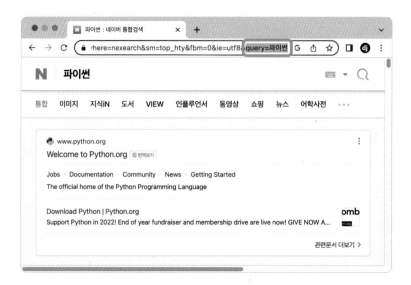

주소표시줄의 URL 내용을 보자. URL 내에서 **?** 다음에 이어지는 내용 중에는 검색어인 '파이썬'이 있다. 이 주소에 대해 좀 더 자세히 알아보자.

■ POST 방식으로 데이터 전송하기

POST 방식은 주소표시줄 대신 요청 자체에 데이터를 담아보내며, 외부에 노출되어서는 안 되는 비밀값을 사용할 때 주로 사용한다. 네이버 로그인 페이지를 예로 들어보자.

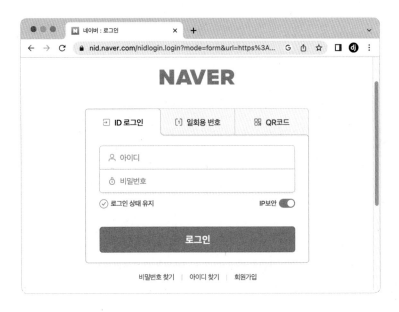

네이버 메인 페이지에서 특정 단어로 검색하면 해당 검색어가 주소표시줄에 나타난다. 로그인 과정에서 서버에 전송하는 아이디와 비밀번호가 주소표시줄에 그대로 나타나는 것은 보안상 매우 좋지 않으므로, POST 방식을 사용해 별도의 데이터로 처리하여 전송한다.

실제로 아이디/비밀번호를 입력해 로그인을 해보면 우리가 입력한 내용이 주소표시줄 어디에도 나타나지 않는 것을 볼 수 있다. 주소표시줄을 통하지 않고 서버에 데이터를 전송할 때는 POST 방식을 사용한다.

7.2 GET 방식을 사용한 버거 검색

Django admin을 사용해서 데이터를 추가하고 보여주는 페이지를 만들었다. 지금은 버거가 몇 개 안되기 때문에 쉽게 목록을 확인할 수 있지만, 등록한 버거가 많아진다면 우리가 원하는 정보를 찾기 쉽지 않을 것이다.

네이버에서 특정 단어를 검색하듯이 GET 방식을 사용해서 버거를 검색하는 기능을 만들어보자.

7.2.1 URLconf – View – Template 연결

Django를 사용해 새로운 페이지를 만든다면 URLconf와 View, Template을 서로 연결시켜야 한다. 어느 쪽을 먼저 구현할지는 개인의 취향이지만 필자는 View → Template → URL 순서로 구현하는 것을 선호한다.

1. View 구현 (메뉴를 처리하는 직원 구현)
2. View의 처리 결과를 보여줄 Template 구현 (만든 메뉴를 사용자에게 보여주는 방식 구현)
3. URLconf에 새 path 추가 (메뉴판에 새로운 메뉴 추가)

버거 검색을 위한 View 작성

기존에 main과 burger_list가 구현되어 있는 config/views.py에 새 View 함수를 추가하자.

config/views.py

```
# 파일 맨 아래에 추가
def burger_search(request):
    return render(request, "burger_search.html")
```

burger_search.html 파일을 Template으로 사용할 것이다.

> 📄 **Note** _ URLconf – View – Template 기본 구조 구성
> 지금은 View 함수가 Template을 그대로 돌려주는 것 외의 일을 하지 않는다. 페이지에 여러 로직을 추가하기 전에, 사용자 요청에 URLconf와 View, Template이 정상적으로 연결되어 값을 돌려줄 수 있는지 확인하는 것이 우선이다.

burger_search View에서 사용할 Template 작성

Template 역시 **pyburger의 햄버거 검색화면입니다**라는 텍스트를 보여주는 최소한의 기능만 작성한다.

```
<!doctype html>
<html lang="ko">
<body>
    <h1>pyburger의 햄버거 검색화면입니다</h1>
</body>
</html>
```

URLconf에 burger_search View와의 연결 구현

굵은 글씨로 표시된 항목이 추가된다. config.views에서 burger_search를 import해왔음에 유의하며 작성하자. 사용자는 /search/라는 URL을 통해 검색 페이지로 들어올 수 있게 된다.

config/urls.py

```
...
from config.views import main, burger_list, burger_search

urlpatterns = [
    path("admin/", admin.site.urls),
    path("", main),
    path("burgers/", burger_list),
    path("search/", burger_search),
]
```

연결 확인

작성한 내용을 확인해보자. 개발서버를 실행하고, URLconf에 추가한 경로인 /search/로 접근하면 burger_search.html에 작성한 Template의 내용이 나타나야 한다.

7.2.2 View에 데이터 전달하기

주소표시줄의 URL을 이용해 직접 전달하기

GET 방식을 사용하면 URL의 끝에 ?를 붙이고 이후 **key=value** 형태로 서버에 데이터를 전송할 수 있다.

전달한 데이터는 View에서 확인할 수 있다. 사용자가 전달한 값은 View 함수의 첫 번째 매개변수인 request의 GET 속성으로 전달된다.

config/views.py

```python
def burger_search(request):
    print(request.GET)  # request.GET으로 전달된 데이터를 출력
    return render(request, "burger_search.html")
```

개발서버가 켜졌는지 확인하고 브라우저의 주소표시줄에 아래와 같이 주소를 입력해보자.

localhost:8000/search/?keyword=더블

```
<QueryDict: {'keyword': ['더블']}>  # 출력된 값
[{timestamp}] "GET /search/?keyword=%EC%B9%98%EC%A6%88 HTTP/1.1" 200 87
```

print로 출력된 값을 개발서버의 로그를 통해 확인할 수 있다.

request.GET은 **{'keyword': ['더블']}**이라는 값을 가진 QueryDict 객체임을 알 수 있다. 여기서 QueryDict 는 파이썬의 dict(사전)과 유사한 객체이다.

전달받은 키워드로 버거 검색하기

request.GET으로 전달된 QueryDict의 **keyword** 키에 검색한 값이 들어 있음을 확인했다. 이제 전달받은 키워드에 해당하는 버거 목록을 브라우저에 돌려주어 보자.

burger_search View를 조금 수정해보자.

config/views.py

```python
def burger_search(request):
    # request.GET에서 "keyword" 키의 값을 가져와 출력
    keyword = request.GET.get("keyword")
    print(keyword)

    return render(request, "burger_search.html")
```

브라우저를 새로고침하거나 URL을 다시 입력하면 터미널에 QueryDict의 **keyword** 키에 해당하는 값인 **더블**이 출력된다.

```
더블
[{timestamp}] "GET /search/?keyword=%EC%B9%98%EC%A6%88 HTTP/1.1" 200 87
```

검색어 문자열을 **keyword** 변수에 할당했으니, 이제 ORM을 사용해서 검색어를 포함하는 버거 목록을 가져와보자.

```
def burger_search(request):
    keyword = request.GET.get("keyword")
    print(keyword)

    # 이름(name 속성)에 전달받은 키워드 값이 포함된 Burger를 검색한다
    burgers = Burger.objects.filter(name__contains=keyword)
    print(burgers)

    return render(request, "burger_search.html")
```

다시 브라우저를 새로고침 하면 개발서버의 로그가 아래와 같이 출력된다.

```
더블
<QuerySet [<Burger: 더블와퍼>]>
```

objects에서 호출한 **filter** 함수는 조건과 일치하는 객체를 모두 돌려준다. 함수 호출에 사용한 인수인 **name__contains=keyword**는 **name** 속성이 **keyword 변수의 값**(위 경우에는 '더블')을 포함하는 경우를 말한다.

> 📋 **Note** _ filter 메서드의 속성명과 __로 연결된 추가 조건
> name__contains="와퍼"는 name 속성에 "와퍼"가 포함된 경우, 즉 "더블와퍼"나 "불고기와퍼" 모두 포함된다.
> name__exact="더블와퍼"는 name 속성이 정확히 "더블와퍼"인 객체를 조회한다. __exact는 생략하여 name="더블와퍼"
> 로 줄여서 사용할 수 있다.

여기서 keyword에는 **더블**이라는 값이 들어 있고, DB의 햄버거 데이터에는 **더블와퍼, 트러플머쉬룸X, 통새우와퍼**라는 3개의 이름이 존재한다. **더블**이라는 값을 이름에 포함하는 햄버거는 **더블와퍼**이며, 따라서 filter 메서드의 name__contains에 해당 조건(더블)을 준다면 **더블와퍼**라는 이름을 가진 Burger 하나만 리턴된다.

개발서버의 로그로는 검색된 버거 목록이 나오지만, 브라우저에는 아직 검색 결과가 출력되진 않는다. 검색 결과를 Template에 전달하고, Template에서 해당 내용을 표시해서 브라우저에 검색 결과가 나오도록 해보자.

7.2.3 Template에서 데이터 보여주기

검색한 버거 목록을 Template에 보여주기

로그에서 burgers 변수를 출력하고, 검색 결과에 해당하는 Burger들이 나옴을 확인했다. 이제 Template에 객체를 전달해보자.

```
return render(request, "burger_search.html")
```

지금은 render 함수에 2개의 인수(argument)가 지정되어 있다. 템플릿에 데이터를 전달하려면 3번째 인수로 dict 객체를 전달해야 한다.

config/views.py

```
def burger_search(request):
    keyword = request.GET.get("keyword")
    burgers = Burger.objects.filter(name__contains=keyword)
    context = {
        "burgers": burgers,
    }
    return render(request, "burger_search.html", context)
```

이제 이름(name)에 GET 방식으로 전달받은 키워드가 이름에 포함된 Burger 목록을 **burgers**라는 이름으로 템플릿에서 사용할 수 있다.

templates/burger_search.html

```
<!doctype html>
<html lang="ko">
<body>
    <h1>pyburger의 햄버거 검색화면입니다</h1>
    <div>{{ burgers }}</div>
</body>
</html>
```

이제 브라우저를 새로고침 해보자. 브라우저를 닫았다면 아래의 URL로 접속한다.

```
http://localhost:8000/search/?keyword=더블
```

이름이 전달받은 키워드를 포함하는 Burger QuerySet이 출력된다.

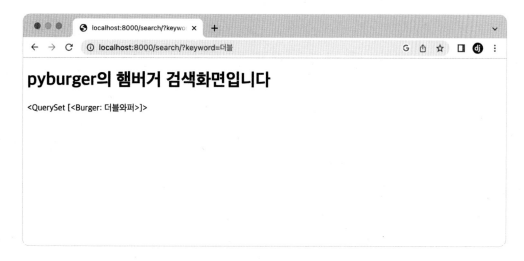

전체 햄버거 목록을 보여줄 때와 같이, 전달받은 burgers QuerySet을 순회하며 정보를 출력해보자. 검색 결과임을 알려주는 텍스트도 추가한다.

templates/burger_search.html

```html
<!doctype html>
<html lang="ko">
<body>
    <h1>pyburger의 햄버거 검색화면입니다</h1>
    <h2>검색결과</h2>
    {% for burger in burgers %}
        <div>
            {{ burger.name }}
            (가격: {{ burger.price }}원,
            칼로리: {{ burger.calories }}kcal)
        </div>
    {% endfor %}
</body>
</html>
```

리스트에서와 같이, 버거 정보가 보기 좋게 표시된다.

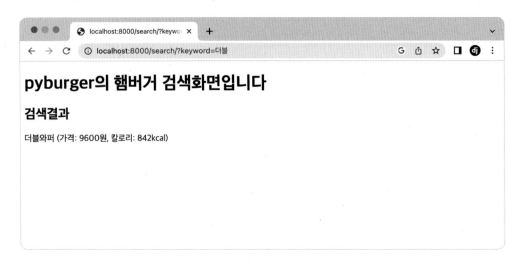

이로써 검색할 키워드에 해당하는 이름을 가진 버거 목록을 보여주는 데 성공했다. 하지만 검색어를 입력하기 위해 주소표시줄에 **?=keyword⟨검색어⟩**를 직접 입력하는 것은 번거로운 일이다. 다음 절에서는 검색창을 만들고, GET 방식의 요청을 처리하는 방법을 알아보자.

7.3 form을 사용한 GET 요청

앞서 주소표시줄에 **?keyword=⟨검색할키워드⟩**를 입력해, View에 **keyword**라는 항목으로 값을 전달하고 버거 목록을 검색했다. 이번 절에서는 HTML의 form을 사용해서 좀 더 편하게 검색 동작을 수행하도록 코드를 개선해보자.

7.3.1 코드 버그 수정

앞서 만들었던 버거를 검색하는 페이지에 들어가보자. GET 방식으로 keyword를 전달해주면 정상적으로 페이지가 출력되나, keyword를 전달하지 않으면 에러가 나는 것을 볼 수 있다.

```
http://localhost:8000/search/?keyword=더블
```

위와 같이 **?keyword=⟨검색어⟩** 부분을 제외한 URL에 접속하면 다음과 같이 에러가 출력된다.

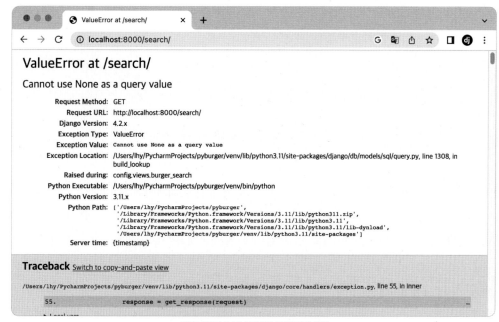

에러 페이지 (실제 화면은 노란색으로 나옴)

이 노란색 화면은 Django가 제공하는 에러 디버그를 위한 출력이다. 에러 내용을 확인해보자.

- **ValueError at /search/**: 에러명은 ValueError이며 /search/ URL에 접근했을 때 발생한 에러임을 알려준다.
- **Cannot use None as a query value**: None은 query의 값으로 사용할 수 없다고 알려준다.

이것만으로는 어디에서 에러가 난 것인지 알 수 없다. Traceback이라 표시된 부분에서 화면을 조금 내려보면 진한 회색으로 나오는 부분을 볼 수 있다.

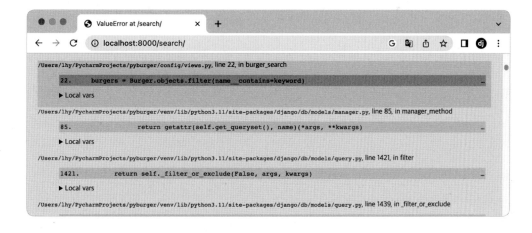

진한 회색 부분을 보면 config/views.py의 22번째 줄(필자와 줄 번호는 다를 수 있다)에서 에러가 났음을 알수 있다. config/views.py의 22번째 줄을 확인해보자.

```
19]  def burger_search(request):
20]      keyword = request.GET.get("keyword")
21]
22]      burgers = Burger.objects.filter(name__contains=keyword)
```

에러의 원인은 keyword 변수이다. request.GET은 dict와 유사한 객체이며, request.GET.get은 파이썬의 dict에서 get을 호출한 것과 같은 동작을 한다. 만약에 request.GET이라는 dict 안에 **keyword**라는 키가 없다면, **keyword** 변수에는 검색어 문자열 객체 대신 None 객체가 할당된다.

> 💡 **Tips** _ dict.get("dict에 없는 키")
> names = {"n": "naver", "s": "samsung"}과 같은 딕셔너리 객체가 있을 때, get 메서드 호출에 없는 키를 입력하면 아무것도 반환되지 않는다(반환된 값은 없다는 의미인 None 객체가 된다).

```
>>> result1 = names.get("n")
>>> print(result1)
naver
>>> result2 = names.get("a")    # 없는 키
>>> print(result2)
None
```

filter(name__contains=keyword)에서 데이터베이스에 검색을 요청하는 keyword의 값은 문자열(str) 유형이어야 한다. 여기서는 keyword 변수에 문자열 대신 None 객체가 전달되어 에러가 발생한다.

코드를 조금 수정해서 주소표시줄을 통해 keyword 값이 전달되지 않는다면 검색을 하지 않도록 해보자.

```python
def burger_search(request):
    keyword = request.GET.get("keyword")

    # keyword 값이 주어진 경우
    if keyword is not None:
        # keyword 값으로 검색된 QuerySet을 할당
        burgers = Burger.objects.filter(name__contains=keyword)    ①

    # 주소표시줄을 통해 keyword가 주어지지 않아, None이 할당된 경우
    else:
        # 검색 결과가 없는 것과 같은 빈 QuerySet을 할당
        burgers = Burger.objects.none()    ②

    context = {
        "burgers": burgers,
    }
    return render(request, "burger_search.html", context)
```

① **?keyword=⟨검색어⟩**가 주소표시줄에 입력되어 keyword 변수에 문자열이 할당되었다면 Burger 중 이름에 검색어를 포함하는 결과 QuerySet을 사용하며

② 입력되지 않은 경우(keyword 변수가 None인 경우)에는 빈 QuerySet을 사용한다.

브라우저로 되돌아가 검색어가 입력되지 않아도 정상적으로 화면이 출력되는지 확인하자.

💡 **Tips** _ Burger.objects.none()
objects.none( )은 아무 객체도 포함하지 않는 빈 QuerySet을 리턴한다. 출력해보면 아래와 같이 나타난다.

```
<QuerySet []>
```

7.3.2 Template에 검색창 만들기

Input과 button 추가

검색어가 없을 때의 버그를 수정했다. 이제 버거를 검색하는 HTML 페이지에 검색창과 버튼을 추가해보자. HTML에서 사용자 입력을 받는 요소는 〈input〉, 버튼은 〈button〉 태그를 사용한다.

templates/burger_search.html

```html
<!doctype html>
<html lang="ko">
<body>
    <h1>pyburger의 햄버거 검색화면입니다</h1>
    <div>
        <input type="text">
        <button>검색</button>
    </div>
    <h2>검색결과</h2>
    {% for burger in burgers %}
        <div>
            {{ burger.name }}
            (가격: {{ burger.price }}원,
            칼로리: {{ burger.calories }}kcal)
        </div>
    {% endfor %}
</body>
</html>
```

아래와 같이 검색창과 버튼이 생긴 것을 확인할 수 있다.

검색창과 버튼은 생겼지만, 내용을 입력하고 검색 버튼을 눌러도 아무 일도 일어나지 않는다. 사용자가 입력한 내용이 브라우저를 통해 View로 전달되게 하려면 input과 button 요소를 form 안에 넣고 각각의 요소에 내용을 조금 더 추가해야 한다.

form 추가

브라우저가 사용자가 입력한 데이터를 처리할 수 있도록 input과 button 태그를 수정하고, 해당 요소들을 form 태그 내부에 위치하게 한다.

templates/burger_search.html

```
...
<h1>pyburger의 햄버거 검색화면입니다</h1>
<div>
    <form method="GET">
        <input type="text" name="keyword">
        <button type="submit">검색</button>
    </form>
</div>
...
```

브라우저를 새로고침해도 바뀐 것은 없어보인다. 검색창에 검색어 **더블**을 입력하고 검색 버튼을 누르거나 Enter를 입력해보자.

http://localhost:8000/search/ 화면에서 검색어를 입력하고 버튼을 누르면, 검색 결과가 나오며 주소가 **http://localhost:8000/search/?keyword=더블**로 바뀐다. 이제 코드를 살펴보자.

- 〈form method="GET"〉: form 태그는 브라우저에 데이터를 보내기 위한 영역이다. 여기서 method는 데이터를 보낼 때 어떤 방식을 쓸 것인지를 나타내며, 이 form은 **GET** 방식으로 데이터를 보내게 된다.
- 〈input type="text" name="keyword"〉: 텍스트를 입력할 수 있는 검색창으로, 입력한 값은 전달될 때 **keyword** 라는 항목으로 전달되게 된다.
- 〈button type="submit"〉검색〈/button〉: button 태그 자체는 버튼 모양을 만들어주며, **type=submit** 속성은 이 버튼이 form 태그의 영역에 있는 데이터를 **제출(전송)**하기 위한 버튼임을 나타낸다.

이 요소들을 종합하면 다음과 같다.

1. GET 방식으로 데이터를 전송하는 form에는
2. keyword라는 키를 사용해 입력받은 데이터를 전송하는 검색창(input)과
3. type=submit 속성을 사용, 누를 시 form의 데이터를 **제출**하는 기능을 하는 버튼(button)이 있게 된다.

즉, 이 form을 제출(버튼을 클릭하거나 Enter를 입력)하면, 이전의 검색에서 주소표시줄에 직접 해당 내용을 기록한 것과 같이 **?keyword=〈검색창에 입력한 값〉**을 뒤에 붙인 URL을 생성하게 된다.

form을 사용해서 검색하기

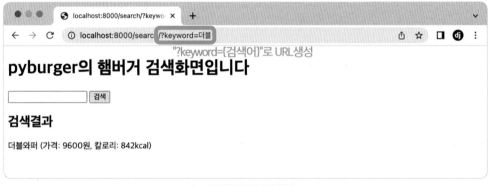

form을 사용한 검색 결과 화면

form과 input을 사용해서 좀 더 편한 검색 화면을 만들었다. 기본적인 Django의 동작을 알아보기 위한 pyburger 프로젝트는 여기서 마치고, 다음 프로젝트로 넘어가보자.

PART 03

pylog
프로젝트

django

이번 파트에서는 웹 프레임워크 학습에 가장 많이 사용하는 블로그를 만들어본다.
앞선 pyburger 프로젝트에서 구현했던 내용들을 좀 더 발전시키는 과정이 될 것이다.
글(Post)과 댓글(Comment)의 작성/수정/삭제 그리고 이미지 파일을 업로드하고 저장
하는 기능을 구현한다.

## CHAPTER 08

개발환경 구성

8.1 PyCharmProject 생성

Chapter 03의 3.2.2 새 프로젝트 생성(p.26)을 참조하여 새 PyCharm 프로젝트를 생성한다. 프로젝트명은 **pylog**로 한다.

8.2 Django 설치 및 초기설정

```
# pylog 프로젝트명으로 생성된 디렉터리에 있는지 확인
> pwd
~/Users/lhy/PycharmProjects/pylog

# Django 설치
> pip install 'django<5'
Collecting django<5
  Using cached Django-4.x-py3-none-any.whl (8.0 MB)
Collecting asgiref<4,>=3.4.1
  Using cached asgiref-3.5.2-py3-none-any.whl (22 kB)
Collecting sqlparse>=0.2.2
  Using cached sqlparse-0.4.2-py3-none-any.whl (42 kB)
Installing collected packages: sqlparse, asgiref, django
Successfully installed asgiref-3.5.2 django-4.x sqlparse-0.4.2

# 프로젝트 구조 생성
> django-admin startproject config .
```

> **!** **Warning** _ config 뒤 공백 문자
>
> startproject config와 .(dot) 사이에 공백을 입력해야 함에 주의한다.

프로젝트 구조 확인

```
# 저장 공간에서 프로젝트의 위치
# ~/PycharmProjects/pylog
pylog
├── config
│   ├── __init__.py
│   ├── asgi.py
│   ├── settings.py
│   ├── urls.py
│   └── wsgi.py
└── manage.py
```

TEMPLATES_DIR 설정

4.4 Template 사용하기(p.49)를 참조하여 TEMPLATES_DIR를 설정한다.

config/settings.py

```
# 상세한 코드는 '4.4 Template 사용하기'를 참조한다.
TEMPLATES_DIR = BASE_DIR / "templates"
...
TEMPLATES = [
    {
        ...
        "DIRS": [TEMPLATES_DIR],
```

templates 디렉터리 생성 후 프로젝트 구조

```
pylog
├── config/
├── templates/    # 생성된 디렉터리
└── manage.py
```

8.3 인덱스 페이지 구성

localhost:8000 뒤에 아무런 경로도 추가되지 않았을 때 기본적으로 보여줄 인덱스(index) 페이지를 구성한다.

View

config/views.py (새로 생성)

```python
from django.shortcuts import render

def index(request):
    return render(request, "index.html")
```

URLconf

config/urls.py

```python
from django.contrib import admin
from django.urls import path
from config.views import index  # index import

urlpatterns = [
    path("admin/", admin.site.urls),
    path("", index),  # 경로가 없을 때 index View 연결
]
```

Template

templates/index.html (새로 생성)

```html
<!doctype html>
<html lang="ko">
<body>
    <h1>pylog</h1>
</body>
</html>
```

Terminal

```
> python manage.py runserver
```

runserver 실행 후 localhost:8000에 접속해 index View의 동작을 확인한다.

## CHAPTER 09

글과 댓글 모델 구현

9.1 1:N 연결의 이해

학교와 학생, 음반과 노래와 같이 하나의 부모 요소에 여러 자식 요소가 연결된 연결을 1:N(일대다 또는 다대일) 관계라 부른다. 블로그 댓글은 1개든 10개든 수와 상관 없이 반드시 하나의 포스트와 연결되므로, 글과 댓글은 1:N으로 연결된다고 말한다.

하나의 글에 여러 댓글이 달렸을 때 이를 하나의 테이블로 나타낸다면 반드시 중복 데이터가 나타나게 된다.

■ **하나의 테이블에서 댓글 3개를 나타낸 경우**

제목	내용
Django의 역사	정말 유용한 내용이에요!
Django의 역사 (중복 1)	감사합니다
Django의 역사 (중복 2)	다음 글은 언제 연재되나요?

위와 같이 테이블을 구성하면 **Django의 역사**라는 제목 데이터가 댓글 개수만큼 중복되어 저장된다. 그리고 글 제목을 수정하려면 반드시 3개의 데이터를 동시에 수정해야 한다.

이러한 비효율적인 구조를 막기 위해, 1:N 관계를 가지는 데이터는 각각의 테이블에 나누어 저장하여 데이터의 중복을 막는다.

■ **글(Post) 테이블**

ID	제목
1	Django의 역사
2	Django 튜토리얼
3	Django로 만드는 블로그

■ 댓글(Comment) 테이블

ID	제목
1	정말 유용한 내용이에요!
2	감사합니다
3	블로그 말고 인스타그램은 어떻게 만드나요?

아까와 달리, 글과 댓글 테이블 각각에 ID라는 열(Column)이 추가되었다. ID열은 테이블에 있는 데이터를 구분할 수 있는 유일한(Unique) 값이다. 학생 때 반에서 각자 부여받은 번호를 생각하면 된다. 동명이인이 있더라도 번호로 구분하듯, 같은 내용의 데이터가 있더라도 ID로 구분할 수 있다(즉, ID가 식별자 역할을 한다).

하지만 이렇게 테이블을 나누면 각 댓글이 어떤 글에 달린 건지 알 수 없게 된다. 이를 구분하기 위해 댓글 테이블의 각 행(Row)에 해당 댓글이 어떤 글(Post)와 연결되는지 나타내보자.

■ 글(Post)과 연결된 댓글(Comment) 테이블

ID	Post ID	제목
1	1	정말 유용한 내용이에요!
2	1	감사합니다
3	3	블로그 말고 인스타그램은 어떻게 만드나요?

위와 같이 테이블을 구성하면 처음 두 개의 댓글(ID 1, 2번)은 1번 글(Django의 역사)와 연결되고, 3번째 댓글은 3번 글(Django로 블로그 만들기)과 연결됨을 알 수 있다.

이렇게 각 테이블에 데이터를 구성하고, 1:N에서 N 부분의 테이블에 자신이 어떤 부모 요소에 연결되었는지 나타내는 것을 **1:N 관계로 테이블을 구성했다**고 말한다. Django는 이러한 **관계**를 나타내는 데 특화된 관계형 데이터베이스(Relational Database)를 사용하며, 관계형 데이터베이스는 줄여서 **RDB**라 부른다.

 Tips _ 관계형 데이터베이스
일반적으로 **데이터베이스**라 함은 **관계형 데이터베이스**를 뜻한다. 이외에도 NoSQL이라는 데이터베이스 유형이 있으나, Django에서는 사용하지 않는 방식이다.

9.2 1:N 관계 모델 구현

새 app 생성, settings에 등록

1:N 관계를 Model 클래스로 나타내보자. 먼저 블로그와 관계된 Model을 정의할 application을 생성해준다. 첫 예제에서는 새로 app을 생성하지 않고 기본값으로 존재하던 config 디렉터리를 사용했으나, 가능하다면 목적에 맞는 app을 생성하고 그 안에 코드를 작성하는 것이 더 권장되는 방법이다.

Terminal

```
> python manage.py startapp blog
```

config/settings.py

```
INSTALLED_APPS = [
    "blog",
    # 기존 내용
    ...
]
```

models.py에 모델 추가

blog/models.py

```
from django.db import models

class Post(models.Model):
    title = models.CharField("포스트 제목", max_length=100)
    content = models.TextField("포스트 내용")

    def __str__(self):          __는 밑줄(_, underscore)을 두 번 쓴 것이다.
        return self.title

class Comment(models.Model):
    post = models.ForeignKey(Post, on_delete=models.CASCADE)
    content = models.TextField("댓글 내용")

    def __str__(self):
        return f"{self.post.title}의 댓글 (ID: {self.id})"
```

글과 댓글의 모델을 추가한다. 각각의 모델은 자신의 정보를 나타내는 **__str__** 속성을 가지도록 하였다. 글은 자신의 제목을 나타내며, 댓글은 연결된 글의 제목과 자신의 ID를 보여준다(댓글의 내용은 정보를 간략히 보여주기에는 너무 길어질 수 있기 때문에 표시하지 않는다).

Comment 모델의 **post** 필드는 다른 모델(테이블)과의 1:N 연결을 구성해주는 ForeignKey 필드를 사용한다. 해당 필드는 연결된 Post 테이블 Row의 ID 값을 갖는다.

조금 더 자세히 설명하자면, ID가 1인 Post에 연결된 Comment들은 post 필드의 값으로 1을 갖는다. 특정 Comment 데이터에서 연결된 Post 정보를 가져오고 싶다면, 자신의 post 필드에 저장되어 있는 ID값을 읽은 후 Post 테이블에서 그 ID에 해당하는 데이터를 다시 한번 가져와야 한다.

> 📄 **Note** _ ForeignKey
>
> 1:N 관계를 만들기 위해서는 관계의 N에 해당하는 Model에 ForeignKey를 정의하고, 관계의 1에 해당하는 Model과의 연결을 정의해야 한다.

makemigrations, migrate로 테이블 생성

Terminal

```
# 데이터베이스 변경사항 생성
> python manage.py makemigrations
Migrations for 'blog':
  blog/migrations/0001_initial.py   # Post, Comment 모델이 생성된 것을 확인한다
    - Create model Post
    - Create model Comment

# 생성되어 있는 데이터베이스 변경사항 적용
> python manage.py migrate
Operations to perform:
  Apply all migrations: admin, auth, blog, contenttypes, sessions
Running migrations:
  ...
  Applying blog.0001_initial... OK   # blog 앱이 적용된 것을 확인한다
  ...
```

모델이 생성됐다. 사용자 페이지를 만들기 전에, 먼저 1:N 구조의 데이터를 admin에서 사용해보자.

9.3 글과 댓글 admin 구현

9.3.1 Post admin 구성

글과 댓글 중 먼저 글을 작성하고 편집할 수 있도록 해보자. 간단한 코드로 관리자 페이지를 등록한다.

blog/admin.py

```python
from django.contrib import admin
from blog.models import Post

@admin.register(Post)
class PostAdmin(admin.ModelAdmin):
    pass
```

Superuser 생성

Django admin을 사용하려면 Superuser 계정이 필요하므로 createsuperuser 명령어를 사용해 만들어준다.

Terminal

```
〉python manage.py createsuperuser
Username: pylog
Email address: pylog@django.ac
Password:
Password (again):
Superuser created successfully.
```

개발서버 실행, admin에 글 생성

admin에 로그인하고, 테스트를 위해 3~4개 정도의 글을 작성하자.

Terminal

```
〉python manage.py runserver
Watching for file changes with StatReloader
Performing system checks...

System check identified no issues (0 silenced).
{timestamp}
Django version 4.x, using settings 'config.settings'
Starting development server at http://127.0.0.1:8000/
Quit the server with CONTROL-C.
```

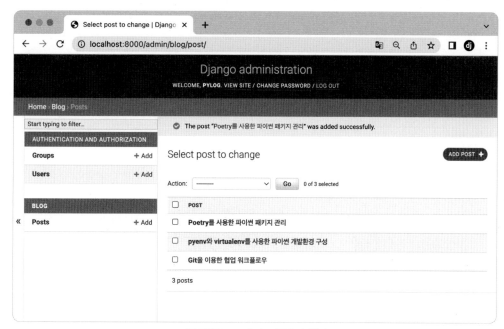

테스트용으로 3~4개 정도의 글을 작성한다

9.3.2 Comment admin 구성

댓글의 admin도 만들어보자.

blog/admin.py

```python
from django.contrib import admin
from blog.models import Post, Comment  # Comment 모델 불러오기

@admin.register(Post)
class PostAdmin(admin.ModelAdmin):
    pass


@admin.register(Comment)                  # CommentAdmin 추가
class CommentAdmin(admin.ModelAdmin):
    pass
```

Comment admin에서 post 항목 확인

Comment 모델에는 Post와의 연결을 나타내는 ForeignKey 필드가 있다. 이 필드가 admin에서 어떻게 나타나는지 확인해보자.

admin에서 Comments → Add Comment 버튼을 눌러서 댓글 작성 화면으로 이동한다.

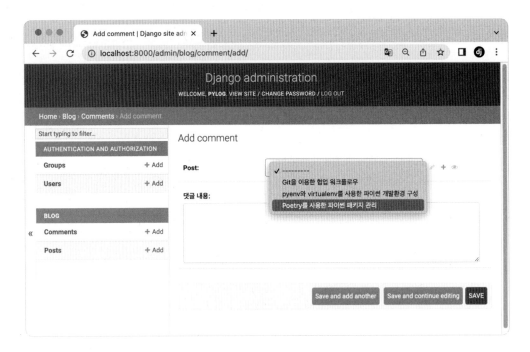

Comment에서 Post와 연결된 ForeignKey 필드는 작성해둔 Post를 선택할 수 있는 Select box의 형태로 나타난다. 하나의 Post에만 2개의 Comment를 추가해보자.

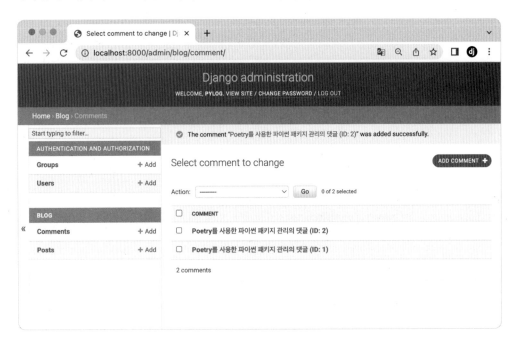

글과 댓글의 구성을 admin에서 확인하고 데이터를 추가했다. 다음 챕터에서는 사용자들이 데이터를 볼 수 있도록 새로운 View를 추가해보자.

## CHAPTER 10

글과 댓글 보여주기

10.1 글(Post) 목록 보여주기

전체 글 목록을 보여줄 것이다. 새로운 기능을 만들 때는 그 기능이 어떤 URL과 뷰, 템플릿을 가질지 먼저 계획하고 순서대로 코드를 작성하자.

1 View 함수의 이름은 post_list를 사용한다.

2 URL은 /posts/를 사용한다.

3 템플릿은 post_list.html을 사용한다.

4 View, URL, 템플릿의 연결을 확인한다.

5 View에서 ORM을 사용해 모든 글 목록을 가져와 템플릿에 전달한다.

6 템플릿은 View에서 전달받은 내용을 표시한다.

위 순서에 따라 작업을 진행해보자.

1 View 작성

blog/views.py

```python
from django.shortcuts import render

def post_list(request):
    return render(request, "post_list.html")
```

2 URLconf 작성

config/urls.py

```
...
from config.views import index
from blog.views import post_list

urlpatterns = [
    path("admin/", admin.site.urls),
    path("", index),
    path("posts/", post_list),
]
```

3 템플릿 작성

templates/post_list.html

```
<!doctype html>
<html lang="ko">
<body>
    <h1>Post List</h1>
</body>
</html>
```

4 View, URL, 템플릿의 연결 확인

개발서버를 켜고 **http://localhost:8000/posts/** URL로 접속했을 때 템플릿의 내용이 나오는 것을 확인한다.

5 View에서 ORM을 사용해 모든 글 목록을 가져와 템플릿에 전달

blog/views.py

```python
from django.shortcuts import render
from blog.models import Post   # Post 모델을 사용하기 위해 import


def post_list(request):
    posts = Post.objects.all()   # 모든 Post 객체를 가진 QuerySet
    # 템플릿에 전달할 dict
    context = {
        "posts": posts,
    }
    # 3번째 인수로 템플릿에 데이터를 전달
    return render(request, "post_list.html", context)
```

6 템플릿은 View에서 전달받은 내용을 표시

templates/post_list.html

```html
<html>
<body>
    <h1>Post List</h1>
    <!-- 글 목록을 ul(Unordered List) 요소 내에 표시 -->
    <ul>
        <!-- for-in 태그로 순회하며 각각의 글은 li(List Item) 요소로 표시 -->
        {% for post in posts %}
            <li>
                <!-- 각각의 글의 제목과 내용을 나누어 표시 -->
                <h2>{{ post.title }}</h2>
                <p>{{ post.content }}</p>
            </li>
        {% endfor %}
    </ul>
</body>
</html>
```

admin에서 작성한 글을 나타냈다. 이제 각각의 글에 연결된 댓글 목록을 보여주자.

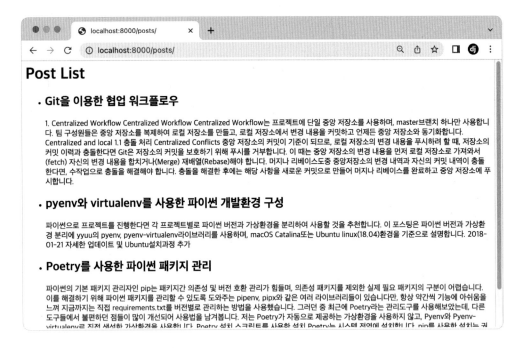

10.2 댓글(Comment) 목록 보여주기

10.2.1 Django ORM을 사용한 1:N 객체 접근

댓글을 보여주는 것은 글을 보여주는 것과는 조금 다르다. 댓글 목록을 보여주기 전에, Django ORM
을 사용해서 1:N 관계인 객체를 어떻게 가져올 수 있는지 알아본다.

```
class Comment(models.Model):      # N방향의 모델 (Comment)
    post = models.ForeignKey(Post)  # 1방향의 모델 (Post)
```

1:N 연결에서 연결을 정의하는 모델의 속성(필드)는 N방향의 모델에 정의된다.

Comment 모델은 post 속성으로 자신과 연결된 Post에 직접 액세스할 수 있다. 인터프리터에서 기
능을 실습해보자.

```
〉python manage.py shell
>>> from blog.models import Post, Comment

# ORM을 사용해 첫 번째 Comment 객체를 가져오기
>>> first_comment = Comment.objects.first()

# 첫 번째 Comment 객체에 연결된 Post 객체 확인
>>> first_comment.post
<Post: Poetry를 사용한 파이썬 패키지 관리>
```

Comment는 자신의 post 속성으로 연결된 Post 객체에 접근할 수 있다. 이를 정방향 관계라 한다. 반대로 1:N에서 1방면의 객체에서 N방면의 객체로 접근하는 것은 역방향 관계라 한다. 역방향 접근을 위한 속성은 **{N방향 모델명의 소문자화}_set**이라는 이름으로 Django ORM이 자동으로 생성해준다.

즉, Post 객체가 자신에게 연결된 Comment들을 가져오기 위해서는 **{Comment모델의 소문자화}_set**인 **comment_set**이라는 이름으로 접근한다. 인터프리터에서 이어서 테스트해보자.

```
>>> post = Post.objects.first()
>>> post.comment_set
<django.db.models.fields.related_descriptors.create_reverse_many_to_one_
manager.<locals>.RelatedManager object at 0x10476eb50>
```

post.comment_set의 내용은 Comment 객체가 아닌, 복잡한 이름의 객체가 출력된다. comment_set은 **RelatedManager** 객체로, N방향의 객체로 접근할 수 있도록 도와주는 역할을 한다. Comment의 입장에서 연결된 Post는 1개뿐이기 때문에 속성명으로 곧바로 접근이 가능하지만, Post 입장에서는 연결된 Comment들이 여럿이므로 Manager 객체를 통해서 접근한다.

연결된 Comment를 전부 가져와보자.

```
>>> post.comment_set.all()
<QuerySet [<Comment: Poetry를 사용한 파이썬 패키지 관리의 댓글 (ID: 1)>, <Comment:
Poetry를 사용한 파이썬 패키지 관리의 댓글 (ID: 2)>]>
```

Post.objects.all()을 호출한 때와 유사하게 여러 Comment를 동시에 돌려주고자 QuerySet 객체가 리턴되는 것을 볼 수 있다. for문으로 순회하며 연결된 Comment의 내용도 확인해보자.

Terminal (Python interpreter)

```
>>> for comment in post.comment_set.all():
...     print(comment.id, comment.content)
...
1 좋은 라이브러리네요!
2 잘 보았습니다 :)
```

실습한 내용을 사용해 Template에서도 댓글 내용을 보여주도록 해보자. Template의 문법은 파이썬 문법과는 조금 차이가 있다.

10.2.2 템플릿에서 댓글 객체 표시하기

templates/post_list.html

```
<ul>
    {% for post in posts %}
        <li>
            <h2>{{ post.title }}</h2>
            <p>{{ post.content }}</p>
            <!-- 순회 중인 post와 연결된 모든 comment QuerySet -->
            <div>{{ post.comment_set.all }}</div>
        </li>
    {% endfor %}
</ul>
```

역방향 접근을 위해 **post.comment_set.all**을 사용한다. 파이썬에서 **post.comment_set.all()**을 사용한 것과는 다르게, 템플릿에서는 마지막의 ()이 빠진다.

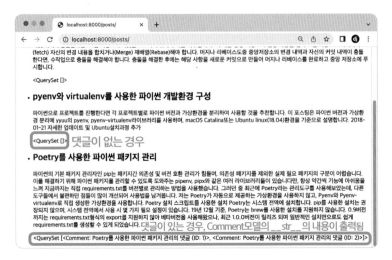

연결된 댓글 목록이 〈QuerySet [...]〉이라는 문자열로 표시되는 것을 볼 수 있다. 이 QuerySet을 실제로 순회해서 댓글 목록을 나타내보자. 앞에서는 div를 사용했으나, 여기서는 리스트를 표시하기 위해 ul과 li 요소를 사용한다.

templates/post_list.html

```html
<ul>
    {% for post in posts %}
        <li>
            <h2>{{ post.title }}</h2>
            <p>{{ post.content }}</p>
            <ul>
                {% for comment in post.comment_set.all %}
                    <li>{{ comment.content }}</li>
                {% endfor %}
            </ul>
        </li>
    {% endfor %}
</ul>
```

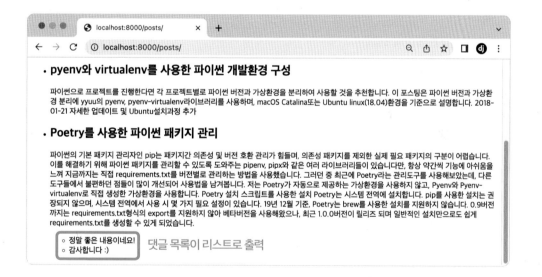

리스트 내부의 새로운 리스트로 댓글 목록이 출력된다. 댓글이 없을 경우에는 '아직 댓글이 없습니다'라는 문장을 출력해보자. 템플릿의 {% for %} 태그는 순회할 항목이 없는 경우를 뜻하는 {% empty %} 태그를 중간에 사용할 수 있다.

```
<ul>
    {% for post in posts %}
        <li>
            <h2>{{ post.title }}</h2>
            <p>{{ post.content }}</p>
            <ul>
                {% for comment in post.comment_set.all %}
                    <li>{{ comment.content }}</li>
                {% empty %}    ← post.comment_set.all에 순회할 항목이 없는 경우
                    <li>아직 댓글이 없습니다</li>
                {% endfor %}
            </ul>
        </li>
    {% endfor %}
</ul>
```

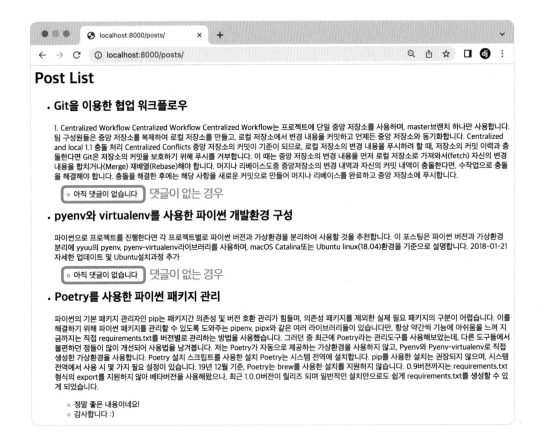

댓글이 없는 글에는 '아직 댓글이 없습니다'라는 메시지가 표시되는 것을 확인할 수 있다.

## CHAPTER 11

CSS와 정적파일

11.1 CSS

11.1.1 CSS

지금까지 만든 블로그에는 디자인 요소가 전혀 포함되지 않았다. (큰 글자로 표시된다거나 하는 부분들은 HTML이 기본적으로 제공하는 **서식**이다.)

HTML에 디자인 요소를 추가하려면 **CSS(Cascading Style Sheets)**를 사용해야 한다. CSS는 HTML 언어가 표시되는 방법을 기술하는 언어로, HTML이 나타내는 데이터 구조에 스타일을 정의해주는 역할을 한다.

> **이 책에서 다루는 HTML과 CSS**
>
> HTML과 CSS는 웹 페이지를 구성하기 위한 필수적인 요소이다. 하지만 HTML과 CSS를 기본부터 다루는 것은 Django의 기본을 다루는 이 책의 주요 목적이 아니며, 관련 내용을 자세하게 수록 시 분량도 필요 이상으로 방대해질 것이다. 시중의 Django 도서들은 대부분 CSS 코드를 지면에 할애하고 이를 따라 작성하는 과정이 포함되어 있으나, 필자는 HTML과 CSS에 대한 이해는 Django를 이해하는 것과는 별도의 학습 과정이라 생각한다.
>
> 이 책에서는 최소한의 구조를 만들기 위한 HTML만을 설명하며, CSS는 미리 만들어놓은 결과물을 가져다 쓸 것이다. 자신의 프로젝트를 새로 구성하거나 예제의 디자인을 수정해보고 싶다면 시중의 HTML/CSS 관련 도서를 읽고 공부하는 별도의 과정이 필요하다.

11.1.2 HTML 요소의 id와 class

CSS를 직접 구현하지는 않지만, 이미 만들어진 CSS 속성을 적용하기 위한 HTML 요소의 구성 방법을 설명한다.

HTML의 요소(Element)들은 여러 가지 속성을 갖는데, 이 중 CSS를 적용하기에 매우 적절한 속성으로 id와 class가 있다. id는 화면에 존재하는 모든 요소에 중복되지 않는 **유일한** 값을 가지며, class는 중복을 허용하는 값을 지닐 수 있다. 이 설명만으로는 이해하기 힘드므로 아래의 예제를 보자.

```html
<div id="python" class="chapter">
    <div class="title">Python</div>
    <div class="content">파이썬은 1991년 프로그래머인 귀도 반 로섬이 발표한 고급 프로그래밍
언어로, 플랫폼에 독립적이며 인터프리터식, 객체지향적, 동적 타이핑 대화형 언어이다.</div>
</div>

<div id="django" class="chapter">
    <div class="title">Django</div>
    <div class="content">장고는 파이썬으로 작성된 오픈 소스 웹 프레임워크로, 모델-뷰-컨트롤
러 패턴을 따르고 있다. 현재는 장고 소프트웨어 재단에 의해 관리되고 있다.</div>
</div>
```

최상단의 div 요소가 2개 존재하며, 각각 **chapter**라는 class를 갖는다. 이는 공통 속성이며, 이 요소는 챕터 역할을 하는 디자인을 가질 것이다. 이와 별개로 각 요소는 **python**과 **django**라는 별개의 id를 가진다. HTML 문서 내에서 id 속성의 값은 중복될 수 없으며, id 속성은 HTML 문서의 특정 요소를 나타내는 역할을 한다.

또한 각 **chapter** class는 자신의 자식으로 **title**과 **content** 클래스 속성을 가진 요소들을 가진다. 각각 제목과 내용을 나타내는 역할을 하며, CSS에 해당 속성을 가진 요소가 어떻게 보일지 스타일을 지정할 수 있다. CSS에 대해서는 다루지 않지만, 아래와 같은 방법으로 별개의 스타일을 지정한다.

```css
/* .으로 시작하는 이름은 HTML의 class 속성을 지칭 */
.chapter {
    border: 1px solid black;
    border-radius: 2px;
    margin-bottom: 3px;
}
.title {
    font-size: 12px;
    font-weight: bold;
}
.content {
    font-size: 10px;
}
/* #으로 시작하는 이름은 HTML의 id의 속성을 지칭 */
#python {
    background-color: blue;
```

```
}
#django {
    background-color: green;
}
```

11.2 정적파일(Static files)

11.2.1 정적파일이란?

사전적으로는 **변화가 없는 파일**이라 할 수 있지만, Django와 같은 웹 프레임워크에서 정적파일이란 프레임워크의 소스코드를 제외한 나머지인 이미지, 동영상, CSS, JavaScript 파일 등을 말한다. Django에서 소스코드 역할을 하는 파일은 파이썬 소스코드(*.py)와 템플릿(*.html)이 있으며, 이 두 가지 파일 외의 다른 파일들은 정적파일이라 부른다.

이들을 정적파일이라 별도로 구분해서 부르는 이유는, 정적파일이 아닌 **소스코드**는 일반적으로 **동적인** 결과물을 만들어내는 데 사용되기 때문이다. 이와 반대로 정적파일은 사용자에게 변형 없이 언제나 동일한 형태로 제공된다. 조금 어렵다면 *.py 파일과 *.html을 제외한 모든 파일은 정적파일이라고 생각해도 좋다.

실제 서비스에서 정적파일은 소스코드와는 조금 다른 방법으로 사용자에게 제공된다. 이에 대해서는 실제 서비스를 배포하는 Part 05에서 다루고, 지금은 개발환경에서 정적파일을 다루기 위한 방법을 설명한다.

11.2.2 정적파일 설정

정적파일을 담을 디렉터리 생성

PyCharm의 좌측 프로젝트 구조에서 pylog 디렉터리에 우클릭 → New → Directory 선택

디렉터리 생성 후 프로젝트 구조는 아래와 같아야 한다. 디렉터리가 생성된 위치를 정확히 확인하자.

```
pylog
├── config/
├── blog/
├── static/          ← 생성된 폴더
├── db.sqlite3
└── manage.py
```

정적파일을 넣어둘 디렉터리(static)를 생성했다. 디렉터리 생성과는 별개로, Django가 정적파일을 이 디렉터리에서 찾도록 설정을 추가한다.

정적파일 관련 설정을 settings.py에 추가

config/settings.py

```
# Static files (CSS, JavaScript, Images)
# https://docs.djangoproject.com/en/4.x/howto/static-files/
STATIC_URL = "static/"   # settings.py의 하단에 이미 작성되어 있다.

STATICFILES_DIRS = [BASE_DIR / "static"]
```

STATICFILES_DIRS에 Django가 정적파일을 찾을 경로들을 지정한다. settings의 최상단에 정의된 BASE_DIR은 프로젝트 디렉터리인 **pylog/**를 나타내며, 이 리스트 안에 추가한 BASE_DIR / "static"은 방금 생성한 **pylog/static/** 디렉터리의 경로를 나타낸다.

11.2.3　정적파일을 추가하고 템플릿에서 사용하기

정적파일 디렉터리에 CSS 파일 추가

File _ pylog에서 사용할 CSS 파일

https://f.django.ac/pylog/style.css

→ **프로젝트경로/static/css** 디렉터리에 다운로드

우클릭 → 다른 이름으로 저장…을 눌러 다운로드

미리 만들어둔 CSS 파일을 다운로드해서 프로젝트경로/static/css 디렉터리에 넣자.

static/css 디렉터리는 새로 생성한다

템플릿에서 정적파일 사용

Django에게 정적파일과 템플릿의 위치를 알려주었다. 이제 템플릿에서 정적파일을 사용해보자. 템플릿에서 정적파일을 불러올 때는 **{% static '정적파일경로' %}** 태그를 사용한다.

templates/index.html 파일에 내용을 추가해보자.

templates/index.html

```
{% load static %}
<!doctype html>
<html lang="ko">
<head>          # <head> 태그 추가
    <link rel="stylesheet" href="{% static 'css/style.css' %}">
</head>
<body>
    <h1>pylog</h1>
</body>
</html>
```

템플릿의 **static** 태그는 **파일 위치**에 해당하는 정적파일의 주소를 만드는 역할을 한다. 주소를 나타낸다는 게 어떤 의미인지는 이 템플릿을 사용하는 뷰를 만들어 확인해보자.

11.2.4 {% static %} 태그 렌더링

static 태그 부분의 내용 확인

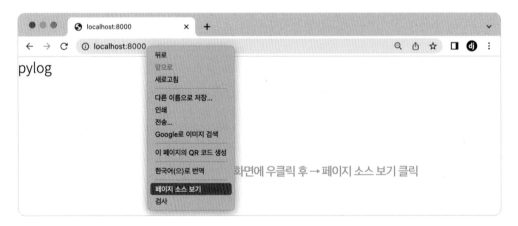

브라우저 화면을 우클릭하고 **페이지 소스 보기**를 눌러보자.

Template의 코드와 비슷하나 **{% static 'css/style.css' %}** 태그가 **/static/css/style.css**라는 문자열로 바뀐 것을 볼 수 있다. Django는 이 문자열의 경로를 사용해서 정적파일을 제공한다.

> 💡 **Tips _ 렌더링**
>
> Django Template에서 렌더링(Rendering)은 Template 문법의 코드가 문자열로 변환되는 것을 의미한다.

파란색의 **/static/css/style.css** 링크를 클릭해보면 다음과 같은 CSS 파일의 내용을 확인할 수 있다. 앞으로 정적파일이 필요할 때는 정적파일을 넣기로 정한 디렉터리(static)에 파일을 넣고 Template의 **{% static %}** 태그로 불러와서 사용할 것이다.

HTML에 CSS 적용

Template에 링크시킨 CSS 파일에는 특정 class나 id 속성에만 적용되는 값들도 존재한다. CSS 파일에 정의된 class와 id를 작성한 HTML 파일에 적용해보자(다음 쪽 코드 참조).

```
{% load static %}
<!doctype html>
<html lang="ko">
<head>
    <link rel="stylesheet" href="{% static 'css/style.css' %}">
</head>
<body>
    <div id="index">
        <h1>pylog</h1>
        <small>Life is short, You need Python.</small>
    </div>
</body>
</html>
```

```
{% load static %}
<!doctype html>
<html lang="ko">
<head>
    <link rel="stylesheet" href="{% static 'css/style.css' %}">
</head>
<body>
    <div id="navbar">
        <span>pylog</span>
    </div>
    <div id="post-list">
        <ul class="posts">
            {% for post in posts %}
                <li class="post">
                    <div>{{ post.title }}</div>
                    <p>{{ post.content }}</p>
                    <ul class="comments">
                        {% for comment in post.comment_set.all %}
                            <li class="comment">{{ comment.content }}</li>
                        {% empty %}
                            <li class="comment-empty">아직 댓글이 없습니다</li>
                        {% endfor %}
                    </ul>
                </li>
            {% endfor %}
        </ul>
    </div>
</body>
</html>
```

HTML의 구조를 조금 변경하고 id와 class 속성을 추가한다. 그러면 인덱스와 글 목록 페이지에 CSS
가 적용되며 다음과 같이 나타난다.

CSS가 적용되어 요소들이 깔끔하게 보인다.

다음 챕터로 넘어가기 전에 a(anchor) 태그를 사용해 인덱스 페이지에서 목록 페이지로의 연결을 만
들자.

templates/index.html

```
<body>
    <div id="index">
        <h1><a href="/posts/">pylog</a></h1>   # <h1> 안에 <a> 태그 추가
```

인덱스 페이지의 pylog 타이틀을 클릭하면 글 목록으로 이동한다.

## CHAPTER 12

유저가 업로드하는 정적파일

이전 챕터에서는 정적파일을 다루는 방법을 배우고, 템플릿에 링크시켜 사용해보았다. 여기서는 유저가 직접 업로드하는 정적파일을 다룬다.

12.1 정적파일의 분류

Django에서 정적파일은 두 가지로 나뉜다.

- 소스코드에 포함되는 정적파일
- 유저가 업로드하는 정적파일

앞서 말했듯, 정적파일은 이미지/동영상/CSS 파일과 같은 **변하지 않는 데이터**를 뜻한다. 이전에 정적파일을 넣어놓기로 했던 디렉터리(pylog/static/)는 **소스코드에 포함되는 정적파일**을 두는 곳을 말하며, 여기에 있는 파일들은 만드는 **프로젝트의 일부분**으로 취급된다.

반면에 유저가 업로드하는 정적파일은 프로젝트에 포함되지 않는다. 이 분류의 정적파일은 블로그라는 전체 프로젝트와는 별개로, 블로그를 사용하는 사용자들이 업로드하는 글에 포함된 이미지와 같은 데이터를 의미한다.

소스코드에 포함되는 정적파일은 settings.py의 STATICFILES_DIRS에 저장될 경로를 지정하고, 템플릿에서 {% static %} 태그를 사용해서 불러오는 방식을 사용한다. **소스코드에 포함되는 파일**의 경로만 지정하면 되므로 비교적 설정이 간단하다. 한편 유저가 업로드하는 정적파일은 조금 더 설정이 복잡하다.

Django에서는 이 둘을 조금 다른 이름으로 부른다. 소스코드에 포함되는 정적파일은 의미 그대로 **Static file**, 유저가 업로드하는 정적파일은 **User-uploaded static file**이라 부른다.

12.2 유저가 업로드하는 정적파일 설정

settings.py에서 소스코드에 포함되는 정적파일의 설정은 대부분 STATIC_으로 시작하고, 유저가 업로드하는 정적파일과 관련된 설정은 대부분 MEDIA_로 시작한다.

MEDIA_URL

유저가 업로드한 파일에 접근할 수 있도록 브라우저에 제공하는 경로 접두어(Prefix)를 나타낸다. 기본 설정이 되어 있어 이전에는 생략했지만, 소스코드에 포함되는 정적파일은 STATIC_URL이라는 설정값을 사용하며 기본값은 **/static/**이다. 한편, 유저가 업로드한 파일의 경로 접두어는 **/media/**를 사용한다.

MEDIA_ROOT

실제로 유저가 업로드한 파일이 저장될 경로를 나타낸다. 유저가 업로드한 정적파일은 프로젝트 디렉터리 하위의 **media** 디렉터리를 사용한다. settings.py의 BASE_DIR은 프로젝트 디렉터리(pylog 디렉터리)를 나타내며, 한 단계 하위 디렉터리는 **BASE_DIR / "디렉터리명"**으로 지정한다.

config/settings.py

```
...
STATIC_URL = "static/"
STATICFILES_DIRS = [BASE_DIR / "static"]

# MEDIA_ 관련 설정 추가 (STATIC_URL 아래쪽에 작성)
MEDIA_URL = "media/"
MEDIA_ROOT = BASE_DIR / "media"
```

위와 같이 설정하면 pylog 프로젝트에서 유저가 업로드한 파일들은 *~/PycharmProjects/pylog/media/* 디렉터리에 업로드된다.

MEDIA_ROOT에 지정한 media 디렉터리는 사용자가 처음으로 파일을 업로드할 때 MEDIA_ROOT 설정에 의해 Django가 자동으로 생성하므로 직접 해당 디렉터리를 생성할 필요는 없다.

```
pylog/
├── blog/
├── config/
├── media/          # 이 디렉터리를 사용(필요 시점에 자동 생성됨)
├── db.sqlite3
├── manage.py
├── static/
└── templates/
```

12.3 정적파일을 저장하는 필드 추가

각각의 글에 썸네일 이미지를 저장할 필드를 추가한다. 이미지를 저장할 때는 Django에 내장되어 있는 ImageField를 사용한다.

blog/models.py

```
class Post(models.Model):
    title = models.CharField("포스트 제목", max_length=100)
    content = models.TextField("포스트 내용")
    thumbnail = models.ImageField("썸네일 이미지", upload_to="post", blank=True)
```

DB에 변경사항이 생겼으므로 makemigrations 명령어를 사용해 DB 변경 내역을 만들어준다.

Terminal

```
> python manage.py makemigrations
SystemCheckError: System check identified some issues:

ERRORS:
blog.Post.thumbnail: (fields.E210) Cannot use ImageField because Pillow is not
installed.
    HINT: Get Pillow at https://pypi.org/project/Pillow/ or run command "python -m
pip install Pillow".
```

그런데 명령어를 실행하니 에러가 발생한다. Django에서 이미지를 다루려면 Pillow라는 이미지 처리 라이브러리가 필요하다.

 Docs _ Pillow Installation

운영체제별로 Pillow 설치 과정이 다를 수 있다. 상세한 내용은 아래 링크에서 확인하자.
https://docs.django.ac/install-pillow

Terminal

```
# 실습에 사용하는 파이썬/장고 버전과 호환되는 10 미만 버전의 Pillow를 설치한다
> pip install 'Pillow<10'
```

위 명령어로 Pillow를 설치한 후 다시 makemigrations 명령어를 실행한다.

Terminal

```
> python manage.py makemigrations
Migrations for 'blog':
  blog/migrations/0002_post_thumbnail.py
    - Add field thumbnail to post    # thumbnail 필드가 Post 모델에 추가된 것을 확인한다.
```

변경사항을 담은 migration이 만들어졌으니, migrate 명령어로 변경사항을 DB에 적용시킨다.

```
> python manage.py migrate
Operations to perform:
  Apply all migrations: admin, auth, blog, contenttypes, sessions
Running migrations:
  Applying blog.0002_post_thumbnail... OK
```

DB에 새 column이 추가됐다. 개발서버를 재시작하고 Django admin에서 확인해본다.

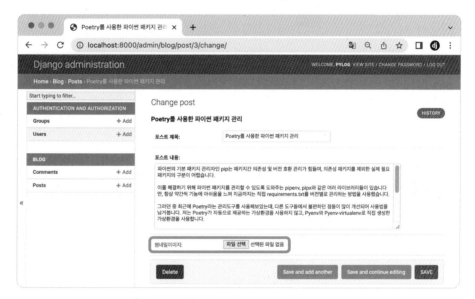

썸네일 이미지 필드가 생긴 것을 확인할 수 있다. **파일 선택** 버튼을 눌러 적당한 이미지를 선택하고, **SAVE** 버튼을 눌러 저장해보자.

저장 시 썸네일 이미지 필드에서 선택한 파일은 **~/PycharmProjects/pylog/media/post/** 디렉터리 안에 업로드된다. settings.py의 **MEDIA_ROOT**가 **~/PycharmProjects/pylog/media/**까지의 경로를 만들며, Post 모델의 ImageField 내의 **upload_to="post"**가 그 다음 경로를 생성하고 최종 경로에 업로드한 파일명으로 저장된다.

PycharmProjects/pylog/media/post/에 업로드된 파일

다시 Django admin으로 돌아가서 방금 이미지를 업로드한 글을 클릭해보자.

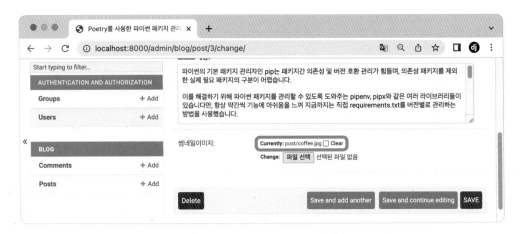

썸네일 이미지의 Currently에 MEDIA_ROOT까지의 경로를 제외한 나머지 경로가 표시되고, 클릭할 수 있도록 링크 처리가 되어 있다. 하지만 저 링크를 누르면 오류 메시지가 나타난다.

이 URL은 **개발서버주소/〈MEDIA_URL〉/〈ImageField의 upload_to〉/파일명** 구조로 되어 있다. 여기서 MEDIA_URL은 settings.py에 있는 내용이며, ImageField의 upload_to는 Post의 thumbnail 필드에 있는 내용이다.

한편, 이전에 불러왔던 CSS 파일은 **개발서버주소/〈STATIC_URL〉/〈STATICFILES_DIRS〉/파일명** 구조로 되어 있고, STATIC_URL(/static/)로 시작하는 주소에 해당하는 정적파일은 Django 템플릿에서 불러올 수 있었다. Django는 **STATIC_URL**을 사용해 **소스코드에 포함된 정적파일**을 불러오는 것은 기본적으로 설정되어 있으나, **MEDIA_URL**을 사용해 **유저가 업로드한 정적파일**을 불러오는 것은 별도의 설정을 추가해야 한다.

다음 절로 넘어가서 MEDIA_URL로 시작하는 URL이 유저가 업로드한 정적파일과 연결되도록 설정을 추가해보자.

12.4 MEDIA_URL과 업로드 파일 연결

config/urls.py

```python
from django.conf import settings
from django.conf.urls.static import static
from django.contrib import admin
from django.urls import path

from blog.views import post_list
from config.views import index

urlpatterns = [
    path("admin/", admin.site.urls),
    path("", index),
    path("posts/", post_list),
]
urlpatterns += static(
    # URL의 접두어가 MEDIA_URL일 때는 정적파일을 돌려준다
    prefix=settings.MEDIA_URL,
    # 돌려줄 디렉터리는 MEDIA_ROOT를 기준으로 한다
    document_root=settings.MEDIA_ROOT,
)
```

import 시 모듈의 이름에 주의하자. settings는 **django.conf**에서 가져오며, static은 **django.conf.urls. static**에서 가져온다.

static 함수에 전달하는 prefix와 document_root 인수는 각각 **어떤 URL 접두어가 올 경우**와 **어디에서 파일을 찾아 돌려줄 것인가**를 뜻한다. MEDIA_URL로 시작하는 URL 요청이 오면, MEDIA_ROOT에서 파일을 찾아 돌려주기 위해 위와 같이 설정한다.

개발서버를 재시작한 후 Django admin에서 다시 이미지 링크를 클릭해보자.

이번에는 오류 메시지 없이 이미지가 표시된다. 다음 절에서는 추가 썸네일 이미지를 목록화해서 보여주도록 하자.

> 📖 **Note** _ MEDIA_ROOT와 MEDIA_URL
>
> 위 코드를 사용해 MEDIA_URL 경로와 MEDIA_ROOT의 파일을 연결시키면, 외부에서 정적파일의 URL을 요청했을 때 해당 요청을 Django가 처리하여 파일을 돌려주게 된다. 이 설정이 미리 되어 있지 않은 이유는 효율성 때문이다. 외부에서의 요청에 대해 정적파일을 돌려주는 작업은 Nginx나 Apache와 같은 웹 서버(Web server)가 담당하는 것이 더 효율적이다. 정적파일 처리를 웹 서버 대신 Django가 담당하는 것은 개발 단계의 편의성을 위해서만 사용해야 한다.

12.5 템플릿에 업로드된 파일 보여주기

12.5.1 admin 개선

시작 전에, Django admin에서 Post 정보를 확인할 때 썸네일 이미지 필드도 추가해주자.

blog/admin.py

```python
@admin.register(Post)
class PostAdmin(admin.ModelAdmin):
    list_display = ["title", "thumbnail"]
```

이제 관리자 페이지에서 제목과 썸네일 이미지의 경로가 함께 보인다. 모든 Post에 썸네일 이미지를 추가하여 이 경로가 보이는지 확인하고 다음 단계로 넘어간다.

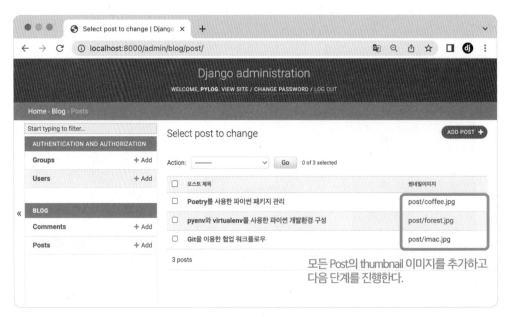

12.5.2 ImageField의 속성들

Post의 thumbnail 속성은 ImageField이다. Django는 ImageField에 업로드한 이미지를 사용할 수 있는 기능을 제공한다. 이에 대해 먼저 알아보자.

Terminal

```
> python manage.py shell
>>> from blog.models import Post
>>> post = Post.objects.first()

# thumbnail 속성에 접근하면 ImageField의 파일(ImageFieldFile) 정보를 확인할 수 있다.
>>> post.thumbnail
<ImageFieldFile: post/coffee.jpg>

# ImageField의 "name" 속성은 MEDIA_ROOT 디렉터리를 기준으로 저장된 이미지의 경로를 나타낸다
>>> post.thumbnail.name
'post/coffee.jpg'

# ImageField의 "path" 속성은 시스템 전체를 기준으로 이미지의 전체 경로를 나타낸다
>>> post.thumbnail.path '~/PycharmProjects/pylog/media/post/coffee.jpg'

# ImageField의 "size" 속성은 저장된 파일의 bytes 수를 나타낸다
>>> post.thumbnail.size
1043533

# ImageField의 "url" 속성은 MEDIA_URL을 기준으로 이미지의 접근 URL을 생성한다
>>> post.thumbnail.url
'/media/post/coffee.jpg'
```

ImageField의 **url** 속성이 템플릿에서 이미지를 출력할 때 필요한 URL값이다.

12.5.3 템플릿에 이미지 표시

templates/post_list.html

```html
{% for post in posts %}
    <li class="post">
        <h2>{{ post.title }}</h2>
        <p>{{ post.content }}</p>
        <ul class="comments">
            {% for comment in post.comment_set.all %}
                <li class="comment">{{ comment.content }}</li>
            {% empty %}
                <li class="comment-empty">아직 댓글이 없습니다</li>
            {% endfor %}
        </ul>
        <img src="{{ post.thumbnail.url }}" alt="">
    </li>
{% endfor %}
```

HTML에서 이미지를 보여줄 때는 〈img〉 태그를 사용하며, src 속성에 출력할 이미지의 URL을 값으로 사용한다. Post 모델의 thumbnail로 ImageField에 접근하고, thumbnail.url 속성으로 이미지의 URL을 가져온다.

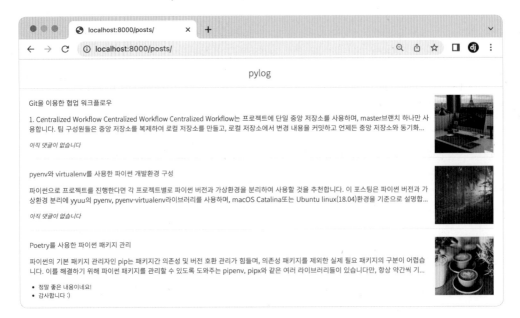

위와 같이 썸네일 이미지가 표시되면 페이지를 우클릭 → 소스 보기로 {{ post.thumbnail.url }} 부분이 어떻게 치환되는지 확인해보자.

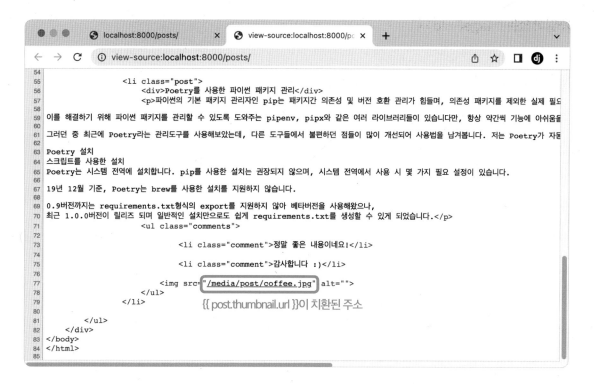

치환된 URL은 /media/post/이미지명으로, **〈MEDIA_URL〉/〈ImageField의 upload_to〉/〈이미지명〉** 구조를 가진다. /로 시작하는 URL(절대경로)은 페이지가 표시되는 서버의 주소(지금은 localhost:8000)를 기반으로 한다.

> 📄 **Note** _ 웹 환경에서의 절대경로와 상대경로
>
> **절대경로**(absolute path)는 URL의 도메인(domain) 또는 호스트(host)로부터 시작하는 경로를 말하며, /로 시작하는 링크로 지정할 수 있다.
>
> **ex)** 현재 https://django.ac/env/mac/에 있다고 가정할 때, 〈a href="/pylog/"〉pylog〈/a〉로 만들어진 링크를 클릭하면 도메인명을 제외하고 /env/mac/으로 되어 있던 현재 URL은 무시되며 https://django.ac/pylog/로 이동한다.
>
> **상대경로**(relative path)는 현재 URL로부터 시작되는 경로를 말하며, /로 시작하지 않는 링크로 나타낸다.
>
> **ex)** 현재 https://django.ac/env/에 있다고 가정할 때, 〈a href="mac/"〉macOS〈/a〉로 만들어진 링크를 클릭하면 도메인을 제외한 현재 경로인 /env/로부터 mac/을 추가한 https://django.ac/env/mac/으로 이동한다.

파일이 없는 ImageField 처리

다시 Django admin으로 돌아가서 새 Post를 추가하되, 추가한 Post에는 썸네일 이미지를 업로드하지 않도록 한다. 그리고 글 목록 페이지로 돌아오면 다음과 같은 오류가 발생한다.

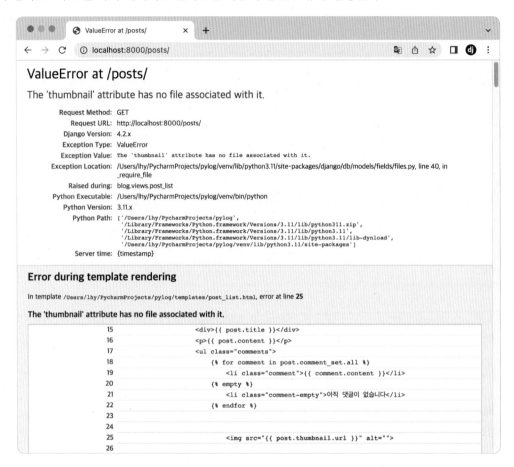

Post의 **thumbnail**에 이미지를 저장하지 않은 경우, ImageField와 연결되는 파일이 없기 때문에 url을 만들어낼 수 없다는 오류이다. 파일이 저장되지 않은 경우에도 오류 없이 화면을 표시하도록 템플릿의 코드를 수정한다.

templates/post_list.html (기존 썸네일 출력 코드)

```
<img src="{{ post.thumbnail.url }}" alt="">
```

templates/post_list.html

```
{% if post.thumbnail %}
    <img src="{{ post.thumbnail.url }}" alt="">
{% else %}
    <img src="" alt="">
{% endif %}
```

post.thumbnail 속성은 이미지 파일이 저장되어 있는 경우에 참(True)으로 판단되며, 연결된 파일이 없는 경우엔 거짓(False)으로 판단된다. 이를 이용해 템플릿의 {% if %} 조건문으로 이미지 파일이 있는 경우에만 thumbnail의 url 속성을 사용하고, 파일이 없는 경우에는 img 태그의 src 속성을 비우도록 한다.

이제 페이지를 새로고침 해보면 오류 메시지가 발생하지 않고, 파일이 저장되지 않은 img 태그는 비어 있게 된다.

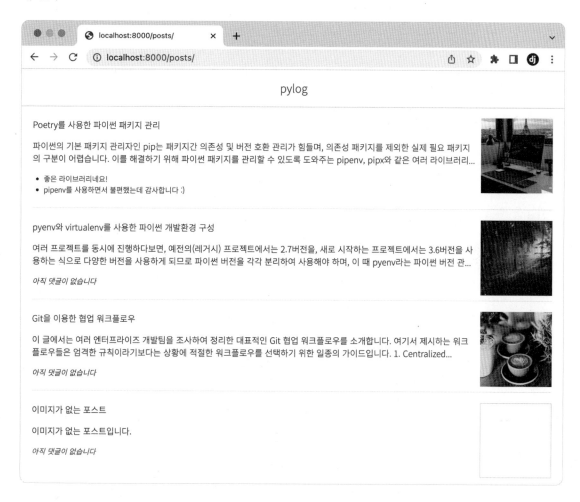

admin에서 썸네일 이미지를 포함한 글을 작성하고 목록에서 이를 출력했다. 각각의 글이 긴 내용을 가지고 있다면 목록에서는 내용을 전부 확인할 수 없으니, 항목을 클릭했을 때 전체 내용을 볼 수 있는 상세 페이지를 구현해보자.

## CHAPTER 13

글 상세 페이지

13.1 상세 페이지 기본 구조

글의 전체 목록에는 모든 내용을 표시할 수 없다. 각각의 글이 가진 모든 내용을 표시할 상세 화면을 구성해보자.

새 기능을 추가할 때는 늘 빈 View, URL, Template을 만들고 연결을 확인한다.

- **View**: blog/views.py의 **post_detail**
- **URL**: ID가 1번인 글은 /posts/1/, ID가 2번인 글은 /posts/2/를 사용
- **Template**: **templates/post_detail.html**을 사용

View와 Template은 지금까지 만들어왔던 예제와 크게 다르지 않다. 하지만 전체 글 목록을 볼 수 있는 **/posts/** URL(View는 post_list)과는 달리, 글의 상세 페이지는 자신(Post)의 ID값에 따라 서로 다른 동적인 URL(**/posts/{Post의 고유 ID}/**)을 가져야 한다.

일단은 이 점을 고려하지 않고 새 기능의 View와 URL, Template을 만들고 연결을 확인해보자.

View

blog/views.py (가장 아래쪽에 작성)

```
...
def post_detail(request):
    return render(request, "post_detail.html")
```

URLconf

config/urls.py

```
...
from blog.views import post_list, post_detail  # post_detail 추가 import
from config.views import index

urlpatterns = [
    path("admin/", admin.site.urls),
    path("", index),
    path("posts/", post_list),
    path("posts/1/", post_detail),
]
```

Template

미리 CSS 파일을 가져오고 내비게이션 바도 만들어준다.

templates/post_detail.html (새로 생성)

```
{% load static %}
<!doctype html>
<html lang="ko">
<head>
    <link rel="stylesheet" href="{% static 'css/style.css' %}">
</head>
<body>
    <div id="navbar">
        <span>pylog</span>
    </div>
    <div id="post-detail">
        <h1>Post Detail</h1>
    </div>
</body>
</html>
```

localhost:8000/posts/1/에 접속해보자. Post Detail이라는 제목이 표시되어야 한다.

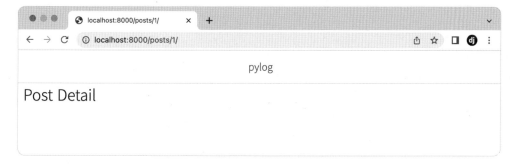

13.2 동적 URL 경로

13.2.1 일부분이 동적으로 값을 받는 URL

상세 페이지의 View, URL, Template이 연결된 것을 확인했다. urls.py에 작성한 **/posts/1/**은 ID가 1번인 Post를 보여주고 싶다는 뜻이다. 하지만 이 URL에는 개선이 필요하다. **/posts/1/**과 유사하게 **/posts/2/**에 접근하면 ID가 2번인 Post를 보여준다면 좋겠지만, 실제로 해당 URL로 접근하면 찾을 수 없는 페이지라는 오류(Page not found)를 보여준다.

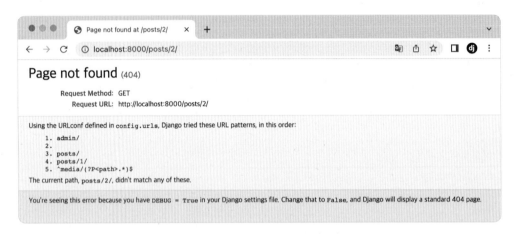

새로 만들어질 글(Post)은 어떤 ID를 가지게 될지 알 수 없다. ID값은 새 row가 작성될 때마다 순서대로 계속해서 증가하는 양의 정수값을 가지므로 첫 번째 작성한 글은 1의 ID를 갖겠지만, 10,000번째로 작성한 글은 10000의 ID를 가질 것이다. 어떤 숫자를 입력하든 입력받은 숫자의 ID에 해당하는 글의 상세 화면을 보여주어야 한다. 동적으로 숫자를 받을 수 있도록 URL을 수정해보자.

> 📖 **Note** _ Model의 id 필드
> Model 클래스로 생성된 테이블에는 id 필드가 자동으로 생성되며, 해당 테이블에 새로운 데이터(row)가 추가될 때마다 기존에 존재하던 가장 큰 id값보다 1 증가된 값이 할당된다. Django의 Model에서 id 필드는 이 기능을 지원하는 AutoField로 되어 있다.

config/urls.py

```python
urlpatterns = [
    ...
    path("posts/<int:post_id>/", post_detail),
]
```

/posts/1/로 고정되어 있던 URL에서 **1**이라는 숫자 부분을 **〈int:post_id〉**로 바꾸었다. 〈과 〉사이의 값은 동적으로 값을 받을 수 있는 영역을 설정한 것이다. 그 안에서 **:(콜론)**으로 구분된 문자열의 왼쪽 값인 **int** 는 〈와 〉사이의 영역이 Integer(정수) 형태의 값을 받도록 제한한다는 의미이며, 오른쪽 값인 **post_id**는 〈와 〉 사이의 영역이 **post_id**라는 이름을 가진다는 의미이다.

위와 같이 URL을 지정하면, 앞으로 /posts/1/, /posts/2/, /posts/10000/과 같이 어떤 숫자가 오더라도 이 URL과 연결된 post_detail View가 이 요청을 처리하게 된다. **localhost:8000/posts/10000/**에 접속해보자.

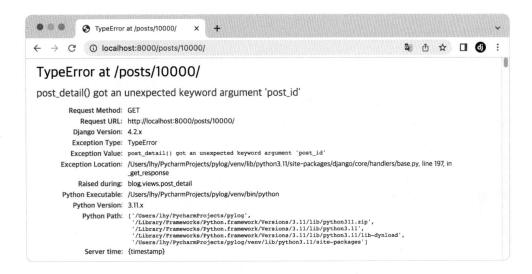

post_detail View 함수를 사용하려 한 것 같기는 한데, 위와 같이 오류가 발생한다. 어떤 오류인지 살펴보자.

첫 번째 줄에서 오류의 이름은 **TypeError**이며 /posts/10000/이라는 URL에 접근하면서 발생한 것임을 알려준다. 두 번째 줄에서는 함수의 동작에서 오류가 발생했음을 알려준다. 해당 줄의 내용을 그대로 해석하면 다음과 같다.

> post_detail( )에 예기치 않은 키워드 인수 'post_id'가 있습니다.

이 오류는 **post_id**라는 키워드 인수(Keyword argument)를 받을 수 없도록 정의된 파이썬 함수에 키워드 인수를 전달할 때 발생한다.

이 오류는 파이썬의 함수가 동작하는 방식을 알아야 이해할 수 있으니, 잠깐 Django에서 벗어나 파이썬 인터프리터에서 예를 들어 설명해본다.

13.2.2 인수(argument)를 전달받을 수 있는 파이썬 함수

터미널에서 인터프리터를 실행한다. 이번 실습에서는 Django 코드를 사용하지 않으므로 python 명령어를 사용해서 인터프리터를 실행하자.

Terminal

```
> python
Python 3.11.x (main, {timestamp}) [Clang 13.1.6 (clang-1316.0.21.2.5)] on darwin
Type "help", "copyright", "credits" or "license" for more information.
>>>
>>> def sample():
...     print('Sample function')
...
>>>
```

이어서 정의한 **sample** 함수를 호출해보자. 함수에 정의한 print문이 실행됨을 확인할 수 있다.

```
>>> sample()
Sample function
```

이제 함수를 인수와 함께 호출해보자(우리가 정의한 함수가 인수를 받을 수 없는 형태인 것은 일단 무시한다).

```
>>> sample(1)
Traceback (most recent call last):
  File "<stdin>", line 1, in <module>
TypeError: sample() takes 0 positional arguments but 1 was given
```

인수를 받을 수 없는 형태로 정의한 sample 함수의 호출에 인수를 전달했고, 그 결과 오류가 발생한다. URL에 접근했을 때와 같은 **TypeError** 오류다. 내용을 해석하면 'sample() 함수는 0개의 위치 인수를 받을 수 있으나 1개가 전달되었습니다' 정도가 된다.

이제 인수를 위치 인수 형식이 아닌, 키워드 인수 형식으로 전달해보자.

```
>>> sample(post_id=1)
Traceback (most recent call last):
  File "<stdin>", line 1, in <module>
TypeError: sample() got an unexpected keyword argument 'post_id'
```

방금 전과 같이 **TypeError** 오류가 발생했으나 조금 다른 점이 있다. 이전에는 **위치 인수(positional argument)**에 대해서 오류가 발생했고, 이번에는 **post_id**라는 **키워드 인수(keyword argument)**를 처리할 수 없다는 차이가 있다. 이번 오류를 해석해보면 'sample() 함수는 기대하지 않은 **post_id** 키워드 인수를 받았다'는 의미이다.

정리해보자면 다음과 같다. 함수 실행 시 인수 전달에 문제가 있는 경우 TypeError가 발생한다. 이후 오류 메시지를 통해 해당 오류가 **위치인수**의 문제인지, **키워드인수**의 문제인지 알 수 있다.

이제 Django로 돌아와서 오류를 해결해보자.

13.2.3 인수를 전달받을 수 있는 View 함수

URL에 접근했을 때 나는 오류는 post_detail() 함수가 키워드를 처리하지 못함을 알려준다. post_detail() 함수는 우리가 정의한 View 함수의 이름이다. 이 함수를 다시 한번 살펴보자.

blog/views.py

```python
def post_detail(request):
    return render(request, "post_detail.html")
```

post_detail 함수는 **request** 매개변수를 하나 받을 수 있다. 모든 View 역할을 하는 함수는 **request**라는 인수를 받을 수 있어야 하며, 이는 Django의 규칙이다. View 함수의 request 매개변수에 값을 전달하는 것은 Django가 자동으로 처리하며 우리가 직접 값을 전달할 수 없다. 그러므로 아래에 설명할 함수 호출 과정에서 request 부분은 무시하고 생각한다.

우리가 직접적으로 post_detail 함수를 호출한 적은 없으나, URL에 접근하면 Django는 post_detail 함수를 호출한다. 이에 대해서는 앞에서도 다루었지만, 인수를 전달하는 과정은 없었으므로 한 번 더 살펴보자.

1. 주소표시줄에 **/posts/10000/**를 입력, Django의 개발서버로 요청 전달
2. 개발서버의 URLconf(config/urls.py)는 입력받은 URL이 어떤 경로에 해당하는지 파악
   → /posts/10000/은 /posts/⟨int:post_id⟩/ 패턴에 해당
3. 패턴에 연결된 View 함수로 요청(request)을 전달
   → 이 과정에서 동적 패턴(⟨로 시작해서 ⟩로 끝나는 영역)이 없다면 인수 없이 함수를 호출하고, 지금과 같이 ⟨int:post_id⟩ 형태로 정의된 동적 패턴이 있다면 함수 호출 시 **post_id=전달받은 값**으로 인수를 전달

동적으로 값을 받을 수 있도록 패턴이 정의되었다면, 위와 같이 패턴 부분에 해당하는 값을 View 함수로 전달하게 된다. 즉, **/posts/10000/** URL에 접근하면 URLconf는 연결된 post_detail 함수를 호출하며 **post_id=전달받은 값**으로 인수를 전달한다.

그 결과는 아래와 같이 함수를 호출하는 것과 같다. (request 부분은 생략)

```
post_detail(post_id=10000)
```

post_id 키워드인수에 10000이라는 값을 전달하며 post_detail 함수를 호출했으나, post_detail 함수는 **post_id**라는 키워드변수를 처리할 수 없게 정의되어 있다. 함수가 **post_id** 키워드변수를 처리할 수 있도록 형태를 바꾸어보자.

blog/views.py

```
def post_detail(request, post_id):
    return render(request, "post_detail.html")
```

이제 post_detail 함수는 post_id 키워드 인수를 받을 수 있다. 오류가 발생했던 localhost:8000/posts/10000/에 접근해보자.

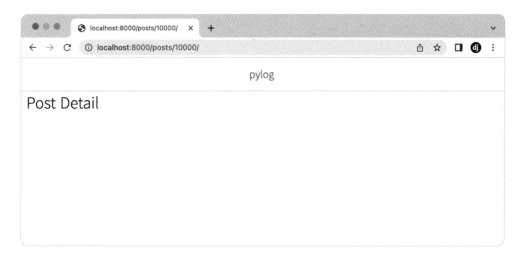

정상적으로 페이지가 표시된다. 10000 대신 어떤 숫자를 넣어도 잘 동작할 것이다.

13.3   ID에 해당하는 글을 보여주기

urls.py의 〈int:post_id〉 영역을 사용해 URL을 통해 동적으로 값을 전달할 수 있게 되었다. 이제 URL로 전달받은 ID에 해당하는 Post를 실제로 보여주도록 하자.

13.3.1 전달받은 인수를 Template에 보여주기

지금은 어떤 숫자를 입력하든, 내용의 변화 없이 Post Detail이라는 제목이 보이는 페이지가 나타난다. URL을 통해 인수를 받았다는 사실을 사용자가 보는 화면에 출력해보자.

View 함수에서 Template에 dict를 사용해서 값을 전달한다.

blog/views.py

```python
def post_detail(request, post_id):
    context = {
        "post_id": post_id,
    }
    return render(request, "post_detail.html", context)
```

Template에서 전달받은 값을 표시한다.

templates/post_detail.html

```html
...
<div id="post-detail">
    <h1>Post Detail</h1>
    <p>{{ post_id }}</p>
</div>
```

http://localhost/posts/**임의의 숫자**/ URL에 접속하면 화면에 **입력한 임의의 숫자**가 표시됨을 확인할 수 있다.

13.3.2 ID에 해당하는 Post 객체 가져오기

Django admin에서 아무 Post 하나 선택해 상세 페이지로 이동한 후 주소표시줄의 URL을 보면 Post의 ID값이 나타난다. 여기에 있는 id값을 기억해두자(필자의 경우, 아래 화면에서 id가 3임을 볼 수 있다).

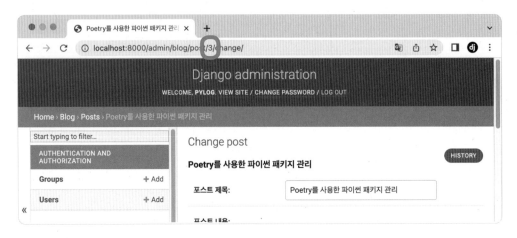

상세 페이지 View에서 ORM을 사용해 URL로 전달된 post_id값을 id로 갖는 Post를 가져온다.

blog/views.py

```python
def post_detail(request, post_id):
    post = Post.objects.get(id=post_id)    # id값이 URL에서 받은 post_id값인 Post 객체
    print(post)                            # 가져온 객체를 print 함수로 확인

    context = {
        "post_id": post_id,
    }
    return render(request, "post_detail.html", context)
```

Template에 전달하기 전에 print 함수를 사용해서 ORM으로 가져온 객체를 확인해보자. 코드를 변경하고 브라우저의 주소를 http://localhost:8000/posts/<방금 admin에서 확인한 ID>로 입력하고, runserver를 실행한 터미널에 표시되는 내용을 확인해본다.

```
Git을 이용한 협업 워크플로우
[{timestamp}] "GET /posts/3/ HTTP/1.1" 200 273
```

Post 제목이 출력된다. 이후의 200 로그는 **/posts/3/** 경로의 요청에 대해 정상적인 응답을 돌려주었다는 내용이다.

이제 Template에 **post_id** 매개변수로 전달된 값 대신 Post 객체를 전달하고 해당 객체를 사용해보자.

```python
def post_detail(request, post_id):
    post = Post.objects.get(id=post_id)
    print(post)

    context = {
        # post_id 대신 Post 객체를 전달
        "post": post,
    }
    return render(request, "post_detail.html", context)
```

```html
...
<div id="post-detail">
    <h1>{{ post.title }}</h1>
    <p>{{ post.content }}</p>
    <p>{{ post.thumbnail }}</p>
</div>
```

URL로 전달받은 ID인 Post의 제목, 내용, (있다면) 썸네일 이미지의 주소까지 출력된다.

13.4 CSS 적용

지금까지는 HTML에서 제목과 내용을 단순하게 〈div〉 요소에 표시했다. 스타일을 적용하기 위해 HTML 구조를 조금 바꾸어보자.

templates/post_detail.html

```html
<body>
    <div id="navbar">
        {% if post.thumbnail %}
            <img src="{{ post.thumbnail.url }}">
        {% endif %}
        <span>{{ post.title }}</span>
    </div>
    <div id="post-detail">
        <p>{{ post.content }}</p>
    </div>
</body>
```

Post의 썸네일과 제목을 〈div id = "navbar"〉 영역으로 이동시킨다.

스타일은 잘 적용되었는데, 본문 내용에 줄바꿈이 하나도 적용되지 않는다. 이 글을 admin에서 보면 다음과 같이 줄바꿈을 넣은 내용을 확인할 수 있다.

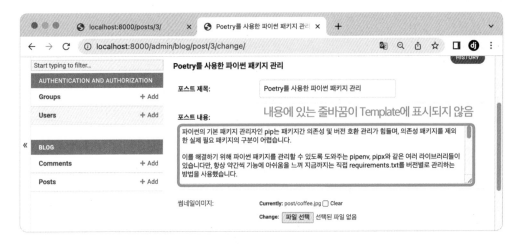

HTML에는 줄바꿈 한 내용이 전달되나, 기본적으로 HTML 요소 내의 텍스트는 줄바꿈이 무시된다. 이때 Django가 지원하는 기능을 사용해서 줄바꿈을 적용해보자. 아래와 같이 {{ post.content }} 부분에 ｜linebreaksbr을 추가한다.

💡 **Tips** _ ｜(Vertical bar) 문자

linebreaksbr 왼쪽의 ｜(Vertical bar) 문자는 역슬래시(\) 또는 원화(₩)키를 Shift 와 함께 눌러 입력한다.

templates/post_detail.html

```
<p>{{ post.content｜linebreaksbr }}</p>
```

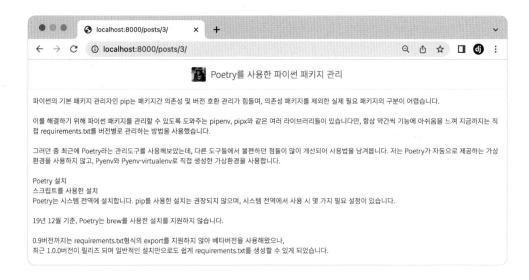

이제 줄바꿈이 적용된 모습을 확인할 수 있다.

📄 **Note** _ linebreakbr 필터

｜ 다음에 사용된 linebreaksbr은 Django Template에서 필터(filter)의 한 종류이다. linebreaksbr 필터는 좌측의 변수 문자열의 줄바꿈을 HTML의 〈br〉 태그로 치환해준다. 〈br〉은 HTML의 줄바꿈 태그이다.

13.5 댓글 기능

13.5.1 댓글 목록 표시

제목과 썸네일, 본문을 모두 출력했다. 이제 하단에 댓글 목록을 보여주어야 한다. 댓글 목록은 Chapter 10. 글과 댓글 보여주기(p.113)에서 이미 구현해보았으니, 특별한 설명 없이 구현된 코드만을 살펴보자.

templates/post_detail.html

```html
<div id="post-detail">
    <p>{{ post.content|linebreaksbr }}</p>
    <ul class="comments">
        {% for comment in post.comment_set.all %}
            <li class="comment">{{ comment.content }}</li>
        {% empty %}
            <li class="comment-empty">아직 댓글이 없습니다</li>
        {% endfor %}
    </ul>
</div>
```

댓글이 있는 경우

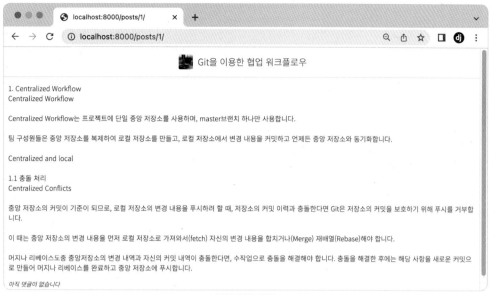

댓글이 없는 경우

13.5.2 글 목록과 상세 페이지 연결

글 상세 페이지는 모두 구현했다. 하지만 목록 페이지에서 각각의 글을 클릭해서 상세 페이지로 이동하는 링크가 없으니, 상세 페이지로 연결되는 링크를 추가해주자.

글의 상세 페이지는 **/posts/⟨int:post.id⟩/** 형태의 URL을 가진다. 목록 페이지에서 각 글(Post)의 제목에 id값을 사용한 상세 페이지로의 이동 링크를 만들자.

templates/post_list.html

```
...
{% for post in posts %}
    <li class="post">
        <div>
            <a href="/posts/{{ post.id }}/">{{ post.title }}</a>
        </div>
...
```

지금까지의 작업으로 관리자 페이지에서 글과 댓글을 쓰고, 그 내용들을 글 목록과 상세 페이지에서 확인할 수 있게 되었다. 하지만 관리자 페이지는 사이트의 관리자를 위한 기능이다. 다음 챕터에서는 사이트 관리자가 아닌 일반 사용자가 내용을 올릴 수 있도록 별도의 작성 기능을 만들어보자.

## CHAPTER 14

글/댓글 작성

관리자 페이지에서 글과 댓글을 작성/수정하는 것과 별개로, 일반 사용자들을 위해 사이트에서 직접 글과 댓글을 쓸 수 있도록 해보자. 지금까지는 DB에 있는 내용을 **보여주는** 기능을 만들었는데, 이번에 진행할 **사용자가 콘텐츠를 작성하는 기능**은 지금까지 배운 내용들보다 어려운 편이다. 여러 번 반복해서 작성하며 학습하여야 한다.

14.1 글 작성 페이지 기본 구조

새 기능이 추가될 때마다 반복해야 하는 과정이다. View와 URL, Template을 연결하자.

- View: blog/views.py의 **post_add**
- URL: **/posts/add/**
- Template: templates/**post_add.html**을 사용

View   **blog/views.py** (가장 아래쪽에 작성)

```python
def post_add(request):
    return render(request, "post_add.html")
```

URLconf   config/urls.py

```python
from blog.views import post_list, post_detail, post_add
...

urlpatterns = [
    ...
    path("posts/add/", post_add),
]
```

Template

```
{% load static %}
<!doctype html>
<html lang="ko">
<head>
    <link rel="stylesheet" href="{% static 'css/style.css' %}">
</head>
<body>
    <div>
        <h1>Post Add</h1>
    </div>
</body>
</html>
```

localhost:8000/posts/add/에 접속해 URL, View, Template의 연결을 확인한다.

14.2 사용자의 입력을 받는 Template

> **Chapter 11** 도입부에서 말했듯, HTML과 CSS 요소들의 상세한 사용법은 이 책에서 Django의 동작을 이해하는 것과는 별도로 학습하는 것을 권장한다.

14.2.1 HTML 형태 구현

HTML에서 사용자의 입력을 받는 요소는 다음과 같다.

- **입력에 대한 제목**: 〈label〉
- **한 줄 짜리 텍스트 입력**: 〈input type="text"〉
- **여러 줄의 텍스트 입력**: 〈textarea〉
- **버튼**: 〈button〉

아래와 같이 입력 페이지를 구성한다.

templates/post_add.html

```
...
<body>
    <div>
        <h1>Post Add</h1>
        <form method="GET">
            <div>
                <label>제목</label>
                <input type="text">
            </div>
            <div>
                <label>내용</label>
                <textarea></textarea>
            </div>
            <button>작성</button>
        </form>
    </div>
</body>
```

사용자 입력을 받는 요소는 〈form〉으로 감싼다. 사용자가 입력한 값을 처리하려면 단순히 〈input〉이나 〈textarea〉로 값을 입력받는 것 외에, 그 요소들을 반드시 〈form〉 태그 내부에 넣어야 한다.

〈div〉로 각각의 입력할 항목들을 감싸고, 내부에 〈label〉로 해당 항목의 이름을 표시한다. 제목은 여러 줄일 필요가 없으므로 〈input〉 요소를 사용하며, 글 내용은 여러 줄로 이루어져 있으므로 〈textarea〉 요소를 사용하도록 한다.

localhost:8000/posts/add/에 접근하면 아래와 같이 사용자의 입력을 받을 수 있는 화면이 나타난다.

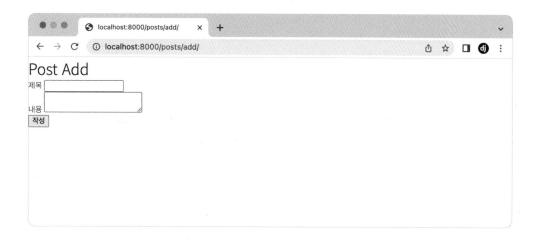

아직 CSS가 제대로 적용되지 않아 투박하지만, 필요한 정보들을 입력할 수 있는 화면이 구성되었다. 지금은 내용을 입력하고 **작성** 버튼을 누르면 입력된 내용이 사라진다.

form을 사용해서 데이터를 전송하는 것은 Chapter 07. Django에 데이터 전송하기(p.86)에서 진행해보았다. 같은 방식으로 제목과 내용을 View에 전달해보자.

templates/post_add.html

```html
<form method="GET">
    <div>
        <label>제목</label>
        <input name="title" type="text">  ①
    </div>
    <div>
        <label>내용</label>
        <textarea name="content" cols="50" rows="10"></textarea>  ②
    </div>
    <button type="submit">작성</button>  ③
</form>
```

①, ②: 글 제목의 〈input〉에 **name="title"**, 글 내용의 〈textarea〉에 **name="content"**를 추가해서 각각의 요소에 입력된 값이 어떤 이름으로 View에 전달될지 지정한다.

③: 〈button〉에 **type="submit"** 속성을 추가하여, 이 버튼을 클릭 시 〈form〉의 데이터를 전송하도록 지정한다.

> 📄 **Note** _ 새로고침
> HTML 코드를 변경한 뒤에는 브라우저에서 새로고침을 해야 변경한 내용이 적용된다.

새로고침 후 아래와 같이 글 제목에는 **SampleTitle**, 글 내용에는 **SampleContent**라 입력하고 **작성** 버튼을 눌러보자.

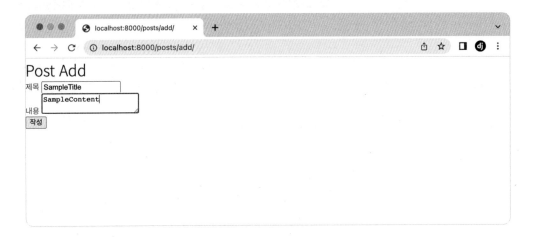

특별한 이벤트 없이 이번에도 제목과 내용의 입력 칸이 비게 된다. 하지만 이번에는 입력한 데이터가 URL에 있는 것을 확인할 수 있다.

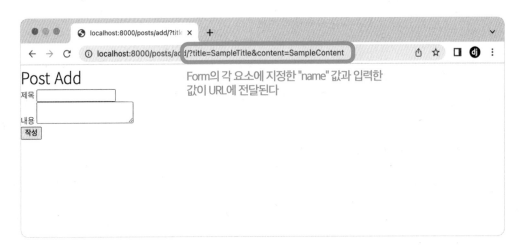

〈input〉과 〈textarea〉에 **name** 속성을 지정했기 때문에, 사용자가 입력한 값이 **name=〈입력된 데이터〉** 형태로 URL에 전달된다.

⌐ 속성값

💡 **Tips** _ URL에 여러 개의 값 전달

URL로 데이터를 전달할 때는 **key=value** 형태로 전달하며, 여러 개의 값을 전달할 때는 &(ampersand) 기호로 구분하여 전달한다.

ex) key1에 value1, key2에 value2 값을 전달하고 싶을 때

localhost:8000?key1=value1&key2=value2

URL로 전달한 값은 Django View에서 사용할 수 있다. 이전에 form을 사용했던 **버거 이름 검색** 기능에서도 URL로 전달한 값을 사용해서 검색을 수행했다.

하지만 사용자가 입력한 값을 단순한 **조회**가 아닌, DB에 새로운 객체를 **생성**하기 위해 사용할 때는 일반적으로 데이터를 URL로 전달하지 않는다. URL로 데이터를 전달하는 것에는 여러 가지 제약이 있으며(대표적으로, 길이 제한이 있어 아주 긴 텍스트는 전달할 수 없다.) 보안상으로도 좋지 않다.

URL로 데이터를 전달하는 방식을 **GET 메서드를 사용한 전송**이라 부른다. 반면, URL을 통하지 않고 더 많은 데이터를 제약 없이 보내려면 **POST 메서드**를 사용해야 한다. 이때 어떤 방식을 사용해서 데이터를 전달할지는 〈form〉 태그의 **method** 속성에 정의한다. 이미 **GET**으로 정의된 값을 **POST**로 바꿔보자.

templates/post_add.html

```
...
<h1>Post Add</h1>
<form method="POST">
    <div>
    ...
```

다시 새로고침 후 적당한 내용을 입력하고 **작성** 버튼을 누르면 아래와 같은 오류 페이지가 나타난다.

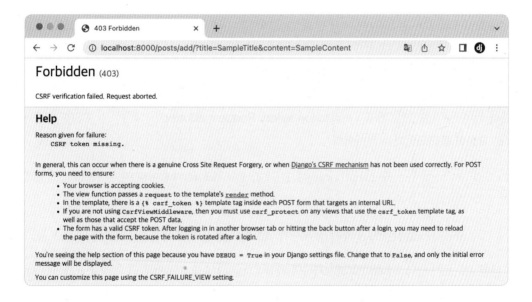

Forbidden은 처음 보는 오류다. 이 오류를 이해하려면 몇 가지 배경지식이 필요하다. 하나씩 알아보자.

14.2.2 POST 요청에 대한 Forbidden 오류 해석

상태코드

앞서 확인한 오류의 이름은 Forbidden이며, 옆의 (403)은 요청에 대한 응답의 상태코드를 나타낸다.

Django에 들어온 요청(request)은 그 결과가 어떻게 처리되었는지를 브라우저에 상태코드로 돌려준다. 이것은 HTTP 프로토콜에 정의되어 있으며, 지금은 HTTP 프로토콜에 대해 상세히 알 필요는 없다. 다음 사항들만 기억하자.

- **2xx (200~299)**: 정상 응답, 성공
- **4xx (400~499)**: 잘못된 요청, 실패
- **5xx (500~599)**: 서버에서 잘못된 처리, 실패

200번대의 응답코드는 정상을 의미하며, 400번대는 요청한 주체의 오류, 500번대는 요청을 받은 서버의 오류를 뜻한다.

Forbidden 오류는 403 응답코드를 가지며, 이 코드는 '요청은 받았으나 그 요청을 처리할 권한이 없기 때문에 서버에서 거부함'이라는 의미를 가진다.

> 💡 **Tips** _ 프로토콜
>
> 통신 프로토콜(Protocol)은 컴퓨터나 원거리 통신 장비 사이에서 메시지를 주고받는 **양식과 규칙**이다. HTTP는 통신 프로토콜의 일종이며, 웹 서버와 브라우저 사이의 커뮤니케이션을 위해 디자인된 규칙이다.

CSRF 공격

오류 제목 밑의 요약 설명인 **CSRF verification failed. Request aborted**를 해석하면, **CSRF 인증에 실패했으므로 요청이 중단되었다**는 의미이다.

여기서 CSRF는 Cross-Site Request Forgery(사이트 간 요청 위조)의 약자이며, 이는 Django에 내장된 보안 기법 중 하나이다.

CSRF 공격은 사용자가 알아채지 못하게 공격자가 의도한 행동을 하도록 한다. 간단한 예를 보자.

1. 은행 사이트가 있다. 이 사이트에서 자신의 계좌에서 돈을 송금하는 것은 그 계좌로 로그인한 사용자만 가능하다.
2. 해커는 다른 사용자의 ID/PW를 알지 못하므로, 다른 사람의 돈을 자신의 계좌로 보낼 수 없다. 하지만 이 해커는 이 은행 사이트가 CSRF 공격을 방어하지 못함을 발견한다.
3. 해커는 은행 사이트의 자유게시판에 악성코드를 숨긴 글을 올린다. 해커가 올린 글을 보게 되면, 악성코드가 실행되며 **현재 로그인한 사용자의 돈을 해커에게 송금**하도록 만든다.

4. 사용자는 해커가 자유게시판에 올린 글을 클릭하고, 그 글을 보는 순간 악성코드가 실행되어 자신의 계좌에서 해커에게 송금을 실행한다.

지금 당장은 이런 과정이 코드로 어떻게 일어나는지 전혀 알 수 없겠지만, 전반적인 공격 과정이 이렇다고 이해하자.

CSRF 공격은 사이트에 어떤 요청을 하든 일어날 수 있다(심지어 단순히 글 목록을 보거나, 메인 페이지에 접속하는 것만으로도). 하지만 지금까지 글 목록이나 상세 페이지를 볼 때는 지금처럼 CSRF 인증 오류가 발생하지 않았다. 왜 그럴까?

Django에서 처리하는 GET과 POST 요청

지금까지 CSRF 인증 오류가 발생하지 않은 이유는 Django가 데이터를 처리하는 방식이 GET/POST에 따라 다르기 때문이다.

GET 방식의 요청은 사이트의 특정 페이지에 접속하거나, 검색을 하는 등의 **읽기/조회** 행동을 수행하는 데 쓰인다. 반면에 POST 방식의 요청은 사이트의 특정 데이터를 **작성/변경**하는 데 쓰인다.

이러한 특성 때문에 Django는 POST 요청에 대해서 GET 요청보다 높은 보안 수준을 적용한다. 지금까지 이 오류를 보지 못한 이유는 모든 요청이 GET 방식이었기 때문이고, GET 방식의 요청에서는 CSRF 보안을 적용하지 않기 때문이다.

글 작성 화면의 form은 POST 방식으로 데이터를 보내기 때문에 Django의 보안 로직에 의해 요청이 차단된다.

Django의 CSRF 공격 방어기법

CSRF 공격 방어의 핵심은 **로그인한 사용자가 의도하지 않은 POST 요청**을 거부하는 것이다. 이를 위해서 Django는 아래의 과정을 통해 해커가 임의의 POST 요청을 할 수 없도록 한다.

1. Django는 새로운 요청을 하는 브라우저마다 구분되는 값을 서버에 저장한다.
2. POST 요청을 하는 form이 **브라우저별로 구분되는 값**을 가지지 않는다면, 요청을 거부한다.

브라우저별로 구분되는 값은 서버에 저장되므로, 브라우저를 사용하는 사람(실제 이용자 또는 해커)은 그 값을 알 수 없다. 이러면 실 사용자의 POST 요청도 거부되게 되므로 Django는 실 사용자가 해당 값을 사용할 수 있는 기능을 제공한다.

3. Template(HTML 파일)에서 **{% csrf_token %}** 태그를 사용하면, 이 영역은 **브라우저별로 구분되는 값**으로 치환된다. 이 값을 확인할 수 있는 시점은 HTML 파일이 사용자에게 전달되어 브라우저에 그려진 다음이며, 해커는 이 값을 미리 알 방법이 없다.

4. 값이 포함된 form으로 요청을 보낸다. Django는 요청에 **브라우저별로 구분되는 값**이 포함되어 있는 것을 확인, POST 요청을 수락한다.

지금까지 설명한 **브라우저별로 구분되는 값**은 Django에서 **CSRF token**이라 부른다. 이를 이용해서 Forbidden 오류를 수정해보자.

14.2.3 Forbidden 오류를 수정한 form

form에 브라우저별로 구분되는 값인 **CSRF token**을 포함해보자. 앞서 언급한 대로 **{% csrf_token %}** 태그를 사용한다.

templates/post_add.html

```
<h1>Post Add</h1>
<form method="POST">
    {% csrf_token %}
    <div>
```

HTML 파일의 내용을 바꿨으니 새로고침을 해야 결과를 볼 수 있다. 하지만 방금 오류가 난 페이지에서 곧바로 새로고침을 하면(F5 또는 ⌘+R 또는 브라우저의 새로고침 버튼) 아래와 같은 메시지를 볼 수 있다.

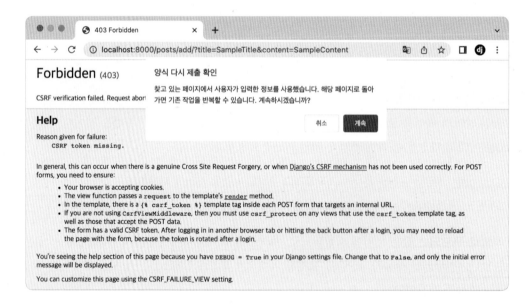

양식은 form을 말한다. 새로고침은 이 HTML을 다시 불러오는 것이 아니라, 브라우저가 서버에 했던 요청을 반복하는 작업이다. 이전에 우리는 잘못된 POST 요청을 했고, 이 상태에서 새로고침을 하면 현재 URL에 대한 내용을 다시 불러오는 것이 아니라 이전에 했던 **잘못된 POST 요청을 반복**하게 된다.

POST 요청의 반복을 막고 HTML을 다시 불러오려면 주소표시줄을 클릭하고 Enter를 입력한다.

> 💡 **Tips** _ HTML을 다시 불러올 때는 브라우저의 단축키를 사용하면 편하다
> • Windows: [F6] → [Enter↵]
> • macOS: [⌘] + [L] → [return]

이제 아무 내용이나 입력하고 **작성** 버튼을 눌러보면 오류가 발생하지 않을 것이다.

{% csrf_token %} 태그의 역할

{% csrf_token %} 태그가 어떻게 나타나는지 확인해보자.

> 💡 **Tips** _ 소스코드를 확인할 때도 브라우저의 단축키를 사용하자
> • Windows: [Ctrl] + [U]
> • macO: [Option] + [⌘] + [U]

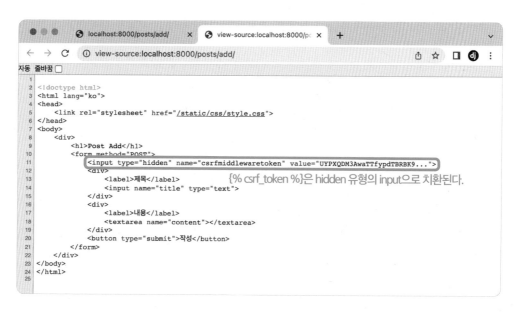

{% csrf_token %} 태그가 입력된 부분은 다음과 같이 치환되었다.

```
<input type="hidden" name="csrfmiddlewaretoken" value="CMbExC83V2i...">
```

지금까지 input 태그는 사용자가 입력한 데이터를 담는 역할을 했다. input 태그가 type 속성의 값으로 **hidden**을 갖게 되면, 이 input은 브라우저에 나타나지 않으며 단순히 고정된 데이터를 담게 된다.

이 input 태그는 {% csrf_token %} 이 번역된 값이며, Django가 HTML 내용을 브라우저에 보낼 때 담겨 오게 되므로 해커가 미리 이 값을 알 수 없다. 태그는 form 내부에 있으며 POST 요청 시 다른 input들이 가진 값들과 함께 Django에게 전달되어 Django가 이 요청을 수락하는 데 사용된다.

Forbidden 오류와 CSRF에 대한 설명이 끝났다. 꽤 길고 어려운 내용이었다. 지금 당장 이해가 안 된다 면 **POST 요청을 하는 form에는 반드시 {% csrf_token %} 태그를 넣어야만 한다** 정도로 단순하게 이해 하고 넘어가도 괜찮다.

14.3   View에서 POST 요청 처리

14.3.1   POST 데이터 다루기와 메서드에 따른 분기 처리

form에서 POST 요청을 보냈을 때 발생한 오류를 처리했다. 이제 요청에 전달된 데이터를 다루어보자.

blog/views.py

```python
def post_add(request):
    print(request.POST)    # POST 메서드로 전달된 데이터를 출력한다
    return render(request, "post_add.html")
```

GET 메서드로 보낸 데이터는 request.GET에 담겨오며, POST 메서드로 보낸 데이터는 request.POST 에 담겨온다.

브라우저에서 적절한 제목과 내용을 넣고 **작성** 버튼을 누르자. 여기서는 각각 **SampleTitle, Sample Content**를 사용한다.

runserver의 콘솔을 보면 아래와 같이 로그가 나타난다.

```
# 가독 편의성을 위해 줄바꿈하였다. 실제로는 한 줄로 출력된다.
<QueryDict: {
    'csrfmiddlewaretoken': ['pP8eN8SmSXAm...'],
    'title': ['SampleTitle'],
    'content': ['SampleContent']
}>
[{timestamp}] "POST /posts/add/ HTTP/1.1" 200 598
```

request.POST는 dict와 유사한 QueryDict 객체이며, 아래 3개의 키를 가진다.

- csrfmiddlewaretoken
- title
- content

여기서 csrfmiddlewaretoken은 {% csrf_token %} 태그가 번역된 hidden 유형의 input 값이고, 나머지 title과 content는 입력한 값이 출력되는 것을 볼 수 있다.

request.POST로 전달받은 데이터들을 변수로 할당하고 확인해보자.

blog/views.py

```python
def post_add(request):
    title = request.POST["title"]
    content = request.POST["content"]
    print(title)
    print(content)
    return render(request, "post_add.html")
```

브라우저에서 HTML을 다시 불러오면(새로고침이 아닌, 주소표시줄로 이동 후 Enter로 URL 경로를 다시 로드했을 때) 오류가 발생한다.

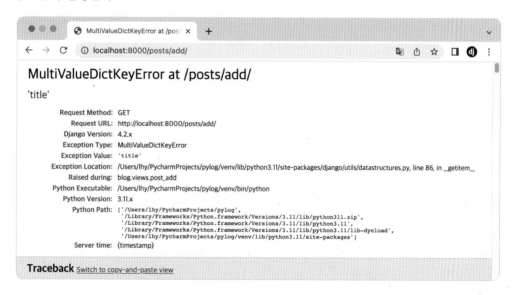

에러의 이름은 MultiValueDictKeyError이며, 두 번째 줄의 'title'은 dict에서 **title**이라는 키를 찾지 못했다는 의미이다.

정확히 어디서 에러가 났는지 보기 위해 조금 더 스크롤을 내려보자.

진한 회색으로 표시된 부분이 실제 에러가 발생한 코드줄(Line)이다. request.POST로부터 **title**이라는 키를 꺼내는 데 실패했음을 볼 수 있다.

request.POST의 데이터는 form 내부의 input들에 데이터를 채우고 **작성** 버튼을 눌러 POST 메서드로 요청을 했을 때만 전달된다. 지금처럼 URL로 접근했을 때, 이 요청은 GET 메서드의 요청으로 취급된다. 따라서 **http://localhost:8000/posts/add/** URL에 접속했을 때는 request.POST는 전달된 데이터가 없으니 빈 dict가 된다.

View에 POST 메서드의 요청이 전달되었을 때만 request.POST의 데이터를 다루도록 변경해보자.

blog/views.py

```python
def post_add(request):
    if request.method == "POST":    # method가 POST일 때
        print("method POST")
        title = request.POST["title"]
        content = request.POST["content"]
        print(title)
        print(content)
    else:                           # method가 POST가 아닐 때
        print("method GET")
    return render(request, "post_add.html")
```

> 💡 **Tips** _ 메서드가 POST가 아닐 때
> HTTP의 요청 메서드는 GET, POST뿐 아니라 HEAD, PUT, PATCH, OPTIONS, DELETE 등 여러 종류가 있지만, HTML의 form 태그에서는 GET과 POST 방식만 사용할 수 있다. 따라서 HTML form으로 전달받는 request의 method가 POST일 때와 POST가 아닐 때로 구분하면, POST가 아닐 때는 GET 방식임을 나타낸다.

View로 전달된 요청이 GET인지, POST인지는 request.method 속성에 정의된다. if-else 구문으로 구분해주고, 각각의 경우에 메서드 값도 print로 출력해보자.

주소표시줄 → Enter↵ 로 페이지를 다시 로드하고 runserver 디버그 콘솔 값을 확인해보자.

```
method GET
[{timestamp}] "GET /posts/add/ HTTP/1.1" 200 598
```

URL에 접속해서 페이지를 로드하는 것은 GET 방식 요청임을 확인할 수 있다.

이제 input 값을 채우고 **작성** 버튼을 누르면 또다시 오류가 발생한다.

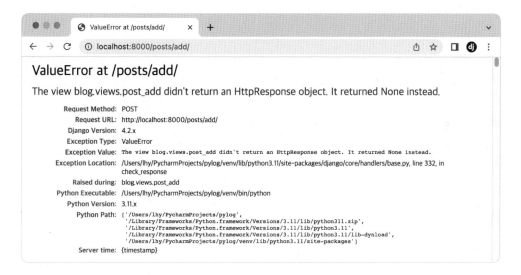

오류는 일단 무시하고 runserver 콘솔의 로그를 확인해보자.

```
method POST
SampleTitle
SampleContent
Internal Server Error: /posts/add/
Traceback (most recent call last):
  ...
ValueError: The view blog.views.post_add didn't return an HttpResponse object. It
returned None instead.
[{timestamp}] "POST /posts/add/ HTTP/1.1" 500 63830
```

POST 요청이 전달되었으며, title과 content 값을 가져오는 데 성공했음을 알 수 있다.

여기서 발생하는 ValueError의 오류 내용은 **blog.views.post_add에서 HttpResponse를 돌려주어야 하지만 None을 돌려주었다**로 해석된다. 지금까지 만든 모든 View 함수는 마지막에 render 함수의 실행 결과를 돌려주었고, render 함수는 내부적으로 항상 HttpResponse를 돌려주게 되어 있다.

> 💡 **Tips _ render 함수**
>
> render 함수는 Django가 지원하는 shortcut functions이며, 아래와 같은 과정을 줄여 사용할 수 있게 해준다. render 함수의 실제 동작을 보면 마지막에 HttpResponse를 리턴한다.
>
> ```python
> # render 함수를 사용하지 않은 경우
> template = loader.get_template("post_detail.html")
> context = {"post": post}
> return HttpResponse(template.render(context, request))
>
> # render 함수를 사용한 경우
> context = {"post": post}
> return render(request, "post_detail.html", context)
> ```

앞서 View에서 작성한 if-else 구문을 살펴보자. GET 요청을 받았을 때는 render 함수의 결과를 돌려주지만, POST 요청을 받았을 때는 변수에 값을 할당하고 출력은 하나 마지막에 아무것도 돌려주지 않는다. 파이썬에서는 함수에서 아무것도 돌려주지 않으면 None이 리턴된다.

POST 요청을 받았을 때도 요청 처리 후 오류가 나지 않도록 render 함수의 결과를 돌려주어 보자.

blog/views.py

```python
def post_add(request):
    # POST 요청일 때
    if request.method == "POST":
        ...
        return render(request, "post_add.html")
    # GET 요청일 때
    else:
        ...
        return render(request, "post_add.html")
```

요청(request)에 대한 모든 처리가 완료된 후에 GET 요청일 때와 같은 응답을 돌려주도록 하자. 이제 POST 요청 후에도 오류 없이 페이지가 표시된다.

하지만 위 함수는 정확히 같은 코드가 두 줄 반복된다. 원하는 대로 동작은 하지만, 아름답지 않다. HTML 파일의 이름이라도 변경된다면 같은 내용을 두 번씩 수정해야 한다.

중복 코드를 없애보자.

```
def post_add(request):
    # POST 요청일 때는 변수를 할당
    if request.method == "POST":
        title = request.POST["title"]
        content = request.POST["content"]
    else:
        ...
    # POST/GET 중 어느 요청이든 render 결과를 리턴
    return render(request, "post_add.html")
```

기존 로직에서 중복되는 부분은 **마지막에 render 함수 결과를 리턴하는 부분**이며, GET 요청일 때는 특별한 작업이 없다.

그러므로 POST 요청일 때만 수행하는 작업은 if문 안쪽에서 작업하며, 따로 else문을 선언하지 않고 GET/POST 요청 모두에서 마지막에 render 함수 결과를 리턴하도록 하면 코드가 더 깔끔해진다.

14.3.2 POST 데이터를 사용한 DB row 생성

objects.create 메서드

요청이 POST 메서드일 때 전달된 데이터를 가져오는 데 성공했다. 이제 가져온 데이터를 사용해 DB에 새 row를 생성해보자.

ORM을 사용해서 DB에 데이터를 생성할 때는 create 메서드를 사용한다. create 메서드의 리턴값은 생성된 객체이며, 이를 변수에서 바로 할당할 수 있다.

```
created_instance = ModelClass.objects.create(필드명=필드값)
```

파이썬 인터프리터에서 Post 모델의 생성을 실습해보자.

Terminal

```
> python manage.py shell
>>> from blog.models import Post

# Admin에서 생성한 글 목록이 출력된다
>>> Post.objects.all()
<QuerySet [<Post: Poetry를 사용한 ....>]>

# 새 객체를 만든다
>>> post = Post.objects.create(title="ShellTitle", content="ShellContent")

# 객체를 확인한다
>>> post
<Post: ShellTitle>

# 모든 Post를 생성 순서의 역순으로 가져온다
>>> Post.objects.order_by('-id')

# ShellTitle이란 이름의 Post가 생성된 것을 확인
<QuerySet [<Post: ShellTitle>, <Post: Git을....>]>
```

인터프리터에서 생성한 Post 객체는 관리자 페이지에서도 확인할 수 있다.

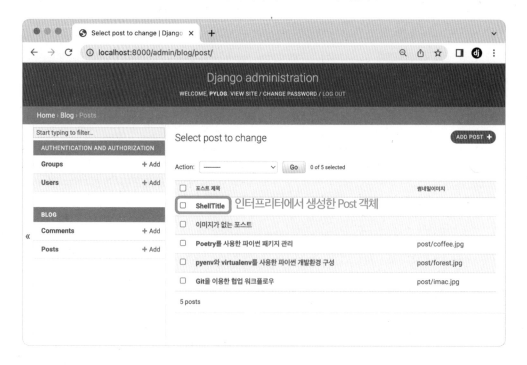

View에서 객체 생성

Post에 사용할 title, content 값을 받아오는 작업은 이미 구현해보았다. 이를 이용해 Post 모델의 create()를 사용해 객체를 생성해보자.

blog/views.py

```python
def post_add(request):
    if request.method == "POST":
        title = request.POST["title"]
        content = request.POST["content"]
        Post.objects.create(
            title=title,
            content=content,
        )
    return render(request, "post_add.html")
```

이제 브라우저에서 input에 적절한 값을 입력 후 **작성** 버튼을 눌러보자. 오류 없이 입력한 값이 사라지고, 이후 관리자 페이지를 보면 객체가 생성된 것을 확인할 수 있다.

작성 버튼을 누르면 입력한 값이 사라지는 것이 아니라, 글이 생성된 후 다시 글 작성 페이지로 이동하는 것이다. 사용자가 블로그에서 글을 작성하면 다시 글쓰기 페이지로 가는 것이 아니라 작성한 글을 볼 수 있는 글 상세 페이지로 이동하도록 해보자.

14.3.3 글 작성 완료 후 이동하기

render 함수는 인수로 전달된 경로의 HTML 파일을 브라우저에 보여준다. 글 작성을 완료했을 때는 특정 HTML 파일을 보여주는 것이 아니라, 작성한 글의 **상세 페이지**로 이동해야 한다.

다른 URL로 이동할 때는 redirect 함수를 사용한다. 예제를 통해 알아보자.

blog/views.py

```python
from django.shortcuts import render, redirect

...
def post_add(request):
    if request.method == "POST":
        title = request.POST["title"]
        content = request.POST["content"]
        Post.objects.create(
            title=title,
            content=content,
        )
        return redirect("/posts/")
    return render(request, "post_add.html")
```

redirect 함수를 import 하고 POST 메서드의 모든 작업이 끝난 후 글 목록 페이지의 URL인 **/posts/**로 redirect하도록 했다. 글 작성 페이지로 돌아가 적절히 내용을 입력하고 **작성** 버튼을 누르면, 글 목록 페이지로 이동하며 가장 아래에서 방금 입력한 내용의 글을 볼 수 있다.

글 목록 페이지의 URL은 언제나 **/posts/**에서 변하지 않지만, 상세 페이지는 각각의 Post마다 **/posts/1/**, **/posts/2/**와 같이 Post마다 다른 URL을 가진다. 생성된 Post의 id를 포함한 URL로 이동시켜보자.

blog/views.py

```python
def post_add(request):
    if request.method == "POST":
        ...
        post = Post.objects.create(
            title=title,
            content=content,
        )
        return redirect(f"/posts/{post.id}/")
    return render(request, "post_add.html")
```

생성된 Post 객체를 post 변수에 할당하고, post.id 값을 사용해 문자열을 생성했다. 생성된 URL 문자열은 **/posts/〈생성된 Post의 id값〉/** 형태를 가지게 된다.

이제 **작성** 버튼을 누르면 글이 생성되며, 생성한 글의 상세 페이지로 이동한다.

14.4 CSS 적용 및 링크 생성

CSS 적용 및 링크 생성

글 작성 기능을 모두 구현했다. CSS 파일을 적용해 Template을 꾸며보자.

templates/post_add.html

```
...
<body>
    <div id="navbar">
        <span>글 작성</span>
    </div>
    <div id="post-add">
        <form method="POST">
            {% csrf_token %}
            <div>
                <label>제목</label>
                <input name="title" type="text">
            </div>
            <div>
                <label>내용</label>
                <textarea name="content"></textarea>
            </div>
            <button type="submit" class="btn btn-primary">작성</button>
        </form>
    </div>
</body>
</html>
```

내비게이션 바를 추가하고, 글 작성 div에 **post-add** id 속성을 추가하고, 마지막으로 button에 **btn btn-primary**로 2개의 class 속성을 추가했다. 적용하면 아래와 같은 모습이 된다.

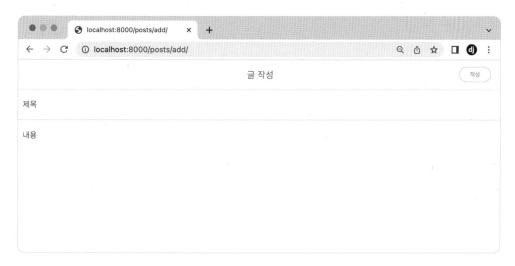

지금은 글 작성 페이지로 오기 위해 URL을 직접 입력해야 한다. 글 목록 페이지에서 글 작성 페이지로 오는 링크를 만들어보자.

templates/post_list.html

```
...
<body>
    <div id="navbar">
        <span>pylog</span>
        <a href="/posts/add/" class="btn btn-primary">글 작성</a>
    </div>
```

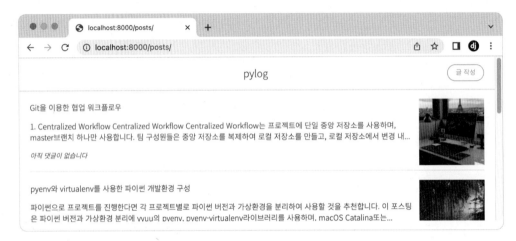

목록에 글 작성 버튼이 추가되었다. 클릭하면 글 작성 화면으로 이동한다.

14.5 댓글 작성

14.5.1 Comment 객체 생성 실습

글 하단에 달리는 댓글 작성 기능을 만들자. 글을 작성할 때와 다른 점은, 제목은 없으며 작성한 댓글이 반드시 **어떤 글(Post)에 소속**되어야 한다는 것이다.

먼저 ORM으로 댓글을 어떻게 만들 수 있는지 인터프리터에서 실습해보자.

```
> python manage.py shell
>>> from blog.models import Comment

# 이전에 생성한 댓글이 있다면 모두 지워준다.
# (지워진 객체가 있다면, 몇 개가 지워졌는지가 리턴된다.)
>>> Comment.objects.all().delete()
(2, {'blog.Comment': 2})

# Comment는 "content" 속성을 가지므로, 이 속성을 채우고 객체 생성을 시도한다.
>>> Comment.objects.create(content="SampleContent")
...
...
# blog_comment(Comment 모델의 테이블명)의 post_id는 NULL을 허용하지 않는 오류가 발생한다.
django.db.utils.IntegrityError: NOT NULL constraint failed: blog_comment.post_id
```

post_id(Comment 모델에 정의된 Post 모델과의 연결)가 NULL(값이 없음)을 허용하지 않는 것은, Comment 모델은 Post 모델과 ForeignKey 관계로 연결되어 있기 때문이다. 모델 클래스의 내용을 확인해본다.

```python
class Comment(models.Model):
    # Post 모델과 ForeignKey 관계로 연결
    post = models.ForeignKey(Post, on_delete=models.CASCADE)
    content = models.TextField('댓글 내용')
```

Comment를 생성하려면 어떤 Post에 연결될지를 반드시 지정해주어야 한다. 이번엔 인터프리터에서 아래와 같이 Post를 변수에 할당 후 진행해보자.

```
>>> from blog.models import Post

# 가장 처음으로 생성된 Post를 가져온다.
>>> post = Post.objects.first()

# 가져온 Post 객체의 id값을 확인해본다.
>>> print(post.id)
1

# 가장 처음으로 생성된 Post와 연결되는 Comment를 생성한다.
>>> Comment.objects.create(post=post, content="SampleComment")
<Comment: Poetry를 사용한 파이썬 패키지 관리의 댓글 (ID: 3)>
```

마지막 출력 결과로 Comment 객체가 생성된 것을 확인할 수 있다. 가져온 Post 객체의 id값을 사용해 글 상세 페이지로 이동해서(id가 1이라면 localhost:8000/posts/1/) 댓글이 표시되는지 확인해보자.

Comment.objects.create의 content에 전달한 'SampleComment' 내용으로 댓글이 생성되었다

14.5.2   댓글 생성 form을 Template에 추가

일반적으로 댓글 목록은 **글 상세** 페이지의 가장 하단에 보이며, 하단의 form을 사용해 작성할 수 있다. 템플릿에 form을 추가해보자.

templates/post_detail.html

```
...
<ul class="comments">
    ...
</ul>
<form method="POST">
    {% csrf_token %}
    <textarea name="comment"></textarea>
    <button type="submit" class="btn btn-primary">댓글 작성</button>
</form>
...
```

글 쓰기에서 이미 form을 다루어보았으므로 기존과 같은 작업들은 특별히 설명 없이 적용했다.

- {% csrf_token %} 적용
- form의 method로 'POST' 지정
- textarea에 'name' 속성 지정
- button에 class 지정 및 CSS 스타일 적용

댓글을 입력할 수 있는 textarea와 button이 추가되었다.

14.5.3 View에서 Comment 생성

form이 POST 요청을 하므로, 이 form을 처리할 View에서 POST 요청을 처리할 수 있도록 해주어야 한다. 글 상세를 다루는 post_detail View 함수에 내용을 추가해보자.

blog/views.py

```python
def post_detail(request, post_id):
    post = Post.objects.get(id=post_id)
    if request.method == "POST":
        # textarea의 "name" 속성값("comment")을 가져온다
        comment_content = request.POST["comment"]
        print(comment_content)
        ...
```

코드 추가 후, 댓글을 적당히 작성하고 runserver 디버그 메시지를 확인하자. 필자는 내용에 'View에서 댓글 생성'이라고 입력하였다.

```
View에서 댓글 생성
[{timestamp}] "POST /posts/1/ HTTP/1.1" 200 1803
```

입력한 값이 로그로 출력되며 이후 POST 요청이 있음을 알 수 있다. 값을 가져왔으니 앞에서 실습한 대로 ORM을 사용해 Comment를 생성해준다.

blog/views.py

```python
from blog.models import Post, Comment
...

def post_detail(request, post_id):
    post = Post.objects.get(id=post_id)
    if request.method == "POST":
        comment_content = request.POST["comment"]
        # 전달된 "comment"의 값으로 Comment 객체를 생성한다.
        Comment.objects.create(
            post=post,
            content=comment_content,
        )
    # 1. GET 요청으로 글 상세 페이지를 보여주거나
    # 2. POST 요청으로 댓글이 생성되거나
    # 두 경우 모두, 이 글의 상세 페이지를 보여주면 된다.
    context = {
        "post": post,
    }
    return render(request, "post_detail.html", context)
```

글 작성 페이지에서는 작성을 완료한 후 redirect를 사용해 원래 있던 작성 페이지(/posts/add/)가 아닌 새로 생성한 글의 위치(/posts/<Post의 id값>/)로 이동해야 했다.

하지만 글 상세 페이지에서는 댓글을 작성한 후에 다른 곳으로 이동할 필요가 없다. 따라서 POST 요청으로 댓글 생성이 완료된 후에는 redirect를 사용해 URL을 이동시키는 것이 아니라 글 상세 페이지의 내용을 보여주는 render를 사용한다.

14.6   글 작성 시 이미지 업로드

Post 모델에는 썸네일을 다루는 이미지 필드가 있다. 텍스트와 다르게, 이미지와 같은 파일(File)을 form 으로 전달받으려면 Template과 View에서 별도의 처리가 필요하다.

파일을 첨부할 때는 〈input type="file"〉 태그를 사용한다.

templates/post_add.html

```html
...
<div id="post-add">
    <form method="POST" enctype="multipart/form-data">
        ...
        <div>
            <label>썸네일</label>
            <input name="thumbnail" type="file">
        </div>
        <button type="submit" class="btn btn-primary">작성</button>
    </form>
```

파일을 전송해야 하는 form에는 **enctype="multipart/form-data"** 속성을 추가해야 한다. enctype 속성 은 데이터를 서버로 전송할 때 어떤 인코딩 유형을 사용할 것인지를 나타낸다.

인코딩은 form에 추가한 데이터를 어떤 방식으로 변환시켜 보낼 것인지를 정하는 규격이다. form에 별도 로 enctype을 지정하지 않는다면 텍스트 데이터만 보낼 수 있는 인코딩 방식을 사용한다.

input[type="file"]이 추가된 form

View에서 POST 메서드로 전달받은 데이터는 request.POST에서 가져왔다. 전송된 파일은 request.POST 대신 request.FILES에서 가져와야 한다. 전달된 값을 확인해보자.

blog/views.py

```python
def post_add(request):
    if request.method == "POST":
        print(request.FILES)
```

적절히 파일을 선택하고 **작성** 버튼을 눌러 로그를 확인해보자. 필자가 선택한 이미지 파일의 이름은 'coffee.jpg'이다.

```
# request.FILES에는 thumbnail이란 이름으로 InMemoryUploadedFile이 전달된다.
<MultiValueDict: {'thumbnail': [<InMemoryUploadedFile: coffee.jpg (image/jpeg)>]}>
# 글 작성이 완료되면 redirect 함수가 동작한다.
[{timestamp}] "POST /posts/add/ HTTP/1.1" 302 0
# redirect의 결과로 생성된 글의 상세 페이지로 이동한다.
[{timestamp}] "GET /posts/8/ HTTP/1.1" 200 870
```

request.FILES로 전달된 InMemoryUploadedFile은 Django에 내장된 File을 다루기 위한 클래스이다. 이 객체를 사용해 Post 생성 시 썸네일 이미지를 지정해보자.

blog/views.py

```python
def post_add(request):
    if request.method == "POST":
        title = request.POST["title"]
        content = request.POST["content"]
        thumbnail = request.FILES["thumbnail"]    # 이미지 파일
        post = Post.objects.create(
            title=title,
            content=content,
            thumbnail=thumbnail,                  # 이미지 파일을 객체 생성 시에 전달
        )
```

⟨input type="file"⟩로 전달된 파일은 request.FILES에서 가져올 수 있으며, 객체 생성 시 해당 필드의 값으로 지정한다. 썸네일 파일을 추가한 글을 생성하고, 이미지가 등록되는지 확인하자.

PART 04

{ **pystagram** }
프로젝트

 django

블로그 프로젝트에서는 크게 아래 요소들을 학습했다.

- 정적 파일
- 동적 URL 패턴 구성
- form과 POST 요청

이번 프로젝트에서는 다음 기능들을 사용해본다.

- 인증 시스템 (회원가입/로그인)
- form의 생성과 데이터 처리를 다루는 Form 클래스
- N:N(다대다) DB 구조 (해시태그, 좋아요)

## CHAPTER 15

개발환경 구성

15.1 PyCharmProject 생성

Chapter 03의 3.2.2 새 프로젝트 생성(p.26)을 참조하여 새 PyCharm프로젝트를 생성한다. 프로젝트 명은 **pystagram**을 사용한다. 이번에는 정적파일 관련 설정까지 개발환경 구성에서 한 번에 진행한다.

15.2 Django 설치 및 초기설정

15.2.1 Django, Pillow 설치와 Django 프로젝트 생성

Terminal

```
# pystagram 프로젝트명으로 생성된 디렉터리에 있는지 확인
> pwd
~/PycharmProjects/pystagram

# Django 설치
> pip install 'django<5'
Collecting django<5
  Using cached Django-4.x-py3-none-any.whl (8.0 MB)
Collecting asgiref<4,>=3.4.1
  Using cached asgiref-3.5.2-py3-none-any.whl (22 kB)
Collecting sqlparse>=0.2.2
  Using cached sqlparse-0.4.2-py3-none-any.whl (42 kB)
Installing collected packages: sqlparse, asgiref, django
Successfully installed asgiref-3.5.2 django-4.x sqlparse-0.4.2

# ImageField를 사용한 것이므로 Pillow 설치
> pip install 'Pillow<10'

# 프로젝트 구조 생성
> django-admin startproject config .
```

프로젝트 구조 확인

```
# 저장 공간에서 프로젝트의 위치
# ~/PycharmProjects/pystagram
pystagram
├── config
│   ├── __init__.py
│   ├── asgi.py
│   ├── settings.py
│   ├── urls.py
│   └── wsgi.py
└── manage.py
```

15.2.2 TEMPLATES_DIR 설정

Django가 Template 파일을 찾을 경로이다.

4.4 Template 사용하기(p.49)를 참조하여 TEMPLATES_DIR를 설정한다.

config/settings.py

```python
# 상세한 코드는 '4.4 Template 사용하기'를 참조한다.
TEMPLATES_DIR = BASE_DIR / "templates"
...
TEMPLATES = [
    {
        ...
        "DIRS": [TEMPLATES_DIR],
```

■ templates 디렉터리 생성

```
# 생성 후 구조
pystagram
├── config/
├── templates/   # 생성된 디렉터리
└── manage.py
```

15.2.3 STATICFILES_DIRS 설정

Django가 소스코드에 포함된 정적파일을 찾을 경로이다.

11.2 정적파일(p.123)을 참조하여 STATIC_DIR을 설정한다.

config/settings.py (STATIC_URL 값은 하단에 위치, STATICFILES_DIRS는 새로 작성)

```
# 상세한 설명은 '11.2 정적파일'을 참조한다.
STATIC_URL = "static/"   # settings.py의 하단에 이미 작성되어 있다.
STATICFILES_DIRS = [BASE_DIR / "static"]   # 새로 작성
```

■ static 디렉터리 생성

```
# 생성 후 구조
pystagram
├── config/
├── static/        # 생성된 디렉터리
├── templates/
└── manage.py
```

15.2.4 MEDIA_URL, MEDIA_ROOT 설정

유저가 업로드한 정적파일을 제공할 URL 경로이다.

12.2 유저가 업로드하는 정적파일 설정(p.131)에서 MEDIA_URL과 MEDIA_ROOT의 의미와 설정을, 12.4 MEDIA_URL과 업로드 파일 연결(p.135)에서 MEDIA_URL을 MEDIA_ROOT와 연결시키는 방법을 참조한다. media 디렉터리는 직접 생성하지 않아도 Django가 해당 디렉터리가 필요한 시점에 자동으로 생성해준다.

config/settings.py

```
# 상세한 설명은 '12.2 유저가 업로드하는 정적파일 설정'을 참조한다.
STATIC_URL = "static/"
STATICFILES_DIRS = [BASE_DIR / "static"]

MEDIA_URL = "media/"
MEDIA_ROOT = BASE_DIR / "media"
```

```
# 상세한 설명은 '12.4 MEDIA_URL과 업로드 파일 연결'을 참조한다.
from django.conf import settings
from django.conf.urls.static import static
from django.contrib import admin
from django.urls import path

urlpatterns = [
    path("admin/", admin.site.urls),
]
# 아래 코드 블록 추가
urlpatterns += static(
    prefix=settings.MEDIA_URL,
    document_root=settings.MEDIA_ROOT
)
```

15.3 인덱스 페이지 구성

localhost:8000 뒤에 아무런 경로도 추가되지 않았을 때 기본적으로 보여줄 인덱스 페이지를 구성한다.

View

config/views.py (새로 생성)

```
from django.shortcuts import render

def index(request):
    return render(request, "index.html")
```

URLconf

config/urls.py

```
from django.contrib import admin
from django.urls import path
from config.views import index  # index import

urlpatterns = [
    path("admin/", admin.site.urls),
    path("", index),  # 경로가 없을 때 index View 연결
]
urlpatterns += static (
...
```

Template

```
<!doctype html>
<html lang="ko">
<body>
    <h1>pystagram</h1>
</body>
</html>
```

```
> python manage.py runserver
```

runserver 실행 후 localhost:8000에 접속해 index View의 동작을 확인한다.

인증 시스템

웹 서비스에는 회원가입, 로그인과 같은 사용자 정보를 활용하는 기능이 필요하다. 이러한 기능들을 통틀어 **인증 시스템** **(Authentication system)**이라 부르며, Django는 인증 시스템을 기본적으로 제공한다.

이번 챕터에서는 사용자 모델을 커스터마이징, 로그인과 회원가입, 로그인 여부에 따른 접근제한 등의 인증과 관련된 내용들을 구현한다.

16.1 CustomUser 모델 설정

16.1.1 CustomUser

Django는 기본적으로 로그인을 처리할 수 있는 기본(default) User 모델을 지원한다(별다른 설정 없이 관리자 페이지에 ID/PW를 이용해 로그인하는 기능이 이 User 모델로 구현된다).

기본 User 모델은 ID와 비밀번호, 이름과 같은 최소한의 정보만을 지원한다. 사용자 모델에 추가 정보를 저장하고 싶다면 별도의 User 모델을 구성해야 한다. 프로필 이미지와 자기소개 필드를 추가해보자.

> **Docs** _ Custom User
>
> Django는 기본 제공 되는 User 모델 대신 CustomUser를 사용하는 것을 강력히 권장한다. 기본 User 모델에는 추가 필드를 정의할 수 없으며, 프로젝트 시작 시 지정한 User 모델을 바꾸는 작업은 매우 복잡하다. 회원가입/로그인 기능이 아예 필요 없는 프로젝트가 아니라면 시작 시 CustomUser를 설정하고 진행하는 것을 추천한다.
>
> https://docs.django.ac/models/custom-user

16.1.2 users 앱 생성 및 등록

CustomUser를 정의할 app을 새로 만들고 settings.py에 등록한다.

Terminal

```
> python manage.py startapp users
```

```
INSTALLED_APPS = [
    "users",  # 리스트의 맨 위에 추가
    ...
]
```

16.1.3 User 모델 생성

CustomUser 역할을 할 User 클래스를 생성한다.

```
from django.contrib.auth.models import AbstractUser
from django.db import models

class User(AbstractUser):
    pass
```

AbstractUser는 Django가 CustomUser 모델을 만들기 위해 제공하는 기본 유저 형태를 가진 모델 클래스이다. 이 클래스는 Django의 기본 User 모델이 가진 필드를 똑같이 가지고 있으며, AbstractUser를 상속받으면 자동적으로 다음 필드들이 모델에 추가된다.

- username (사용자명, 로그인할 때의 '아이디')
- password (비밀번호)
- first_name (이름)
- last_name (성)
- email (이메일)
- is_staff (관리자 여부)
- is_active (활성화 여부)
- date_joined (가입 일시)
- last_login (마지막 로그인 일시)

관리자 페이지나 로그인 페이지에서 사용하는 아이디/비밀번호 중, 아이디에 해당하는 필드는 **username** 필드이다(id 필드는 모델 클래스에서 자동 생성되며, 테이블의 기본키(primary key)를 나타내는 데 쓰인다).

> 💡 **Tips** _ 기본 키
>
> 기본 키(Primary Key)는 데이터베이스 테이블에서 데이터(레코드)의 식별자로 이용되는 column을 말한다. Django에서는 별도로 지정하지 않으면 자동으로 **id** 필드(DB의 column)가 생성되며, 이를 기본 키로 지정한다. 기본 키는 식별자로 사용되기때문에, 중복된 값이나 NULL(값이 없음)을 허용하지 않는다.

실제로 쓰지 않는 정보들도 있을 수 있지만, Django의 동작은 User 모델이 최소한 이 필드들을 가지고 있을 것으로 예측하고 만들어져 있는 경우가 많다.

> 💡 **Tips** _ CustomerUser를 위한 모델
>
> Django에서 CustomUser를 지원하는 모델로 AbstractUser와 이보다 적은 정보를 가지고 있는 AbstractBaseUser, 두 가지를 제공한다. AbstractBaseUser 모델은 아래의 두 가지 정보를 가진다.
>
> - password
> - last_login
>
> AbstractBaseUser 모델을 사용해 CustomUser를 구현하면, 이외에 사용자를 나타내기 위한 필드들은 개발자가 별도로 구성해야 한다. AbstractBaseUser를 사용해 사용자 모델의 기본 필드들을 커스터마이징하는 것은 어느 정도 Django의 사용에 익숙해진 후에 하기 바란다.

커스텀 유저 모델을 사용하는 경우, 어떤 모델을 User 모델로 사용하는지 settings.py에 정의해야 한다.

config/settings.py (파일 맨 윗 부분에 추가)

```python
from pathlib import Path

# 사용법: {App 이름}.{Model 이름}
AUTH_USER_MODEL = "users.User"
...
```

16.1.4 migration 생성, 작용

Terminal

```
> python manage.py makemigrations
Migrations for 'users':
  users/migrations/0001_initial.py
    - Create model User


> python manage.py migrate
Operations to perform:
  Apply all migrations: admin, auth, contenttypes, sessions, users
Running migrations:
  ...
  Applying users.0001_initial... OK
  ...
```

CustomUser 모델을 정의하고 DB에 테이블도 생성했다. 관리자 계정을 만들고 로그인해보자.

```
> python manage.py createsuperuser
Username: pystagram
Email address:
Password:
Password (again):
Superuser created successfully.

> python manage.py runserver
Watching for file changes with StatReloader
Performing system checks...

System check identified no issues (0 silenced).
{timestamp}
Django version 4.x, using settings 'config.settings'
Starting development server at http://127.0.0.1:8000/
Quit the server with CONTROL-C.
```

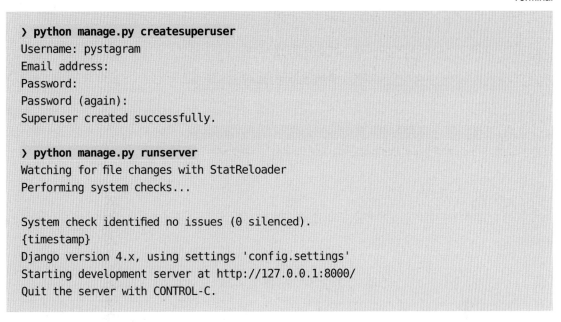

관리자 페이지에 Users 모델이 없다. CustomUser 모델을 정의했다면 관리자 페이지에 수동으로 등록해주어야 한다.

```python
from django.contrib import admin
from django.contrib.auth.admin import UserAdmin
from users.models import User


@admin.register(User)
class CustomUserAdmin(UserAdmin):
    pass
```

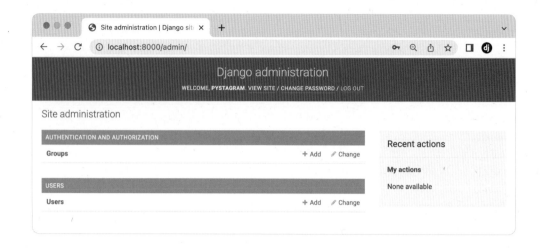

이제 관리자 페이지에서 사용자 항목을 볼 수 있다. 원한다면, settings.py에서 관리자 페이지의 언어와 시간대를 한국 기준으로 맞추도록 한다.

config/settings.py (파일의 아래쪽에 이미 있는 항목의 내용을 변경)

```python
# Internationalization
# https://docs.djangoproject.com/en/4.x/topics/i18n/
LANGUAGE_CODE = "ko-kr"    # 기본값: en-us
TIME_ZONE = "Asia/Seoul"    # 기본값: UTC
```

16.1.5 CustomUser에 필드 추가

AbstractUser를 상속받은 CustomUser는 추가 필드를 정의하지 않으면 Django가 기본 제공하는 User 모델과 같은 형태를 가진다. 프로젝트 시작 시에는 기본 User 모델로 충분하더라도, 필드를 추가하는 것은 CustomUser에서만 가능하므로, 나중에 필드를 추가할 수 있도록 CustomUser를 반드시 정의하자.

CustomUser에 프로필 이미지와 소개글 필드를 추가한다.

users/models.py

```python
class User(AbstractUser):
    profile_image = models.ImageField(
        "프로필 이미지", upload_to="users/profile", blank=True)
    short_description = models.TextField("소개글", blank=True)
```

모델을 변경했으므로 변경사항에 대한 migration을 생성하고 적용한다.

```
> python manage.py makemigrations
Migrations for 'users':
  users/migrations/0002_user_profile_image_user_short_description.py
    - Add field profile_image to user
    - Add field short_description to user

> python manage.py migrate
Operations to perform:
  Apply all migrations: admin, auth, contenttypes, sessions, users
Running migrations:
  Applying users.0002_user_profile_image_user_short_description.py
```

CustomUser 모델에 추가한 필드는 admin에 자동으로 나타나지 않는다. 별도로 정의해준다.

users/admin.py

```python
@admin.register(User)
class CustomUserAdmin(UserAdmin):
    fieldsets = [
        (None, {"fields": ("username", "password")}),
        ("개인정보", {"fields": ("first_name", "last_name", "email")}),
        ("추가필드", {"fields": ("profile_image", "short_description")}),
        (
            "권한",
            {
                "fields": (
                    "is_active",
                    "is_staff",
                    "is_superuser",
                )
            },
        ),
        ("중요한 일정", {"fields": ("last_login", "date_joined")}),
    ]
```

CustomUser 모델에 추가한 필드를 관리자 페이지에 표시하도록 했다. fields 키의 값 튜플이 하나의 요소를 가지는 경우에는 마지막에 반드시 쉼표가 붙어야 한다.

단일 요소를 가진 Tuple 샘플

```python
# 단일 요소를 가진 튜플을 정의할 때는 요소 뒤에 반드시 쉼표가 있어야 한다.
{
    "fields": ("profile_image",)
}
```

튜플(tuple)은 괄호로 감싸서 만들 수도 있으나, 단순히 쉼표로 연결한 객체들도 튜플의 요소가 된다.

```
# 괄호로 감싸 tuple 생성
>>> object1 = (3, 5, 7)
>>> type(object1)
<class 'tuple'>

# 괄호 없이 tuple 생성
>>> object2 = 3, 5, 7
>>> type(object2)
<class 'tuple'>
```

단일 요소를 튜플로 만들기 위해서는 반드시 쉼표를 붙여주어야 한다.

```
# 쉼표 없이 괄호로 감싼 단일 요소는 tuple로 생성되지 않음
>>> object3 = (1)
>>> type(object3)
<class 'int'>

# 단일 요소 뒤에 쉼표를 붙이면 tuple로 생성됨
>>> object4 = (1,)
>>> type(object4)
<class 'tuple'>

# 단일 요소 뒤에 쉼표를 붙이고, 괄호를 생략해도 tuple로 생성
>>> object5 = 1,
>>> type(object5)
<class 'tuple'>
```

관리자 페이지의 User 상세 페이지에서 **프로필 이미지**와 **소개글** 항목이 나타나는지 확인한다.

16.2 로그인/피드 페이지 기본 구조

인스타그램에 접속했을 때, 로그인 중이라면 바로 피드(feeds) 페이지가 나타나지만 로그인되지 않았거나 처음 접속한 경우에는 로그인(login) 페이지로 이동한다.

 Tips _ 모든 로그인 정보가 초기화되어 있는 브라우저의 시크릿 모드를 사용하면 좀 더 편하게 확인할 수 있다
- **Windows**: Ctrl + Shift + N
- **macOS**: ⌘ + Shift + N

아래 두 가지 조건에 맞도록 View에서 동작을 제어해야 한다.

1. **이미 사용자가 브라우저에서 로그인을 했다면**
   → 피드(새 글 목록) 페이지을 보여줌
2. **사용자가 로그인을 한 적이 없다면** (또는 로그아웃을 했다면)
   → 로그인 페이지를 보여줌

먼저 로그인과 피드 페이지를 만들고, 각각의 페이지가 위 로직에 따라 나타나도록 해보자.

16.2.1 로그인(Login) 페이지

기본구조 구성

- View: login_view
- Template: templates/users/login.html
- URL: /users/login/

View

users/views.py

```python
from django.shortcuts import render

def login_view(request):
    return render(request, "users/login.html")
```

Template

templates/users/login.html (templates 내에 users 디렉터리 생성 후 HTML 파일 추가)

```html
<!doctype html>
<html lang="ko">
<body>
    <h1>Login</h1>
</body>
</html>
```

URLconf

이전까지는 URLconf(urls.py) 파일을 하나만 사용했다. 이번 프로젝트에서는 app별로 urls.py 파일의 내용을 분리할 것이다. startapp으로 생성한 app 디렉터리에는 urls.py가 생성되어 있지 않으므로, users app 디렉터리 안에 새 urls.py 파일을 만들어준다.

users/urls.py (새로 생성)

```python
from django.urls import path
from users.views import login_view

urlpatterns = [
    path("login/", login_view),
]
```

URL, View, Template을 구현했으니 runserver를 실행하고 http://localhost:8000/login/으로 로그인 페이지에 접속해보자.

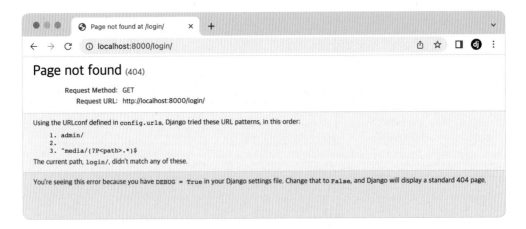

로그인 페이지를 찾을 수 없다고 한다. 위 에러에 대해서 살펴보자.

■ Page not found (404) 에러

의미 그대로 페이지를 찾을 수 없다는 에러이며, 뒤의 (404)는 **요청한 URL에 대한 페이지를 찾을 수 없다**
는 HTTP 표준 응답코드이다. 이 에러는 주소표시줄에 입력한 URL을 해석할 URLconf(urls.py)에서 매칭
되는 패턴을 찾지 못했을 때 발생한다.

에러명(Page not found) 아래를 보면 URLconf(config/urls.py)에서 매칭되는 URL 패턴을 찾지 못했다
는 문구가 있으며, 현재 어떤 URL들이 정의되어 있는지 알려준다. 현재는 다음 3가지가 정의되어 있다.

1. "admin/" 으로 시작하는 URL → 관리자 페이지
2. 공백 문자열 → index View
3. "media/"로 시작하는 URL → 사용자가 업로드한 정적파일

새로 추가한 users/urls.py에 정의한 URL은 여기에 나타나지 않는다.

■ 새 urls.py를 Root URLconf에 등록하기

users 앱에 새로운 urls.py를 만들었다면 Django의 기본 URLconf(config/urls.py)가 새로 만든 URLconf
(users/urls.py)를 사용하도록 설정을 추가해야 한다.

config/urls.py

```
...
from django.contrib import admin
from django.urls import path, include   # include를 새로 import

urlpatterns = [
    path("admin/", admin.site.urls),
    path("users/", include("users.urls")),   # users/urls.py를 추가
    path("", index),
]
urlpatterns += static(
    ...
```

users의 urls.py 내용도 다시 살펴보자.

users/urls.py

```
...
urlpatterns = [
    path("login/", login_view),
]
```

CHAPTER 16 인증 시스템 199

Root URLconf인 config/urls.py에서 include 함수를 사용해 users의 urls.py 내용을 가져온다. include 함수의 인수로 전달된 'users.urls' 문자열은 users/urls.py 모듈을 가리킨다.

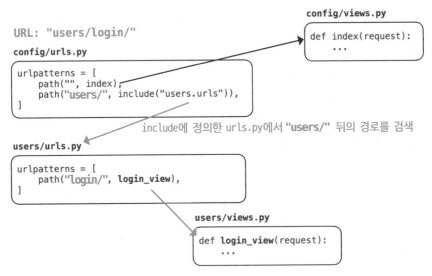

"users/login/" 경로가 config/urls.py → users/urls.py → login_view 함수를 가리키는 순서

config/urls.py에서 사용된 include 함수는 **users/**로 시작하는 URL을 users/urls.py에서 처리하게 하며, users/login/ URL은 다음 과정을 거쳐 View에 전달된다.

1. **config/urls.py**
   /users/로 시작하는 URL을 users/urls.py로 전달 (**users/** 부분은 제외함)
2. **users/urls.py**
   나머지 **login/** 부분을 login_view로 전달
3. **users/views.py** → login_view
   urls에서 전달해준 요청을 처리

users.urls를 include 하고 localhost:8000/users/login/에 접속해보자.

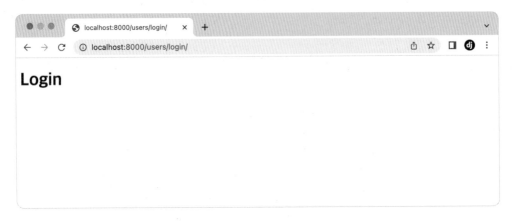

16.2.2 피드(Feeds) 페이지

로그인 페이지와 비슷하다. 글 목록을 보여줄 **posts** 앱을 새로 생성하자. 로그인 페이지 추가와 유사한 내용이므로 설명 없이 코드만 추가한다.

- View: feeds
- URL: /posts/feeds/
- Template: templates/posts/feeds.html

새 app 생성 및 등록

Terminal

```
> python manage.py startapp posts
```

config/settings.py

```python
INSTALLED_APPS = [
    ...
    "posts",
    "users",
]
```

View, URLconf, Template 연결

- View

posts/views.py

```python
from django.shortcuts import render

def feeds(request):
    return render(request, "posts/feeds.html")
```

- URLconf

posts/urls.py (새로 생성)

```python
from django.urls import path
from posts.views import feeds

urlpatterns = [
    path("feeds/", feeds),
]
```

- **Template**

templates/posts/feeds.html (templates 내에 posts 디렉터리 생성 후 HTML 파일 추가)

```html
<!doctype html>
<html lang="ko">
<body>
    <h1>Feeds</h1>
</body>
</html>
```

- **Root URLconf**

config/urls.py (includes로 새 urls.py 연결)

```python
urlpatterns = [
    path("admin/", admin.site.urls),
    path("posts/", include("posts.urls")),
    path("users/", include("users.urls")),
]
```

localhost:8000/posts/feeds/에서 결과를 확인한다.

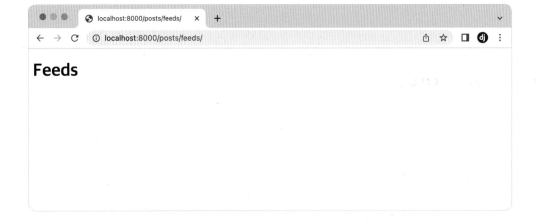

16.3 로그인 여부에 따른 접속 제한

16.3.1 관리자 페이지(admin)를 사용한 로그인/로그아웃

지금은 언제든 로그인 페이지나 피드 페이지에 접속할 수 있다. 로그인 여부에 따라 동작을 구분하려면 요청을 보낸 사용자의 정보가 필요하다.

View 함수에 전달된 요청(request)에서 사용자 정보는 request.user 속성으로 가져올 수 있으며, 가져온 request.user가 **로그인된 사용자인지** 여부는 **is_authenticated** 속성으로 확인할 수 있다.

posts/views.py (사용자 정보와 로그인 여부 출력하기)

```python
from django.shortcuts import render

def feeds(request):
    # 요청(request)으로부터 사용자 정보를 가져온다.
    user = request.user

    # 가져온 사용자가 '로그인 했는지' 여부를 가져온다.
    is_authenticated = user.is_authenticated

    print("user:", user)
    print("is_authenticated:", is_authenticated)
    return render(request, "posts/feeds.html")
```

주소표시줄에서 **localhost:8000/posts/feeds/**에 접속하고 runserver 콘솔의 로그를 확인해보자. 아래 둘 중 하나가 출력될 것이다.

■ 로그인되어 있는 경우

사용자명(username)이 출력되며, 인증 여부는 True로 표시된다.

```
user: pystagram
is_authenticated: True
[{timestamp}] "GET /posts/feeds/ HTTP/1.1" 200 64
```

■ **로그인되어 있지 않은 경우**

사용자는 AnonymousUser(익명 사용자)로 출력되며, 인증 여부는 False로 표시된다.

```
user: AnonymousUser
is_authenticated: False
[{timestamp}] "GET /posts/feeds/ HTTP/1.1" 200 64
```

로그인 기능을 만든 적이 없으므로 당연히 로그인되어 있지 않은 경우의 로그가 나타나야 하지 않나 싶지만, 로그인되어 있는 경우의 로그가 나타날 수도 있다. 피드 페이지에 접속하기 전에 Django의 관리자 페이지에 로그인했다면 사이트에 로그인한 것과 동일하게 취급하기 때문이다.

어느 쪽 로그가 출력되었든 관리자 페이지(localhost:8000/admin/)로 접속해보자. 로그인되어 있었다면 바로 관리자 페이지 메인화면이 나올 것이다. 로그인되어 있지 않았다면 관리자 페이지에 로그인을 하도록 한다.

관리자 페이지에 로그인하고, 브라우저의 새 탭을 열어 피드 페이지로 접속하면 로그인된 경우의 로그가 나타날 것이다.

다시 관리자 페이지로 이동해서 우측 위의 **로그아웃** 링크를 눌러 로그아웃 처리한 후 피드 페이지로 접속하면 이번에는 로그인되어 있지 않은 경우의 로그가 나타날 것이다.

로그인한 경우에는 User의 username이 출력되나, 로그인하지 않은 경우에는 AnonymousUser가 출력된다. AnonymousUser는 로그인하지 않은 경우 request.user에 할당되는 값이다.

사용자 모델(User)과 AnonymousUser는 is_authenticated(인증 여부, 로그인 여부와 같음) 값을 갖고 있다. 사용자 모델(settings의 AUTH_USER_MODEL로 지정한 모델)은 is_authenticated에 True 값을 가지며, AnonymousUser는 False를 가지므로 request.user.is_authenticated 값으로 요청(request)을 보낸 브라우저에 특정 사용자가 로그인되어 있는지 여부를 파악할 수 있다.

> 💡 **Tips** _ **AnonymousUser**
>
> AnonymousUser(익명 사용자)는 View 함수의 request 매개변수의 user 속성에 접근 시 로그인(인증)되어 있지 않다면 돌려주는 User와 유사한 객체로, 아래와 같은 특징을 가진다.
>
> - id 속성은 언제나 None(없음)
> - username은 언제나 빈 문자열
> - is_authenticated 속성은 언제나 False
> - is_staff, is_superuser, is_active 속성은 언제나 False

16.3.2 로그인 여부에 따라 페이지 이동시키기

사용자의 요청은 View 함수로 전달되므로 View 함수에서 사용자가 로그인했는지 여부에 따라 Template의 내용을 보여줄지, 아니면 redirect 함수를 사용해 다른 URL로 이동시킬지 정하면 된다.

피드 페이지로 접근하는 사용자가 로그인되어 있지 않은 경우 /users/login/으로 이동시키도록 하자.

posts/views.py

```python
from django.shortcuts import render, redirect


def feeds(request):
    # 요청에 포함된 사용자가 로그인하지 않은 경우 (AnonymousUser인 경우)
    if not request.user.is_authenticated:
        # /users/login/ URL로 이동시킴
        return redirect("/users/login/")
    return render(request, "posts/feeds.html")
```

아직 로그인/로그아웃 기능이 없으므로 관리자 페이지에서 로그아웃한 후 피드 페이지(posts/feeds)에 접근하면 로그인 페이지로 이동하는지 확인해보자.

반대로 로그인 페이지에 접근할 때 사용자가 이미 로그인되어 있다면 피드 페이지로 이동시켜보자.

users/views.py

```python
from django.shortcuts import render, redirect


def login_view(request):
    # 이미 로그인되어 있다면
    if request.user.is_authenticated:
        return redirect("/posts/feeds/")
    return render(request, "users/login.html")
```

역시 관리자 페이지에서 로그인 후, 로그인 페이지(users/login/)에 접근하면 피드 페이지로 이동하는 것을 확인하자.

16.3.3 루트 경로에서 로그인 여부에 따라 페이지 이동

localhost:8000에 다른 경로를 추가하지 않은 루트 경로(/ , root URL)에 접근 시 로그인 여부에 따라 다른 페이지로 이동하게 해보자. 지금은 로그인하지 않은 채로 피드 페이지에 접속하면 로그인 페이지로 이동하며, 로그인한 채로 로그인 페이지에 접속하면 피드 페이지로 이동한다. 루트 경로에서는 로그인되어 있다면 피드 페이지로, 로그인되어 있지 않다면 로그인 페이지로 이동하게 해보자.

```python
from django.shortcuts import import redirect

def index(request):
    # 로그인되어 있는 경우, 피드 페이지로 redirect
    if request.user.is_authenticated:
        return redirect("/posts/feeds/")
    # 로그인되어 있지 않은 경우, 로그인 페이지로 redirect
    else:
        return redirect("/users/login/")

    return render(request, "index.html")   # 삭제
```

이제 localhost:8000으로 접근하면 자동으로 피드 페이지 또는 로그인 페이지로 이동한다. 메인 페이지를 나타내던 templates/index.html 파일은 이제 사용하지 않으므로 삭제해준다.

16.4   로그인 기능

로그인 여부에 따른 View의 접근 제한 기능을 만들었다. 테스트를 위해 관리자 기능에 탑재되어 있는 로그인/로그아웃을 사용하는 대신 사이트에 직접 로그인/로그아웃 기능을 구현해보자.

기존에 사용자 입력을 받을 때는 Template에 직접 input 태그를 만들고 이름을 붙였다. 이번에는 사용자 입력을 제어하는 form 요소를 쉽게 다룰 수 있도록 Django가 지원하는 Form 클래스를 써본다.

16.4.1   Form 클래스를 사용한 로그인 페이지 구성

Form 클래스 정의, 유효성 검증

Model 클래스가 데이터베이스 테이블과의 연결을 정의하는 것과 유사하게, Form 클래스는 HTML의 〈form〉 태그 내에 들어가는 요소들을 정의한다.

로그인 페이지에는 username과 password, 2개의 input이 필요하다. 이 input들을 포함하는 Form 클래스는 아래와 같이 나타낼 수 있다. users 디렉터리에 forms.py 파일을 생성하고 작성하자.

```
from django import forms

class LoginForm(forms.Form):
    username = forms.CharField(min_length=3)
    password = forms.CharField(min_length=4)
```

Model 클래스와 유사한 형태이다. forms.CharField로 선언한 username과 password는 텍스트 입력을 받을 수 있다는 의미이다. username은 최소 3글자 이상, password는 최소 4글자 이상 사용하도록 필드 속성에 min_length 인수를 추가했다.

이 Form 클래스로 무엇을 할 수 있는지 터미널에서 인터프리터를 실행하고 아래 내용을 실습해보자.

```
〉 python manage.py shell
>>> from users.forms import LoginForm

# LoginForm에 사용할 dict 데이터 구조를 만든다
>>> login_data = {"username": "u", "password": "p"}

# LoginForm 인스턴스의 생성에 위에서 만든 login_data를 입력한다
>>> form = LoginForm(data=login_data)

# LoginForm에 입력한 데이터의 유효성을 확인한다 (유효하지 않음을 알 수 있다)
>>> form.is_valid()
False

# 유효하지 않다면, 어떤 오류들이 있는지 errors 속성에 접근해서 확인한다
>>> form.errors
{
  'username': ['이 값이 최소 3개의 글자인지 확인하세요(입력값 1자).'],
  'password': ['이 값이 최소 4개의 글자인지 확인하세요(입력값 1자).']
}

# 유효한 데이터로 다시 LoginForm 인스턴스를 생성하고 유효성 여부를 확인해본다
>>> login_data2 = {"username": "Sample username", "password": "Sample password"}
>>> form2 = LoginForm(data=login_data2)
>>> form2.is_valid()
True

# 오류 목록이 없음을 확인한다
>>> form2.errors
{}
```

LoginForm 인스턴스 생성에 dict를 전달하면 Form 클래스는 정의된 필드들에 올바른 값이 들어왔는지, 제약 조건을 지킨 데이터가 들어왔는지를 검사한다. is_valid 메서드를 호출할 때 이 검사가 실행되며, 검사 결과가 올바른지를 True/False로 리턴한다.

전달된 데이터를 검증하는 것 외에도, Form 클래스는 Template에서 input 요소를 생성하는 기능도 수행한다. Template에서 LoginForm을 사용해보자.

Template에서 Form 클래스 사용

View 함수에서 LoginForm을 생성하고 Template에 전달한다.

users/views.py

```python
from django.shortcuts import render, redirect
from users.forms import LoginForm


def login_view(request):
    if request.user.is_authenticated:
        return redirect("/posts/feeds/")

    # LoginForm 인스턴스를 생성
    form = LoginForm()
    # 생성한 LoginForm 인스턴스를 템플릿에 "form"이라는 키로 전달한다
    context = {
        "form": form,
    }
    return render(request, "users/login.html", context)
```

Template에서는 'form' 키로 받은 데이터를 나타내본다.

templates/users/login.html

```html
...
<body>
    <h1>Login</h1>
    {{ form.as_p }}
</body>
...
```

로그인 페이지로 접속해보자. 이미 로그인되어 있어 피드 페이지로 이동한다면, 관리자 페이지에서 로그아웃하고 다시 시도한다.

{{ form.as_p }}을 입력했을 뿐인데 username과 password를 입력할 수 있는 input 요소가 자동 생성된다. 렌더링된 HTML을 확인해보자.

{{ form.as_p }}가 렌더링된 HTML

```
<!doctype html>
<html lang="ko">
<body>
  <h1>Login</h1>
  <p>
    <label for="id_username">Username:</label>
    <input type="text" name="username" minlength="3" required id="id_username">
  </p>
  <p>
    <label for="id_password">Password:</label>
    <input type="text" name="password" minlength="4" required id="id_password">
  </p>
</body>
</html>
```

p 요소 내부에 label과 input이 자동 생성되었다. Form 클래스를 사용하면 클래스 속성으로 정의된 username과 password에 해당하는 input과 label을 만들 수 있다. input 요소들의 name 속성은 Form 클래스에 정의한 필드명들이며, min_length 속성은 input의 속성에 HTML에서 일치하는 의미를 가지는 속성명으로 반영된다. (Form 클래스의 min_length 속성은 HTML에서는 minlength 속성으로 적용된다.)

> 💡 **Tips _ Form.as_p**
> Form 클래스의 as_p 메서드는 각각의 필드들을 ⟨p⟩ 요소 내부에 생성한다. as_p 외에도 table 요소 내부에 사용할 수 있는 as_table과 리스트 내부 요소로 사용할 수 있는 as_ul이 있다.

실제로 데이터를 전송하려면 input들은 form 요소 내부에 있어야 하며, form 내용을 전송할 버튼도 있어야 한다. input 요소들을 form 태그 내에 위치시키고 버튼도 추가한다.

templates/users/login.html

```
...
<body>
    <h1>Login</h1>
    <form method="POST">
        {% csrf_token %}
        {{ form.as_p }}
        <button type="submit">로그인</button>
    </form>
</body>
...
```

로그인은 아이디(username)와 패스워드를 서버에 데이터를 전송하는 작업이므로 보내는 데이터가 외부에 노출되어서는 안 된다. 이 경우에는 반드시 POST 메서드를 사용해야 하므로 form의 method 속성을 POST로 지정하고 **{% csrf_token %}**을 추가했다.

아직은 POST 방식 요청에 대한 처리 로직이 없으므로 내용을 넣고 **로그인** 버튼을 누르면 특별한 처리 없이 화면이 새로고침 될 것이다. 이제 View에서 받은 데이터를 처리해보자.

16.4.2 View에 전달된 데이터를 Form으로 처리하기

POST 방식으로 전달된 데이터는 request.POST에서 다룰 수 있다. request.POST는 dict와 유사한 역할을 하는 QueryDict 타입의 객체이며, Form 인스턴스를 만들 때 data 인수로 전달할 수 있다.

 Tips _ QueryDict

QueryDict는 동일한 key에 대한 여러 값을 처리할 수 있도록 커스터마이징 된 dict와 유사한(dict-like) 객체이다. HTML form으로 전달되는 데이터는 동일한 key에 여러 값이 있을 수 있으며, QueryDict는 아래와 같이 해당 데이터를 처리한다.

[예제] 같은 name 값을 가진 input들

```
<form>
    # name이 "food"인 input이 3개
    <input name="food" value="햄버거">
    <input name="food" value="제육볶음">
    <input name="food" value="돈까스">
    # name이 "drink"인 input이 3개
    <input name="drink" value="제로콜라">
</form>
```

위와 같이 같은 이름(name)을 가진 input 요소가 여러 개일 때, URL을 사용해 GET 방식으로 데이터를 전달받는다면 URL은 다음와 같이 나타난다.

[예제] 위 input들을 가진 form을 사용, URL에 데이터를 표시하는 방법

```
# URL의 name 속성에 여러 값이 전달되는 경우
http://django.ac/?food=햄버거&food=제육볶음&food=돈까스&drink=제로콜라
```

QueryDict에 이 URL의 데이터 부분을 입력하면, 아래와 같이 {key: value}에서 value 부분을 List로 처리해 하나의 key에 여러 값을 가질 수 있도록 데이터를 해석한다. 인터프리터에서 실습해보자.

Terminal

```
> python manage.py shell
>>> from django.http import QueryDict

# URL로 전달된 데이터로부터 QueryDict 객체 생성
>>> qd = QueryDict('food=햄버거&food=제육볶음&food=돈까스&drink=제로콜라')
>>> qd
<QueryDict: {'food': ['햄버거', '제육볶음', '돈까스'], 'drink': ['제로콜라']}>

# QueryDict에서 키에 해당하는 여러 개의 값을 가져올 때는 getlist 메서드 사용
>>> qd.getlist('food')
['햄버거', '제육볶음', '돈까스']

# 키가 하나의 값만 가지더라도, getlist의 결과는 리스트로 반환
>>> qd.getlist('drink')
['제로콜라']
```

Form 인스턴스 생성에 POST 메서드로 전달한 데이터인 request.POST QueryDict를 전달해보자.

users/views.py

```python
def login_view(request):
    if request.user.is_authenticated:
        return redirect("/posts/feeds/")

    if request.method == "POST":
        # LoginForm 인스턴스를 만들며, 입력 데이터는 request.POST를 사용
        form = LoginForm(data=request.POST)

        # LoginForm에 들어온 데이터가 적절한지 유효성 검사
        print("form.is_valid():", form.is_valid())

        # 유효성 검사 이후에는 cleaned_data에서 데이터를 가져와 사용
        print("form.cleaned_data:", form.cleaned_data)
        context = {"form": form}
        return render(request, "users/login.html", context)
    else:
        # else 구문 아래 코드의 들여쓰기에 유의
        form = LoginForm()
        context = {"form": form}
        return render(request, "users/login.html", context)
```

> 이 코드는 기존 코드와 대비해 들여쓰기가 다른 부분이 있다. 이 점에 유의하자.

GET 요청 시 진행되는 else 구문 아래를 보면 Form 인스턴스를 생성할 때 data를 전달해주지 않으나, POST 요청 시에는 전달된 데이터를 data 인수로 전달해서 Form 인스턴스를 생성한다.

Form은 Template에 input 요소들을 생성할 때와 자신에게 전달된 데이터를 검증할 때 쓰인다. 일반적으로 data가 없이 생성된 Form은 Template에 form 정보를 전달하기 위해 사용되며, data 인수를 채운 채로 생성된 Form은 해당 data의 유효성을 검증하기 위해 사용된다.

로그인 페이지에서 username과 password에 적당히 값을 입력하고 **로그인** 버튼을 누른 뒤 개발서버의 로그를 확인해보자.

개발서버 로그

```
form.is_valid(): True
form.cleaned_data: {'username': 'SampleUsername', 'password': 'SamplePassword'}
{Timestamp} "POST /users/login/ HTTP/1.1" 200 641
```

is_valid()를 실행하면 cleaned_data에 입력한 값들이 들어와 있는 것을 확인할 수 있다.

📄 **Note _ Form.is_vaild**

is_valid 메서드를 실행하기 전에는 form의 cleaned_data에 접근할 수 없다. Form 클래스를 사용해 데이터를 받았다면, 반드시 is_valid를 호출해야만 한다.

16.4.3 View에서 로그인 처리

Form을 사용해 username과 password를 전달받았다. 이 둘을 사용해 사용자를 로그인시켜보자.

users/views.py

```python
from django.contrib.auth import authenticate, login
from django.shortcuts import render, redirect
from users.forms import LoginForm

def login_view(request):
    if request.user.is_authenticated:
        return redirect("/posts/feeds/")

    if request.method == "POST":
        form = LoginForm(data=request.POST)
        # LoginForm에 전달된 데이터가 유효하다면
        if form.is_valid():
            # username과 password 값을 가져와 변수에 할당
            username = form.cleaned_data["username"]
            password = form.cleaned_data["password"]

            # username, password에 해당하는 사용자가 있는지 검사
            user = authenticate(username=username, password=password)

            # 해당 사용자가 존재한다면
            if user:
                # 로그인 처리 후, 피드 페이지로 redirect
                login(request, user)
                return redirect("/posts/feeds/")
            # 사용자가 없다면 "실패했습니다" 로그 출력
            else:
                print("로그인에 실패했습니다")

        # 어떤 경우든 실패한 경우(데이터 검증, 사용자 검사) 다시 LoginForm을 사용한 로그인 페이지 렌더링
        context = {"form": form}
        return render(request, "users/login.html", context)
    else:
        form = LoginForm()
        context = {"form": form}
        return render(request, "users/login.html", context)
```

Django가 제공하는 authenticate와 login 함수를 추가로 사용해야 한다.

관리자 계정을 생성할 때 사용했던 username과 password를 사용해서 로그인을 시도해보자. 맞는 값을 입력하면 로그인에 성공하며 피드 페이지로 이동하고, 실패한다면 이전 내용을 가진 채로 로그인 페이지를 다시 로드할 것이다.

authenticate

authenticate 함수는 주어진 값에 해당하는 사용자가 있는지를 판단한다. username과 password에 해당하는 사용자가 있다면 함수의 실행 결과로 User 인스턴스가 반환되며, 없다면 반환되지 않는다.

인터프리터에서 사용법에 대해 실습해보자.

Terminal

```
> python manage.py shell
>>> from django.contrib.auth import authenticate

# authenticate()에 아무 값이나 넣으면 결과가 반환되지 않아 None이 할당된다
>>> user = authenticate(username='a', password='a')
>>> print(user)
None

# createsuperuser로 생성한 관리자 계정의 username/password를 사용한다
>>> user = authenticate(username='pystagram', password='생성 시 입력한 비밀번호')
>>> print(user)
pystagram
```

authenticate 함수의 실행 결과가 User 객체라면 입력한 값(credentials; 자격증명)에 해당하는 사용자가 리턴된다.

login

login 함수는 브라우저에 해당 사용자를 유지시켜주는 기능이다. authenticate가 단순히 입력한 username/password에 해당하는 사용자가 있는지 검사하고 User 객체를 돌려준다면, login 함수는 우리가 **웹 사이트에 로그인**했다면 기대하는 **로그인 상태로 변환 및 유지** 기능을 담당한다. login 함수 호출에는 현재 요청(request) 객체와 사용자(User) 객체가 필요하다.

16.5 로그아웃 구현 및 로그인 개선

로그아웃 기능을 만들어보자. 로그아웃은 로그인과 달리 입력값을 받지 않으므로 Template 없이 View 로만 구현할 수 있다.

16.5.1 로그아웃 기능

로그아웃 기본 구조 구현

- **View**: logout_view
- **URL**: /users/logout/
- **Template**: 없음

View

users/**views.py** (login_view 아래쪽에 작성)

```python
from django.contrib.auth import authenticate, login, logout

def login_view(request):
    ...

def logout_view(request):
    # logout 함수 호출에 request를 전달한다
    logout(request)

    # logout 처리 후, 로그인 페이지로 이동한다
    return redirect("/users/login/")
```

URLconf

users/urls.py

```python
from users.views import login_view, logout_view

urlpatterns = [
    path("login/", login_view),
    path("logout/", logout_view),
]
```

> 💡 **Tips** _ logout 요청 메서드
>
> Django의 기본 규칙에서 로그아웃은 GET, POST 요청에 관계없이 동작한다. GET 방식으로 구현하는 것이 더 간단하나, POST 요청에서만 동작하게 하고 싶다면 request.method에 따라 동작을 다르게 변형해 사용한다.

피드 페이지에 로그아웃 링크 구현

```html
<!doctype html>
<html lang="ko">
<body>
    <h1>Feeds</h1>
    <a href="/users/logout/">로그아웃</a>
</body>
</html>
```

로그인 후 이동하는 피드 페이지에 로그아웃 링크를 추가했다. 클릭하면 로그아웃 처리되며 이후 로그인 페이지로 이동한다.

16.5.2 로그인 개선

피드 페이지에 로그인 상태 표시

로그아웃 버튼과 함께 현재 로그인한 유저의 정보를 표시하면 좋을 것이다. Template에는 **user** 값이 자동으로 전달되므로 이 값을 사용해보자.

```html
<!doctype html>
<html lang="ko">
<body>
    <h1>Feeds</h1>
    <div>{{ user.username }} (ID: {{ user.id }})</div>
    <a href="/users/logout/">로그아웃</a>
</body>
</html>
```

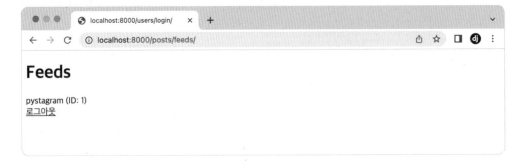

사용자가 로그인되어 있다면, 로그아웃 링크와 함께 로그인된 사용자의 정보가 나타난다.

로그인 실패 시 정보 표시

로그인에 성공했을 때의 로직은 모두 구현되었다. 하지만 입력한 자격증명(credentials, 지금은 authenticate에 사용할 username과 password를 말함)이 올바르지 않은 경우 어떤 오류가 발생했는지 알 수 없다. 이 내용을 Form 클래스를 사용해 적절히 사용자에게 보여주자.

users/views.py

```python
def login_view(request):
    ...
    if request.method == "POST":
        form = LoginForm(data=request.POST)
        if form.is_valid():
            ...
            if user:
                ...
            # 사용자가 없다면 form에 에러 추가
            else:
                print("로그인에 실패했습니다")  # 이 라인은 삭제
                form.add_error(None, "입력한 자격증명에 해당하는 사용자가 없습니다")
```

사용자가 없을 때 print로 디버그하는 것이 아니라 form에 add_error 메서드를 사용해 에러를 추가했다. add_error의 앞에는 어떤 필드에서 에러가 났는지 필드명을 입력하나, 특정 필드에 국한된 문제가 아니라면 None으로 지정한다.

올바르지 않은 username/password를 입력하면 에러를 볼 수 있다.

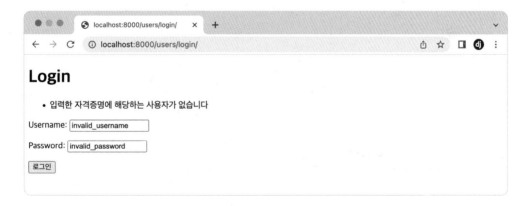

로그인 페이지 CSS 스타일링, Form 기능 추가

File _ pystagram에서 사용할 CSS 파일

https://f.django.ac/pystagram/style.css
→ **프로젝트경로/static/css** 디렉터리를 생성 후 다운로드

CSS를 적용하기 위해 HTML 구조를 변경하고 적절한 class 속성을 추가해준다.

templates/users/login.html

```
{% load static %}
<!doctype html>
<html lang="ko">
<head>
    <link rel="stylesheet" href="{% static 'css/style.css' %}">
</head>
<body>
    <div id="login">
        <form method="POST">
            <h1>Pystagram</h1>
            {% csrf_token %}
            {{ form.as_p }}
            <button type="submit" class="btn btn-login">로그인</button>
        </form>
    </div>
</body>
</html>
```

로그인 창에서 비밀번호는 입력하는 동안에도 ******과 같이 값을 숨겨야 한다. 이를 위해 Form 클래스의 필드 선언에서 PasswordInput으로 widget 속성을 추가한다.

또한, 입력하지 않은 input에 어떤 값을 넣어야 하는지 힌트 메시지를 넣는다면 좋을 것이다. 이 메시지는 input의 placeholder 속성으로 추가한다.

users/forms.py

```python
from django import forms

class LoginForm(forms.Form):
    username = forms.CharField(
        min_length=3,
        widget=forms.TextInput(
            attrs={"placeholder": "사용자명 (3자리 이상)"},
        ),
    )
    password = forms.CharField(
        min_length=4,
        widget=forms.PasswordInput(
            attrs={"placeholder": "비밀번호 (4자리 이상)"},
        ),
    )
```

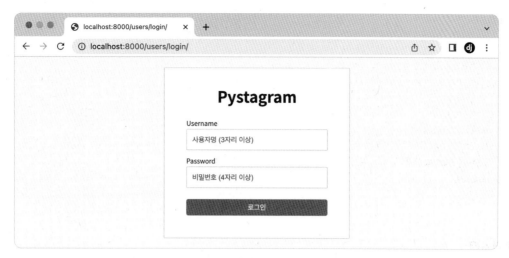

스타일 적용 결과

16.6 회원가입

회원가입은 Post 객체를 만드는 글쓰기와 유사하게 입력받은 정보로 User 객체를 만드는 작업이다. 다만, User 객체는 다른 일반적인 Model 클래스와는 다른 특징들을 가지고 있어 몇 가지 더 고려할 사항들이 있다.

16.6.1 기본 구조 생성

- **View**: signup
- **URL**: /users/signup/
- **Template**: templates/users/signup.html

새 기능을 추가할 땐 가장 기본적인 연결을 먼저 구성하자. 연결을 테스트하지 않고 로직을 작성했을 때 문제가 생긴다면, 입문 단계에서는 어느 지점에서 오류가 발생했는지 찾아내기 어렵다.

View

users/views.py (맨 아래에 작성)

```
...

def signup(request):
    return render(request, "users/signup.html")
```

URLconf

```python
from django.urls import path
from users.views import login_view, logout_view, signup

urlpatterns = [
    path("login/", login_view),
    path("logout/", logout_view),
    path("signup/", signup),
]
```

Template

```html
<!doctype html>
<html lang="ko">
<body>
    <h1>Sign up</h1>
</body>
</html>
```

작성 후엔 **localhost:8000/users/signup/**에 접속해 연결을 확인하자.

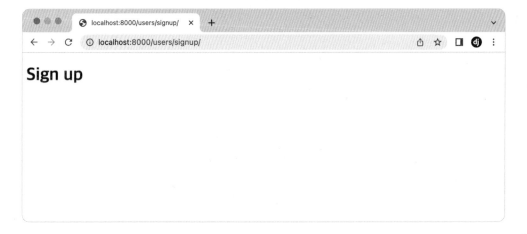

16.6.2 SignupForm을 사용한 Template 구성

SignupForm 클래스 정의

회원가입 정보를 받기 위한 SignupForm 클래스를 만들자.

```python
class SignupForm(forms.Form):
    username = forms.CharField()
    password1 = forms.CharField(widget=forms.PasswordInput)
    password2 = forms.CharField(widget=forms.PasswordInput)
    profile_image = forms.ImageField()
    short_description = forms.CharField()
```

LoginForm과 비슷하나, username과 password를 포함한 User 모델의 모든 정보를 받는다.

비밀번호는 **widget=forms.PasswordInput**을 사용해 ****과 같이 사용자도 입력한 값을 직접 볼 수 없도록 한다. 가입 시 비밀번호를 잘못 입력하는 것을 막기 위해 비밀번호는 비밀번호/비밀번호 확인용으로 password1, password2로 두 필드를 선언한다.

View에서 Template에 SignupForm 전달

로그인 기능을 만들 때와 유사하다.

```python
from users.forms import LoginForm, SignupForm
...
def signup(request):
    # SignupForm 인스턴스를 생성, Template에 전달한다
    form = SignupForm()
    context = {"form": form}
    return render(request, "users/signup.html", context)
```

Template의 form은 파일(profile_image) 전송을 포함하고 있으므로, form의 enctype 속성을 반드시 multipart/form-data로 정의해야 한다.

```html
<!doctype html>
<html lang="ko">
<body>
    <h1>Sign up</h1>
    <form method="POST" enctype="multipart/form-data">
        {% csrf_token %}
        {{ form.as_p }}
        <button type="submit">회원가입</button>
    </form>
</body>
</html>
```

16.6.3 View에 회원가입 로직 구현

create_user 메서드

회원가입(User 생성) 로직은 일반적인 Model의 생성과는 조금 다르다. 인터프리터에서 실습해보자.

Terminal

```
〉 python manage.py shell
>>> from users.models import User

# ModelClass.objects.create() 메서드를 사용해 User 객체를 생성한다
>>> user = User.objects.create(username="sample", password="sample")

# 생성한 User 객체의 값을 확인해본다
>>> print(user.id, user.username, user.password)
5 sample sample
```

여기서 5는 User 모델의 id 값으로, 경우에 따라 필자와 다른 값이 나올 수 있다.

앞선 블로그 프로젝트에서 Post 모델을 생성할 때처럼 User.objects.create() 메서드를 사용해서 사용자 객체를 만들었다. print를 사용해 id, username, password를 출력해 값이 저장된 것을 확인한다.

authenticate 함수 호출에 사용자 생성 시 입력했던 username, password를 사용하면 생성된 User가 반환되어야 한다.

Terminal

```
>>> from django.contrib.auth import authenticate

# authenticate 함수에 방금 User를 생성하며 사용한 username과 password로 사용자를 가져온다
>>> result = authenticate(username="sample", password="sample")

# User 객체가 반환되지 않아 None이 할당된다
>>> print(result)
None
```

방금 User를 생성하며 입력한 username과 password를 사용했는데, authenticate시 User를 가져오지 못한다.

Django는 User의 비밀번호를 변형해서 저장한다. 사용자가 입력한 비밀번호를 암호화하지 않고 DB에 저장하는 것은 보안상 매우 좋지 않은 설계이다. (그리고 대한민국에서는 개인정보 보호법 위반사항이다.)

Django의 User 모델에는 비밀번호를 변형해서 저장하는 기능이 내장되어 있다. create() 메서드 대신, create_user() 메서드를 사용해보자.

```
>>> user2 = User.objects.create_user(username="sample2", password="sample2",
short_description="sample2")
>>> print(user2.id, user2.short_description, user2.password)
6 sample2 pbkdf2_sha256$260000$JoVKoXfQ...
```

print로 출력해보면 user2.password 속성에 입력한 **sample2** 대신 다른 문자열이 들어 있다. create_user() 메서드를 사용해 비밀번호를 지정하면, Django는 해당 비밀번호를 변형해서 DB에 저장한다. authenticate 함수 호출 시 입력한 **sample2** 문자열은 변형 과정을 거친 후 DB의 내용과 비교한다.

> 💡 **Tips** _ 변형된 비밀번호
> 입력한 비밀번호가 변형되는 해시화(Hashing)라 부른다. 해시 알고리즘(해시 함수)은 임의의 길이 데이터를 고정 길이의 데이터로 변형하는 함수로, 해시함수로 만든 값은 만들어지기 전의 원본 값으로 복원할 수 없다.

SignupForm의 데이터 가져오기

요청 유형이 POST일 때의 회원가입 form의 내용을 가져와보자.

users/views.py

```
def signup(request):
    if request.method == "POST":
        print(request.POST)
        print(request.FILES)
    form = SignupForm()
    context = {"form": form}
    return render(request, "users/signup.html", context)
```

일단 POST 요청 시 입력한 데이터가 View로 전달되는지 확인해야 한다. 파일도 포함하고 있으니 request.FILES도 출력한다. 회원가입 페이지에서 모든 데이터(프로필 이미지 파일 포함)를 입력 후, **회원가입** 버튼을 누르고 runserver 로그를 확인해보자.

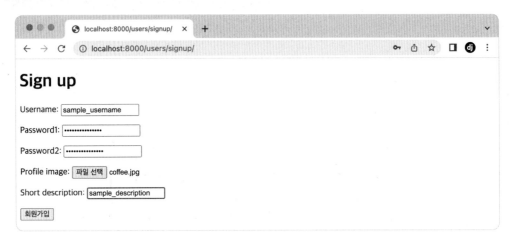

runserver 로그

```
# "회원가입" 버튼을 눌렀을 때 runserver의 출력결과
# 가독성을 위해 줄바꿈 처리를 하였다
<QueryDict: {
    'csrfmiddlewaretoken': ['V0Qh0Lm'],
    'username': ['sample_username'],
    'password1': ['1234'], 'password2': ['1234'],
    'short_description': ['sample_description']}>
<MultiValueDict: {
    'profile_image': [<InMemoryUploadedFile: coffee.jpg (image/jpeg)>]}>
[{timestamp}] "POST /users/signup/ HTTP/1.1" 200 1089
```

문자열 데이터와 파일 데이터가 별개로 전달된다. Form이 CharField와 같은 문자열 데이터와 ImageField와 같은 파일 데이터를 모두 갖고 있다면, Form의 생성 시 data와 files를 모두 전달해야 한다.

```
def signup(request):
    if request.method == "POST":
        form = SignupForm(data=request.POST, files=request.FILES)
        if form.is_valid():
            username = form.cleaned_data["username"]
            password1 = form.cleaned_data["password1"]
            password2 = form.cleaned_data["password2"]
            profile_image = form.cleaned_data["profile_image"]
            short_description = form.cleaned_data["short_description"]
            print(username)
            print(password1, password2)
            print(profile_image)
            print(short_description)
        context = {"form": form}
        return render(request, "users/signup.html", context)

    form = SignupForm()
    context = {"form": form}
    return render(request, "users/signup.html", context)
```

SignupForm 인스턴스 생성에 data와 files를 모두 전달하고, 유효성 검증을 통과한 뒤 입력받은 값들을 변수로 할당하고 출력했다. 데이터를 입력하고 **회원가입** 버튼을 눌러 form을 제출(submit)해보자. 로그는 아래와 같이 출력되어야 한다.

```
sample_username  # username
1234 1234  # password1, password2
coffee.jpg  # profile_image
sample_description  # short_description
[{timestamp}] "POST /users/signup/ HTTP/1.1" 200 1029
```

User 생성하기

User를 생성할 때는 몇 가지 고려해야 할 사항이 있다.

1. 비밀번호와 비밀번호 확인(password1, password2)의 값이 같아야 함
2. 같은 사용자명(username)을 사용하는 User는 생성 불가 및 오류 전달

이 조건들을 유의하여 생성 로직을 작성해보자.

DB 테이블에 특정 값을 가진 row가 있는지 검사할 때는 filter 메서드로 조건을 입력하고, exists 메서드의 리턴값을 사용한다. 인터프리터에서 실습해보자.

Terminal

```
> python manage.py shell   # 인터프리터를 종료했다면 다시 실행
>>> from users.models import User

# 관리자 계정을 만들 때 입력했던 사용자명으로 필터하여 결과가 있음을 확인한다
>>> User.objects.filter(username="pystagram")
<QuerySet [<User: pystagram>]>

# 조건에 해당하는 객체가 있다면 exists() 메서드 실행 결과는 True
>>> User.objects.filter(username="pystagram").exists()
True

# 존재하지 않는 계정으로 필터하면 빈 QuerySet이 리턴된다
>>> User.objects.filter(username="no_user")
<QuerySet []>

# 마찬가지로 필터한 조건에 exists() 메서드 사용 시 False가 리턴된다
>>> User.objects.filter(username="no_user").exists()
False
```

입력받은 username를 가진 User가 이미 존재한다면 Form에 error를 전달하고, 아니면 그대로 생성하도록 하자. password1과 password2가 같은지 여부도 검사한다.

users/views.py

```python
...
from users.models import User  # User 모델 import

def signup(request):
    if request.method == "POST":
        form = SignupForm(data=request.POST, files=request.FILES)
        if form.is_valid():
            username = form.cleaned_data["username"]
            password1 = form.cleaned_data["password1"]
            password2 = form.cleaned_data["password2"]
            profile_image = form.cleaned_data["profile_image"]
            short_description = form.cleaned_data["short_description"]

            # 비밀번호와 비밀번호 확인의 값이 같은지 검사
            if password1 != password2:
                form.add_error("password2", "비밀번호와 비밀번호 확인란의 값이 다릅니다")

            # username을 사용 중인 User가 이미 있는지 검사
            if User.objects.filter(username=username).exists():
                form.add_error("username", "입력한 사용자명은 이미 사용중입니다")

            # 에러가 존재한다면, 에러를 포함한 form을 사용해 회원가입 페이지를 다시 렌더링
            if form.errors:
                context = {"form": form}
                return render(request, "users/signup.html", context)
            # 에러가 없다면, 사용자를 생성하고 로그인 처리 후 피드 페이지로 이동
            else:
                user = User.objects.create_user(
                    username=username,
                    password=password1,
                    profile_image=profile_image,
                    short_description=short_description,
                )
                login(request, user)
                return redirect("/posts/feeds/")
    # GET 요청에서는 빈 Form을 보여준다
    else:
        form = SignupForm()
        context = {"form": form}
        return render(request, "users/signup.html", context)
```

else 구문의 들여쓰기에 유의하자.

먼저 password와 username에 대한 값을 검사한 후, 오류가 존재하면 다시 화면을 보여주며(렌더링하며) 오류가 없다면 User를 생성하고 해당 User로 로그인 처리, 이후 피드 페이지로 이동시킨다.

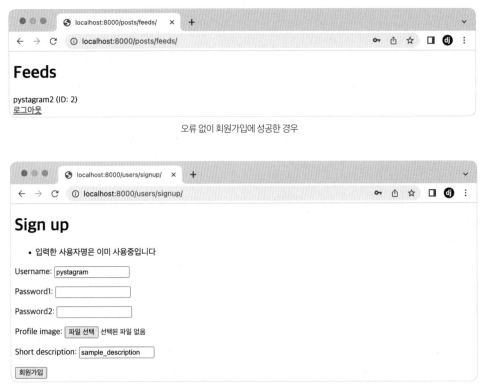

오류 없이 회원가입에 성공한 경우

username 중복 등의 오류가 발생한 경우

입력한 값이 유효한지 검사하고, 에러 메시지를 출력하고, 실제 사용자를 생성하고 로그인도 처리했다. 하지만 Form의 유효성 검사는 is_valid() 함수로 이미 거쳤는데, 추가적인 유효성 검사가 View 함수 내부의 로직에서 수행된다. 입력된 값의 유효성 검사 위치를 Form 내부로 바꾸어보자.

16.6.4   SignupForm 내부에서 데이터 유효성 검사

Form 클래스는 기본적으로 탑재된 유효성 검사 외에 추가적인 검사를 하도록 커스터마이징 할 수 있다. 회원가입 시 입력받는 데이터는 username과 password1, password2에 대한 데이터 검증이 필요하다. 이를 Form 내부에서 수행한다.

하나의 필드에 대한 유효성 검사는 **clean_{필드명}** 메서드가 담당하며, Form에 전달된 전체 data에 대한 유효성 검사는 **clean** 메서드가 담당한다.

하나의 필드인 username은 clean_username 메서드에 검증 로직을 작성하면 되나, 비밀번호는 두 개의 필드 내용을 동시에 사용해야 하므로 (password1, password2) 하나의 필드 데이터만 가지고 검증할 수 없다. 이때는 전체 데이터를 사용할 수 있는 clean 메서드를 사용한다.

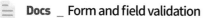 **Docs** _ Form and field validation

Form에서 각 필드 값의 유효성을 검증하는 방법과 순서를 자세히 설명한 문서
https://docs.django.ac/forms/validation

clean_username 메서드 작성

users/forms.py

```python
from django import forms
from django.core.exceptions import ValidationError
from users.models import User

class SignupForm(forms.Form):
    ...
    def clean_username(self):
        username = self.cleaned_data["username"]
        if User.objects.filter(username=username).exists():
            raise ValidationError(f"입력한 사용자명({username})은 이미 사용 중입니다")
        return username
```

clean_username은 SignupForm에 전달된 **username** 키에 해당하는 값을 검증할 때 사용된다. 검증하려는 필드 데이터에 접근할 때는 self.cleaned_data["필드명"]에서 값을 가져오며, 이 값을 사용할 수 있다면 함수에서 리턴해주고 유효하지 않다면 ValidationError를 발생(raise)시킨다. clean_username에서 ValidationError를 발생시키는 것은 Form.add_error("username", {입력한 에러메시지})를 호출하는 것과 같다.

clean 메서드로 password1, password2 검증

users/forms.py

```python
class SignupForm(forms.Form):
    def clean_username(self):
        ...

    def clean(self):
        password1 = self.cleaned_data["password1"]
        password2 = self.cleaned_data["password2"]
        if password1 != password2:
            # password2 필드에 오류를 추가
            self.add_error("password2", "비밀번호와 비밀번호 확인란의 값이 다릅니다")
```

두 개 이상의 필드값을 동시에 비교해야 할 때는 전체 데이터의 검증을 수행하는 clean 메서드 내부에 로직을 구현한다. clean_{필드명} 메서드와는 달리, clean 메서드는 마지막에 값을 리턴하지 않아도 된다.

View 함수와 SignupForm 리팩터링

검증 로직은 Form 내부로 이동시켰다. View 함수에 존재하던 검증 로직을 삭제하여 코드를 개선하자.

users/views.py

```
def signup(request):
    if request.method == "POST":
        form = SignupForm(data=request.POST, files=request.FILES)
        # Form에 에러가 없다면 곧바로 User를 생성하고 로그인 후 피드 페이지로 이동한다
        if form.is_valid():
            username = form.cleaned_data["username"]
            password1 = form.cleaned_data["password1"]
            profile_image = form.cleaned_data["profile_image"]
            short_description = form.cleaned_data["short_description"]
            user = User.objects.create_user(
                username=username,
                password=password1,
                profile_image=profile_image,
                short_description=short_description,
            )
            login(request, user)
            return redirect("/posts/feeds/")
        # Form에 에러가 있다면, 에러를 포함한 Form을 사용해 회원가입 페이지를 보여준다
        else:
            context = {"form": form}
            return render(request, "users/signup.html", context)
    else:
        form = SignupForm()
        context = {"form": form}
        return render(request, "users/signup.html", context
```

코드가 훨씬 깔끔해졌다. 모든 검증 로직이 Form 내부로 이동했고, View에서는 검증된 데이터를 사용한다. 하지만 여기서도 코드를 더 정리할 수 있다. 회원가입과 관련된 모든 데이터는 SignupForm에 존재하므로, SignupForm이 회원가입 기능까지 담당해도 괜찮을 것 같다.

```python
class SignupForm(forms.Form):
    def clean(self):
        ...

    def save(self):
        username = self.cleaned_data["username"]
        password1 = self.cleaned_data["password1"]
        profile_image = self.cleaned_data["profile_image"]
        short_description = self.cleaned_data["short_description"]
        user = User.objects.create_user(
            username=username,
            password=password1,
            profile_image=profile_image,
            short_description=short_description,
        )
        return user
```

View에서 form.cleaned_data의 값을 사용해서 사용자를 만들던 로직까지 Form 내부의 메서드로 이동시켰다. 이제 SignupForm 인스턴스에서 is_valid()를 호출해 유효성 검증을 통과한 상태라면 save 메서드를 사용해 새 User를 생성할 수 있다. View 함수에서 이 로직을 삭제하고, SignupForm의 save 메서드를 사용하도록 개선해보자.

```python
def signup(request):
    if request.method == "POST":
        form = SignupForm(data=request.POST, files=request.FILES)

        # form에 에러가 없다면 form의 save() 메서드로 사용자를 생성한다
        if form.is_valid():
            user = form.save()
            login(request, user)
            return redirect("/posts/feeds/")

        # form에 에러가 있다면, 에러를 포함한 Form을 사용해 회원가입 페이지를 보여준다
        else:
            context = {"form": form}
            return render(request, "users/signup.html", context)
    else:
        form = SignupForm()
        context = {"form": form}
        return render(request, "users/signup.html", context)
```

form.is_valid() 이후 부분이 훨씬 깔끔해졌다.

더 개선할 부분이 있을까? 이 코드에는 거의 비슷한 내용으로 중복되는 부분이 있다.

```
    ...
    else:
        context = {"form": form}
        return render(request, "users/signup.html", context)
else:
    form = SignupForm()
    context = {"form": form}
    return render(request, "users/signup.html", context)
```

context dict에 form을 할당하고, 같은 Template으로 render 하는 코드이다. 이 중복 로직은 if-else 구문 위치를 적절히 바꾸어 삭제할 수 있다.

```
def signup(request):
    # POST 요청 시, form이 유효하다면 최종적으로 redirect 처리된다
    if request.method == "POST":
        form = SignupForm(data=request.POST, files=request.FILES)
        if form.is_valid():
            user = form.save()
            login(request, user)
            return redirect("/posts/feeds/")
        # POST 요청에서 form이 유효하지 않다면, 아래의 context = ... 부분으로 이동한다

    # GET 요청 시, 빈 form을 생성한다
    else:
        form = SignupForm()

    # context로 전달되는 form은 두 가지 경우가 존재한다
    # 1. POST 요청에서 생성된 form이 유효하지 않은 경우 -> 에러를 포함한 form이 사용자에게 보여진다
    # 2. GET 요청으로 빈 form이 생성된 경우 -> 빈 form이 사용자에게 보여진다
    context = {"form": form}
    return render(request, "users/signup.html", context)
```

if-else 구문의 진행 과정을 잘 살펴보아야 한다. 이 View 함수에서 진행되는 Case들은 다음과 같다. 각 경우에 따라 실제 진행되는 코드 블럭을 나타내보겠다.

1. GET 요청

SignupForm()으로 생성된 빈 form을 사용자에게 보여준다.

```python
def signup(request):
    if request.method == "POST":
        # 해당 없음
    else:
        form = SignupForm()

    # context에 빈 form이 전달된다
    context = {"form": form}
    return render(request, "users/signup.html", context)
```

2. POST 요청이며, 데이터를 받은 SignupForm이 유효한 경우

SignupForm(data=...)으로 생성된 form의 save() 메서드로 User 생성, redirect로 경로가 변경된다.

```python
def signup(request):
    # POST 요청 시, form이 유효하다면 최종적으로 redirect 처리된다
    if request.method == "POST":
        form = SignupForm(data=request.POST, files=request.FILES)
        if form.is_valid():
            user = form.save()
            login(request, user)
            return redirect("/posts/feeds/")
    # 이후 로직은 실행되지 않음
```

3. POST 요청이며, 데이터를 받은 SignupForm이 유효하지 않은 경우

SignupForm(data=...)으로 생성된 form에는 error가 추가되며, 그 form이 사용자에게 보여진다.

```python
def signup(request):
    if request.method == "POST":
        form = SignupForm(data=request.POST, files=request.FILES)
        if form.is_valid():
            # 검증에 실패하여 이 영역으로 들어오지 못한다
            ...

    # context에 error를 포함한 form이 전달된다
    context = {"form": form}
    return render(request, "users/signup.html", context)
```

16.6.5 Template 스타일링과 구조 리팩터링

templates/users/signup.html

```
{% load static %}
<!doctype html>
<html lang="ko">
<head>
    <link rel="stylesheet" href="{% static 'css/style.css' %}">
</head>
<body>
    <div id="signup">
        <form method="POST" enctype="multipart/form-data">
            <h1>Pystagram</h1>
            {% csrf_token %}
            {{ form.as_p }}
            <button type="submit" class="btn btn-signup">가입</button>
        </form>
    </div>
</body>
</html>
```

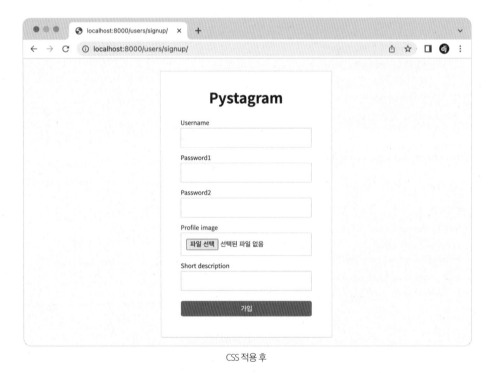

CSS 적용 후

form 하나를 갖는 login.html의 구조와 매우 유사하다. form을 감싸고 있는 div의 id가 **signup**이며, 버튼의 class가 **btn-signup**인 차이만 있다.

css/style.css 파일은 앞으로 어떤 Template에서든 쓸 것이고, **⟨html⟩⟨body⟩⟨div id="wrap"⟩**…으로 이어지는 구조도 전체 사이트의 기반 구조가 될 것이다. 이런 반복적인 구조를 모든 Template에 각각 작성하는 것은 비효율적이다. Template 파일의 고정 요소를 재사용하도록 개선해보자.

Template을 확장하는 {% extends %} 태그

{% extends "템플릿 경로" %} 태그는 입력한 경로의 Template을 기반으로 새 Template을 생성해준다. login.html에 있는 내용을 사용해서 새 Template을 생성한다.

templates/base.html (users나 posts 디렉터리가 아닌 templates 디렉터리 바로 아래에 위치)

```
{% load static %}
<!doctype html>
<html lang="ko">
<head>
    <link rel="stylesheet" href="{% static 'css/style.css' %}">
</head>
<body>
    {% block content %}{% endblock %}
</body>
</html>
```

공통되는 부분을 남겨놓고, Template마다 변경되는 부분은 {% block content %}{% endblock %} 부분으로 치환했다. {% block %} 영역은 이 Template을 확장하는 하위 템플릿에서 변경 가능한 부분들이다.

base.html에는 하나의 block(content) 밖에 없으므로, **base.html**을 확장(extends)하는 하위 Template들은 content block 내의 영역만 편집 가능하며 나머지 부분은 **base.html**의 변경사항을 따라가게 된다.

base.html의 내용을 기반으로 하도록 login.html의 내용을 바꾸어보자.

templates/users/login.html

```
{% extends 'base.html' %}

{% block content %}
<div id="login">
    <form method="POST">
        <h1>Pystagram</h1>
        {% csrf_token %}
        {{ form.as_p }}
        <button type="submit" class="btn btn-login">로그인</button>
    </form>
</div>
{% endblock %}
```

content block 내부를 채우려면 {% block content %}로 블록 영역이 시작함을 알리고, {% endblock %}으로 영역이 끝났음을 선언해주어야 한다.

반복되는 코드를 줄이고, 이 Template이 무엇을 보여주는지 더 알기 쉽게 되었다. signup.html도 같은 방식으로 바꾸자.

templates/users/signup.html

```
{% extends 'base.html' %}

{% block content %}
<div id="signup">
    <form method="POST" enctype="multipart/form-data">
        <h1>Pystagram</h1>
        {% csrf_token %}
        {{ form.as_p }}
        <button type="submit" class="btn btn-signup">가입</button>
    </form>
</div>
{% endblock %}
```

중복되는 템플릿 코드를 제거했다. 로그인/회원가입 페이지가 잘 출력되는지 확인해본다.

회원가입과 로그인 페이지 간의 링크 추가

회원가입 페이지에 들어왔으나 계정이 이미 있다면 로그인 페이지로, 반대로 로그인 페이지에 들어왔으나 계정이 없는 경우 회원가입 페이지로 이동할 수 있도록 링크를 추가해준다.

templates/users/signup.html

```
<div id="signup">
    <form method="POST" enctype="multipart/form-data">
        ...
        <button type="submit" class="btn btn-signup">가입</button>
        <a href="/users/login/">로그인 페이지로 이동</a>
    </form>
</div>
```

templates/users/login.html

```
<div id="login">
    <form method="POST">
        ...
        <button type="submit" class="btn btn-login">로그인</button>
        <a href="/users/signup/">회원가입 페이지로 이동</a>
    </form>
</div>
```

> Form은 사용자가 요청에 전달한 데이터들을 검증하고 가공하는 데 특화된 기능이다.
> View 함수가 지나치게 방대해지는 것을 막는 효과도 있으니,
> 사용자가 전달한 데이터를 처리할 때는 Form을 사용하도록 하자.

## CHAPTER 17

피드 페이지

17.1 글/이미지/댓글 모델링

17.1.1 Model 구성

하나의 글(Post)에 여러 이미지(PostImage)와 댓글(Comment)이 연결될 수 있도록 ForeignKey를 사용해 다대일(Many-to-one) 관계를 구성한다.

posts/models.py

```python
from django.db import models

class Post(models.Model):
    user = models.ForeignKey(
        "users.User",
        verbose_name="작성자",
        on_delete=models.CASCADE,
    )
    content = models.TextField("내용")
    created = models.DateTimeField("생성일시", auto_now_add=True)

class PostImage(models.Model):
    post = models.ForeignKey(
        Post,
        verbose_name="포스트",
        on_delete=models.CASCADE,
    )
    photo = models.ImageField("사진", upload_to="post")

class Comment(models.Model):
    user = models.ForeignKey(
        "users.User",
        verbose_name="작성자",
        on_delete=models.CASCADE,
    )
    post = models.ForeignKey(Post, verbose_name="포스트", on_delete=models.CASCADE)
    content = models.TextField("내용")
    created = models.DateTimeField("생성일시", auto_now_add=True)
```

모델을 만들었으니 makemigrations → migrate로 테이블을 생성한다.

```
> python manage.py makemigrations
Migrations for 'posts':
  posts/migrations/0001_initial.py
    - Create model Post
    - Create model PostImage
    - Create model Comment

> python manage.py migrate
Operations to perform:
  Apply all migrations: admin, auth, contenttypes, posts, sessions, users
Running migrations:
  Applying posts.0001_initial... OK
```

17.1.2 admin 구현

기능을 View와 Template으로 구현하기 전에, 관리자 기능을 먼저 만들어 테스트 데이터를 추가하며 모델 구성이 올바른지 확인해보자.

posts/admin.py

```python
from django.contrib import admin
from posts.models import Post, PostImage, Comment


@admin.register(Post)
class PostAdmin(admin.ModelAdmin):
    list_display = [
        "id",
        "content",
    ]


@admin.register(PostImage)
class PostImageAdmin(admin.ModelAdmin):
    list_display = [
        "id",
        "post",
        "photo",
    ]


@admin.register(Comment)
class CommentAdmin(admin.ModelAdmin):
    list_display = [
        "id",
        "post",
        "content",
    ]
```

각각의 모델을 admin에 등록하고 리스트 페이지에서 어떤 필드들을 보여줄 것인지만 간단히 설정했다.

localhost:8000/admin에 접속 후 Posts 옆의 추가 버튼을 눌러 새 Post를 추가해보자.

내용은 입력할 수 있지만, 이 글에 댓글이나 이미지는 작성할 수 없다.

저장을 눌러 Post를 하나 생성한 후 좌측 사이드바의 Post images 옆의 추가를 눌러 글과 연결되는 이미지를 추가해보자.

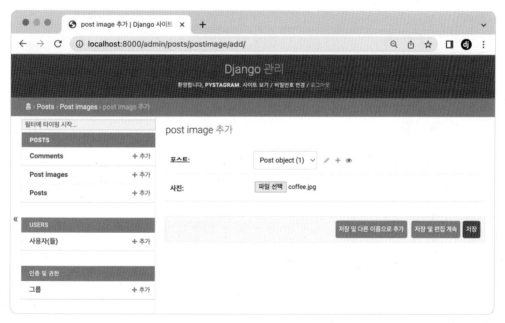

포스트: 에 (Post object (id))로 나타나는 생성한 Post를, **사진**: 에는 적당한 이미지 파일을 선택하고 **저장** 버튼을 눌러 PostImage를 생성한다.

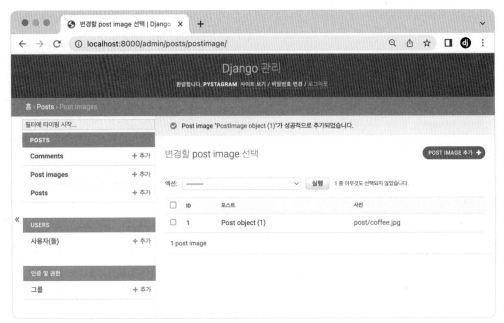

ID가 1번인 Post와 연결되는 PostImage가 생성되었다.

같은 방법으로 Comment도 생성해본다.

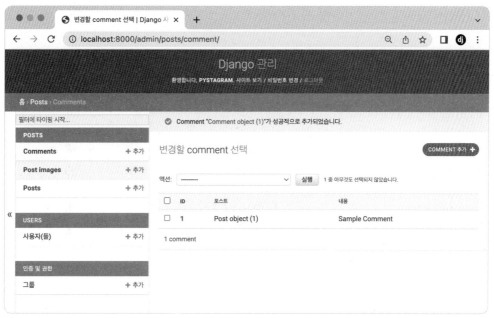

Comment 생성 완료 후

하나의 Post를 만들고 이 Post에 연결되는 PostImage와 Comment를 생성했다.

지금의 관리자 페이지에서는 하나의 Post에 연결된 다른 객체들을 확인하기 어렵다. 관리자 페이지의 Post 목록이나 상세 화면에서는 각각의 글에 얼마나 많은 PostImage와 Comment가 연결되어 있는지 알 수 없으며, 관리자 페이지의 PostImage 목록이나 Comment 목록 화면으로 와야만 내용을 확인할 수 있다.

PostAdmin에서 연결된 이미지/댓글에 해당하는 모든 객체를 확인할 수 있다면 좋을 것이다. admin을 개선해보자.

17.2　admin에 연관 객체 표시

17.2.1　ForeignKey로 연결된 객체 확인

ForeignKey로 연결된 다른 객체들을 보려면 admin의 Inline기능을 사용한다. Comment를 볼 수 있는 Inline 클래스를 정의하고 사용해보자.

posts/admin.py

```python
class CommentInline(admin.TabularInline):
    model = Comment
    extra = 1


@admin.register(Post)
class PostAdmin(admin.ModelAdmin):
    ...
    inlines = [
        CommentInline,
    ]
```

PostAdmin에 **inlines** 리스트 속성을 정의하고 **CommentInline**을 리스트 아이템으로 추가한다.

Post change(글 변경) 페이지에 접근하면 **내용** 외에도 **COMMENTS** 항목을 볼 수 있다. 여기에는 지금까지 작성된 댓글 목록이 출력되며, 아래의 빈칸에 내용을 추가하고 **저장** 버튼을 눌러 새 댓글을 추가할 수도 있다. **삭제** 필드의 체크박스에 체크한 후 저장하면, 체크된 댓글은 삭제된다. 댓글 추가와 변경, 삭제가 잘 되는지 확인해보자. 테스트가 끝났다면 PostImage도 추가해준다.

posts/admin.py

```python
class CommentInline(admin.TabularInline):
    ...

class PostImageInline(admin.TabularInline):
    model = PostImage
    extra = 1

@admin.register(Post)
class PostAdmin(admin.ModelAdmin):
    inlines = [
        CommentInline,
        PostImageInline,
    ]
```

아래와 같이 연결된 PostImage 목록이 나타난다.

이미지 경로가 표시된 링크를 클릭하면 업로드된 이미지가 표시된다. 클릭하지 않고도 이미지를 썸네일 형태로 볼 수 있도록 개선해보자.

17.2.2 썸네일 이미지 표시

Django admin은 Inline에 이미지 썸네일을 표시하는 기능을 제공하지 않는다. admin의 내부 동작을 조작해서 썸네일을 표시하거나, 썸네일을 표시해주는 오픈소스를 사용해서 기능을 구현할 수 있다. 두 가지 모두 사용해본다.

직접 admin을 조작해서 썸네일 표시 코드 추가

posts/admin.py

```python
from django.contrib.admin.widgets import AdminFileWidget
from django.db import models
from django.utils.safestring import mark_safe
...


class CommentInline(admin.TabularInline):
    ...


# AdminFileWidget은 관리자 페이지에서 '파일 선택' 버튼을 보여주는 부분이다
# 이 Widget을 커스텀하여, <img> 태그를 추가한다
class InlineImageWidget(AdminFileWidget):
    def render(self, name, value, attrs=None, renderer=None):
        html = super().render(name, value, attrs, renderer)
        if value and getattr(value, "url", None):
            html = mark_safe(f'<img src="{value.url}" height="150">') + html
        return html


# ImageField를 표시할 때, AdminFileWidget을 커스텀한 InlineImageWidget을 사용한다
class PostImageInline(admin.TabularInline):
    model = PostImage
    extra = 1
    formfield_overrides = {
        models.ImageField: {
            "widget": InlineImageWidget,
        }
    }
```

admin에서는 AdminFileWidget을 사용해서 FileField나 ImageField의 내용을 보여준다(관리자 페이지에서 **파일 선택** 버튼이 있는 부분). 이 클래스를 커스터마이징해 단순히 버튼만 보여주는 게 아니라 첨부된 파일의 경로를 사용하는 〈img〉 태그를 추가하도록 하여 파일 경로와 함께 이미지를 직접 보여준다.

PostImageInline에서는 ImageField의 내용을 보여줄 때 기본값 대신 커스텀한 AdminFileWidget을 사용한다. 이렇게 변경하고 페이지를 새로고침하면 썸네일 이미지를 볼 수 있다.

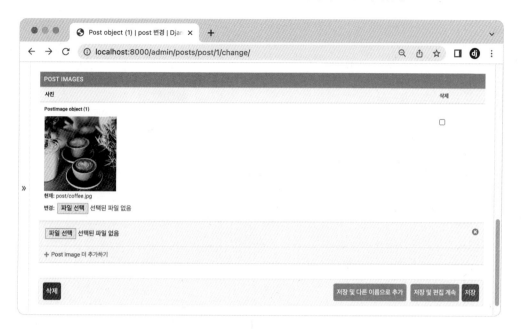

썸네일이 잘 나타나지만 이 내용을 Django 입문자가 이해하긴 어렵다. Django에서 자체적으로 지원하지 않는 기능들은 별도의 오픈소스 라이브러리로 만들어져 있는 경우가 많다. 외부 라이브러리를 추가해서 썸네일 기능을 구현해보자.

오픈소스 라이브러리를 사용한 썸네일 표시

프로젝트 경로로 이동해서 새 패키지를 설치해준다.

Terminal

```
> pip install 'django-admin-thumbnails<0.3'
```

이 패키지는 별도의 설정 없이 곧바로 사용할 수 있다.

posts/admin.py

```python
# 위에서 추가한 코드들은 모두 삭제하고 썸네일 라이브러리를 사용한다.
import admin_thumbnails


@admin_thumbnails.thumbnail("photo")
class PostImageInline(admin.TabularInline):
    model = PostImage
    extra = 1
```

2줄의 코드가 추가되었다. admin을 확인해보자.

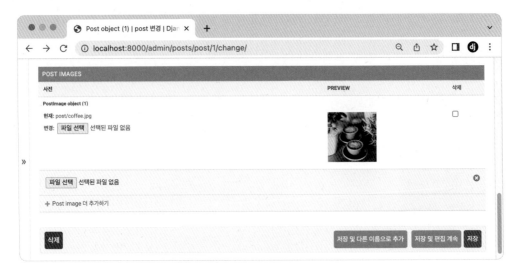

추가된 PREVIEW 필드에 이미지가 나타난다. 직접 admin을 편집했을 때보다 훨씬 쉽게 썸네일 기능을 구현했다.

Django는 내장모듈 외에도 여러 서드파티 라이브러리들을 가지고 있다. 직접 구현하기 어려운 내용이라면, Django를 사용하는 다른 개발자들이 만들어놓은 라이브러리가 있는지 검색하고 사용해보자.

17.3 피드 페이지

17.3.1 View 작성

모든 Post 목록을 템플릿으로 전달하기 전에, admin에서 적절히 몇 개의 글을 작성하자.

posts/views.py

```
...
from posts.models import Post

def feeds(request):
    # 요청에 포함된 사용자가 로그인하지 않은 경우
    if not user.is_authenticated:
        return redirect("/users/login/")

    # 모든 글 목록을 템플릿으로 전달
    posts = Post.objects.all()
    context = {"posts": posts}
    return render(request, "posts/feeds.html", context)
```

17.3.2 작성자 정보 표시

현재 피드 페이지에는 로그인/로그아웃 버튼만 존재한다. 기존 내용은 모두 삭제하고, Post들을 보여줄 수 있도록 Template을 새로 작성한다. 먼저 사용자명(username)과 프로필 이미지(profile_image)를 나타내보자.

templates/posts/feeds.html

```
{% extends 'base.html' %}        ← base.html을 확장
{% block content %}
    <nav>
        <h1>Pystagram</h1>
    </nav>
    <div id="feeds" class="post-container">
        <!-- 전달된 Post QuerySet 객체를 순회 -->
        {% for post in posts %}
            <article class="post">
                <header class="post-header">
                    {% if post.user.profile_image %}
                        <img src="{{ post.user.profile_image.url }}">
                    {% endif %}
                    <span>{{ post.user.username }}</span>
                </header>
            </article>
        {% endfor %}
    </div>
{% endblock %}
```

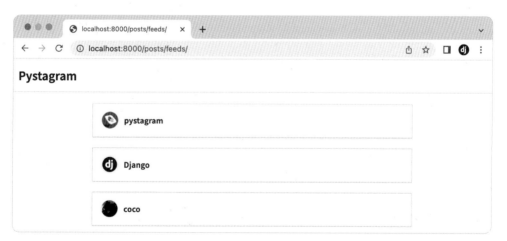

각 Post 작성자의 프로필 이미지와 username이 표시된다. style.css에 피드 페이지의 CSS도 포함되어 있어 스타일이 적용된 상태로 보여진다.

Post와 연결된 PostImage들을 보여주는 것은 조금 더 복잡하다. 인스타그램에서는 연결된 이미지들을 좌우로 슬라이드할 수 있는데, 이것은 CSS만으로는 구현할 수 없다. 이미지 슬라이드 기능은 자바스크립트 라이브러리를 사용해보자.

17.3.3 이미지 슬라이더 구현

File _ Splide

https://f.django.ac/pystagram/splide.js

https://f.django.ac/pystagram/splide.css

→ **프로젝트경로/static/splide** 디렉터리에 다운로드한다.

이미지 슬라이드 자바스크립트, CSS 파일 불러오기

이미지 슬라이드를 위한 자바스크립트와 CSS를 〈head〉 블록에 가져온다.

templates/base.html

```
...
<head>
    <link rel="stylesheet" href="{% static 'css/style.css' %}">
    <link rel="stylesheet" href="{% static 'splide/splide.css' %}">
    <script src="{% static 'splide/splide.js' %}"></script>
</head>
<body>
...
```

이미지 슬라이딩 구현을 위해 Splide(https://splidejs.com)라는 자바스크립트 라이브러리를 사용한다. 이 라이브러리를 동작하려면 CSS 파일과 JS 파일 하나씩 필요하다. 따라서 〈link〉 태그에는 이미지 슬라이드에 사용할 CSS 파일을, 〈script〉 태그에서는 자바스크립트 파일을 지정한다.

피드 페이지를 새로고침하고, **페이지 소스보기**를 실행해서 〈head〉 태그 내에 입력한 link와 script 태그가 출력되는지 확인한다.

```
1
2  <!doctype html>
3  <html lang="ko">
4  <head>
5      <link rel="stylesheet" href="/static/css/style.css">
6      <link rel="stylesheet" href="/static/splide/splide.css">
7      <script src="/static/splide/splide.js"></script>
8  </head>
9  <body>
10
11     <nav>
12         <h1>Pystagram</h1>
13     </nav>
14     <div id="feeds" class="post-container">
15         <!-- 전달된 Post QuerySet객체를 순회 -->
16
17         <article class="post">
```

■ Splide 라이브러리 사용

Splide 라이브러리로 이미지 슬라이더를 구현하려면 몇 가지 규칙을 따라 HTML 요소를 배치해야 한다. 다음과 같이 작성해보자.

templates/posts/feeds.html

```html
{% extends 'base.html' %}
{% block content %}
...
<div id="feeds" class="post-container">
    {% for post in posts %}
        <article class="post">
            <header class="post-header">
                ...
            </header>

            <!-- 이미지 슬라이드 영역 시작 -->
            <div class="post-images splide">
                <div class="splide__track">
                    <ul class="splide__list">
                        {% for image in post.postimage_set.all %}
                            {% if image.photo %}
                            <li class="splide__slide">
                                <img src="{{ image.photo.url }}">
                            </li>
                            {% endif %}
                        {% endfor %}
                    </ul>
                </div>
            </div>
            <!-- 이미지 슬라이드 영역 종료 -->

        </article>
    {% endfor %}
</div>
{% endblock %}
```

이미지 슬라이더의 최상단은 splide 클래스 속성, 그 하위는 차례대로 **splide__track, splide__list, splide__slide**를 가져야 한다. 상세한 사용법은 라이브러리 웹 사이트(https://splidejs.com)에서 확인할 수 있다.

{% for image in post.image_set.all %} 구문으로 각각의 Post에 연결된 PostImage 객체를 순회한다. 각각의 PostImage 객체는 photo라는 ImageField를 가지고 있으므로, photo.url 속성으로 저장된 이미지 파일의 URL 값을 가져온다.

HTML 요소의 작성과 별개로, 슬라이더 기능은 자바스크립트로 별도의 동작을 해야 한다. 템플릿 하단에 〈script〉 태그를 추가해 자바스크립트 코드를 작성한다.

```
{% block content %}
    <div id="feeds" class="post-container">
        ...
    </div>
    <!-- content 블록의 최하단에 작성한다 -->
    <script>
        const elms = document.getElementsByClassName('splide')
        for (let i = 0; i < elms.length; i++) {
            new Splide(elms[i]).mount();
        }
    </script>
{% endblock %}
```

{% block content %} 영역 안쪽에서 작성해야 한다. 이 코드는 전체 HTML에서 'splide'라는 class를 가진 요소들에 이미지 슬라이더 기능을 활성화시켜주는 역할을 한다.

새로고침 해서 이미지 슬라이더의 동작을 확인한다.

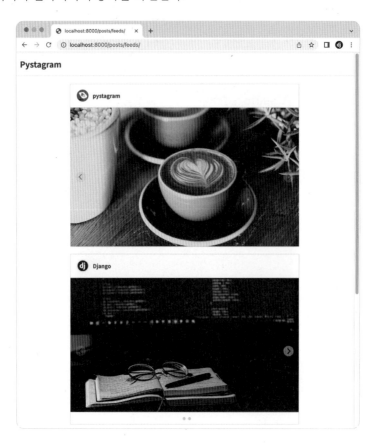

이미지가 한 장 밖에 없다면 슬라이드 기능이 동작하지 않으며, 여러 장인 Post에서는 클릭 후 드래그나 양옆의 화살표를 누르면 다음/이전 이미지로 이동한다.

17.3.4 글 속성 출력

글 내용 출력

Post 모델의 content 속성을 보여준다. 줄바꿈이 있을 수 있으므로 linebreaksbr 필터를 사용한다.

templates/posts/feeds.html

```
<article class="post">
    <header class="post-header">...</header>
    <div class="post-images">...</div>
    <div class="post-content">
        {{ post.content|linebreaksbr }}
    </div>
```

좋아요/댓글 버튼 표시

인스타그램에서 좋아요와 댓글은 이미지 버튼으로 되어 있지만, 실습에서는 간단히 텍스트를 사용한다.

templates/posts/feeds.html

```
<div class="post-content">...</div>
<div class="post-buttons">
    <button>Likes(0)</button>
    <span>Comments(0)</span>
</div>
```

좋아요는 누를 수 있는 버튼 역할을 할 것이므로 ⟨button⟩ 태그를 사용, 댓글수는 단순히 보여주기만 할 것이므로 특별한 역할을 가지지 않는 ⟨span⟩ 태그를 사용한다.

댓글 목록 표시

Post와 연결된 PostComment들을 표시한다. 자주 구현한 기능이므로 설명은 생략한다.

templates/posts/feeds.html

```html
<div class="post-buttons">...</div>
<div class="post-comments">
    <ul>
    <!-- 각 Post에 연결된 PostComment들을 순회 -->
    {% for comment in post.comment_set.all %}
        <li>
            <span>{{ comment.user.username }}</span>
            <span>{{ comment.content }}</span>
        </li>
    {% endfor %}
    </ul>
</div>
```

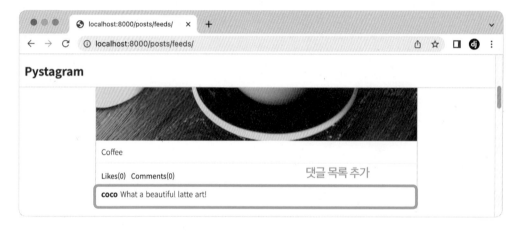

작성일자, 댓글 입력창 표시

templates/posts/feeds.html

```html
<div class="post-comments">...</div>
<small>{{ post.created }}</small>
<div class="post-comment-create">
    <input type="text" placeholder="댓글 달기...">
    <button type="submit">게시</button>
</div>
```

작성일자는 다른 글자보다 작게 표시하기 위해 〈small〉 태그를 사용하며, 댓글 내용을 입력할 〈input〉에는 placeholder 옵션으로 텍스트가 입력되지 않았을 때 표시할 값을 나타낸다.

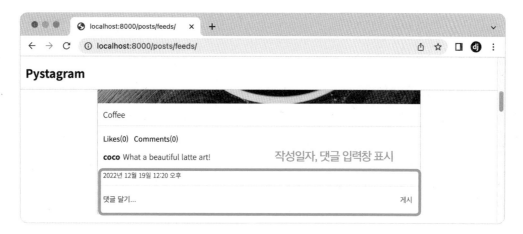

Template에 HTML을 구성하고 posts로 받아온 Post QuerySet의 내용들을 출력했다. Chapter 18에서는 사용자가 직접 글/댓글을 작성하고, 좋아요 처리를 하는 기능을 만들어보자.

다음 챕터로 넘어가기 전에 피드 페이지의 내비게이션에 링크들을 추가한다.

17.3.5 Template에 링크 추가

메인 링크 추가

피드 페이지의 Pystagram 제목에 메인 페이지로 돌아오는 링크를 생성한다.

templates/posts/feeds.html

```
<nav>
    <h1>
        <a href="/posts/feeds/">Pystagram</a>
    </h1>
</nav>
```

로그아웃 버튼 추가

피드 페이지에서 로그아웃 할 수 있는 버튼을 추가한다.

templates/posts/feeds.html

```
<nav>
    <h1>
        <a href="/posts/feeds/">Pystagram</a>
    </h1>
    <a href="/users/logout/">Logout</a>
</nav>
```

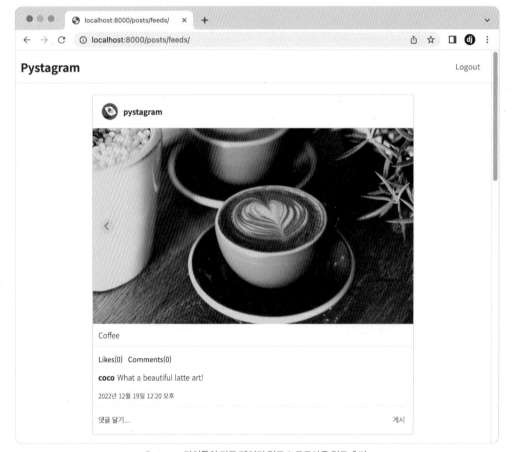

Pystagram 타이틀의 피드 페이지 링크 & 로그아웃 링크 추가

## CHAPTER 18

글과 댓글

피드와 마이 페이지에 나올 글(Post)과 댓글(Comment) 작성 기능을 구현한다. 글과 댓글은 블로그에서 이미 만들어보았지만, 이번에는 Form과 ModelForm을 사용할 것이다.

18.1 댓글 작성

이전의 블로그 프로젝트에서는 목록 화면에서는 댓글을 보여주기만 하며, 댓글 작성은 글 내부에서만 가능했다. 이와 달리, 피드 페이지에서는 **댓글 달기** 기능을 한 화면에서 각 Post마다 구현해야 한다.

18.1.1 CommentForm 구현

HTML에 사용자의 입력을 받는 input을 직접 만들 수도 있지만, Django를 사용한다면 규칙에 맞게 Form 클래스를 사용하도록 하자.

ModelForm

이전까지는 forms.Form 클래스를 사용했다. 이번에 사용할 ModelForm 클래스는 Form 클래스와 유사하나, DB 테이블에 해당하는 **모델 클래스**와 연관된 기능들을 제공한다. ModelForm 클래스에는 연결할 모델을 지정해야 한다.

posts/forms.py (새로 생성)

```python
from django import forms
from posts.models import Comment


class CommentForm(forms.ModelForm):
    class Meta:
        model = Comment
        fields = [
            "content",
        ]
```

Form 클래스와는 조금 다르다. Form 클래스로 지금 정의한 ModelForm과 비슷한 데이터를 받으려면 아래와 같이 정의해야 한다.

```python
class CommentForm(forms.Form):
    content = forms.CharField()
```

Form 클래스에서는 data에 전달된 dict의 **content** 키로 전달된 데이터를 받기 위해 **content = forms. CharField()**로 필드를 선언해야 했지만, ModelForm에서는 class Meta 속성 내에 **fields**를 선언한다.

Django 모델에 있는 필드인 **models.CharField()**나 **models.IntegerField()**는 ModelForm에서 **forms. CharField()**나 **forms.IntegerField()**와 같은 Form에서 사용하는 Field로 자동으로 변환된다.

새로 선언한 ModelForm을 어떻게 사용하는지 인터프리터에서 확인해보자.

```
> python manage.py shell
>>> from posts.forms import CommentForm

# CommentForm에 전달할 dict 객체
>>> data = {'content': 'SampleContent'}
>>> form = CommentForm(data=data)

# 받은 데이터가 CommentForm의 모든 필드에서 유효함을 확인
>>> form.is_valid()
True

# save()를 호출, 에러 발생
>>> form.save()
...
django.db.utils.IntegrityError: NOT NULL constraint failed: posts_comment.post_id
```

ModelForm 인스턴스에서 save( )를 호출하면, 전달받은 데이터를 사용해서 지정된 모델 인스턴스를 생성한다. 하지만 여기서는 모델 인스턴스를 생성하지 못하고 오류가 발생한다.

발생한 오류는 **posts_comment** 테이블의 **post_id** 필드는 NULL을 허용하지 않는다는 메시지를 보여준다. **posts_comment**는 Comment 모델의 실제 DB 테이블명이고, **post_id**는 Comment 모델의 **post = models.ForeignKey(Post)** 필드에 해당한다. Comment 모델의 post 필드를 선언할 때 NULL을 허용 (null=True)하지 않았으므로, Comment 객체를 생성할 때는 반드시 어떤 Post와 연결될지 지정해주어야 한다. 하지만 CommentForm에 전달한 데이터에는 Post 객체가 없으므로 Comment 객체를 생성하던 중 데이터베이스에서 오류가 발생한다.

이 오류는 다음 두 가지 방법으로 해결할 수 있다.

1. CommentForm으로 Comment 객체를 일단 만들되, 메모리상에 객체를 만들고 필요한 데이터를 나중에 채우기
2. CommentForm에 NULL을 허용하지 않는 모든 필드를 선언하고, 인스턴스 생성 시 유효한 데이터를 전달

먼저, 첫 번째 방법을 사용해서 오류를 해결해보자.

Python interpreter

```
# Comment를 생성하기 위해서는 user와 post 데이터가 추가로 필요
>>> data = {'content': 'SampleContent'}
>>> form = CommentForm(data=data)

# 받은 데이터가 CommentForm의 모든 필드에서 유효함을 확인
>>> form.is_valid()
True

# save()를 호출하되, DB에는 데이터를 넣지 않고 메모리상에만 객체 생성
# (commit=False 옵션을 주면 객체가 메모리에 생성된다)
>>> comment = form.save(commit=False)

# 생성된 Comment 인스턴스의 id가 없음(DB에 없는 데이터)
>>> print(comment.id)
None

# Comment 객체를 만들기 위한 User와 Post 객체 가져오기
>>> from users.models import User
>>> from posts.models import Post
>>> user = User.objects.all()[0]
>>> post = Post.objects.all()[0]

# 가져온 user, post를 확인
>>> print(user)
pystagram
>>> print(post)
Post object (1)

# 메모리상에 있는 Comment 인스턴스에 DB 등록을 위해 필요한 값 지정
>>> comment.user = user
>>> comment.post = post
>>> comment.save()

# save()로 DB에 데이터가 입력되면 id 속성값이 지정됨
>>> comment.id
4
```

CommentForm에 Comment를 생성하기 위한 모든 필드가 지정되어 있지 않은 경우, 일단 메모리상에 객체를 만들고 나중에 값을 채워넣은 후 save()를 호출해서 DB에 데이터를 생성할 수 있다.

이번엔 두 번째 방법을 사용해본다. CommentForm이 모든 필드를 지정하고 유효한 데이터를 전달해 보자.

posts/forms.py

```python
class CommentForm(forms.ModelForm):
    class Meta:
        model = Comment
        fields = [
            "user",
            "post",
            "content",
        ]
```

user와 **post**를 fields 리스트에 추가하고 인터프리터를 실행한다.

> **! Warning** _ 인터프리터 재시작
>
> 소스코드를 변경하면 `python manage.py shell`로 실행하는 인터프리터를 종료하고 다시 실행해야 한다. 동작 중인 인터프리터는 변경된 코드 내용을 자동으로 가져오지 못한다.

Terminal

```
〉python manage.py shell
>>> from posts.forms import CommentForm

# CommentForm에 전달할 dict 객체
>>> data = {'content': 'SampleContent'}
>>> form = CommentForm(data=data)

# 지정한 모든 필드 데이터가 전달되지 않으면 유효성 검증 실패
>>> form.is_valid()
False

# 오류 내용을 확인해본다
>>> form.errors
{'user': ['필수 항목입니다.'], 'post': ['필수 항목입니다.']}

# 모든 데이터를 Form 생성 시 전달한다
>>> from users.models import User
>>> from posts.models import Post
>>> user = User.objects.all()[0]
>>> post = Post.objects.all()[0]
>>> data = {'content': 'SampleContent', 'user': user, 'post': post}
```

```
>>> form = CommentForm(data=data)

# content, user, post를 모두 전달했을 때 유효성 검증 통과 확인
>>> form.is_valid()
True

# save() 호출 시 에러가 발생하지 않으며, 곧바로 DB에 데이터가 입력됨을 확인
>>> comment = form.save()
>>> comment.id
5
```

ModelForm에 모든 필드를 지정하면 별도 작업 없이 save()만 호출하면 새 모델 인스턴스가 생기므로, **fields** 리스트에 모든 필드를 지정하는 게 맞다고 생각할 수 있다. 하지만 Form에서 전달받는 데이터는 **사용자가 입력한 데이터**임을 생각해야 한다.

Comment를 생성하기 위해 필요한 데이터는 다음 3가지이다.

1. 어떤 글(Post)의 댓글인지
2. 어떤 사용자(User)의 댓글인지
3. 어떤 내용(Content)을 가지고 있는지

이 중 **사용자가 입력하는 데이터**는 1번과 3번이다. (사용자가 특정 글에 자신이 기록한 내용으로 댓글을 남기므로)

2번의 **어떤 사용자**가 댓글을 생성했는지는 **사용자가 입력한 데이터**에 있으면 안 되는 값이며, 시스템 (Django)에서 자동으로 입력되어야 한다. 이 부분을 사용자가 전달하는 데이터에서 가져온다면, 악의적인 사용자는 자신이 보내는 값을 변조하여 **자신이 아닌 다른 사용자**가 댓글을 작성한 것처럼 보이게 만들 수 있다.

그러므로 CommentForm은 다음과 같이 **post**와 **content**만을 전달받은 값으로 지정해야 하며, 작성자 정보인 **user**는 시스템에서 자동으로 채울 수 있어야 한다.

posts/forms.py

```python
class CommentForm(forms.ModelForm):
    class Meta:
        model = Comment
        fields = [
            "post",
            "content",
        ]
```

user 정보를 Django에서 어떻게 자동으로 채우는지는 18.1.4(p.263)에서 진행한다.

18.1.2 View에서 Template으로 Form 전달

피드 페이지의 댓글 입력 input을 CommentForm으로 생성할 수 있도록 전달해준다.

posts/views.py

```python
from posts.forms import CommentForm
...

def feeds(request):
    ...
    posts = Post.objects.all()
    comment_form = CommentForm()
    context = {
        "posts": posts,
        "comment_form": comment_form,
    }
    return render(request, "posts/feeds.html", context)
```

templates/posts/feeds.html
직접 작성했던 input 요소를 삭제하고 comment_form.as_p 변수를 사용한다

```html
...
<div class="post-comment-create">
    <form method="POST">
        {% csrf_token %}
        {{ comment_form.as_p }}
        <button type="submit">게시</button>
    </form>
</div>
...
```

CommentForm을 전달했고, as_p를 사용해 input들을 보여주도록 했다. 피드 페이지를 확인해보면 아래와 같이 나타난다.

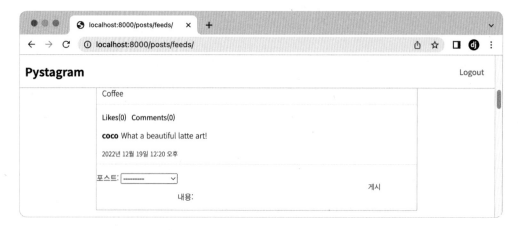

CommentForm에는 post와 content 필드가 있고, 이 둘을 as_p로 렌더링한 결과이다. 여기엔 두 가지 문제가 있다.

1. **포스트(post 필드)**의 드롭다운 요소를 클릭하면 Post 객체를 선택할 수 있다. 사용자가 어떤 글에 댓글을 다는지는 직접 입력할 필요 없이 템플릿에서 알아서 처리해주어야 한다.
2. 자동으로 〈label〉 요소와 〈input〉 요소가 만들어진다. 여기서는 "내용 : "으로 나타나는 〈label〉 요소가 필요하지 않으며, content 값을 입력받을 〈input〉 요소만 있으면 된다.

as_p를 사용한 CommentForm 전체 자동 렌더링이 필요할 때도 있지만, 지금은 필드마다 별도 설정을 사용해야 한다. 다음과 같이 코드를 고친다.

templates/posts/feeds.html

```
...
<div class="post-comment-create">
    <form method="POST">
        {% csrf_token %}
        <!-- 전달된 CommentForm의 필드들 중, "content" 필드만 렌더링 -->
        {{ comment_form.content }}
        <button type="submit">게시</button>
    </form>
</div>
...
```

CommentForm의 전체 필드를 렌더링할 필요가 없다면, Form의 필드명을 사용해 **특정 필드**만을 지정하여 렌더링할 수 있다. 피드 페이지를 새로고침하고 **페이지 소스보기**로 어떤 HTML이 생성되었는지 확인해보자.

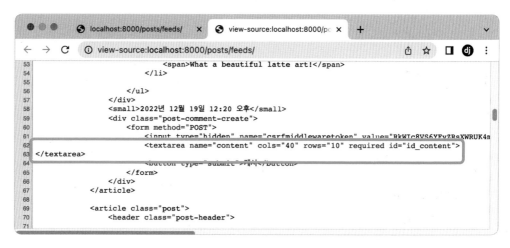

〈textarea name="content" cols="40" rows="10" required id="id_content"〉 요소가 렌더링되었다. Form의 **필드명**을 직접 렌더링하면(위 예에서 comment_form.content), 〈label〉 태그는 제외되며 데이터를 입력받는 input이나 textarea와 같이 실제로 값을 입력받는 요소만 만들어진다.

만들어진 textarea에는 placeholder 속성이 없다. CommentForm의 Meta 속성을 편집해서 placeholder 속성을 지정하자.

posts/forms.py

```
...

class CommentForm(forms.ModelForm):
    class Meta:
        model = Comment
        fields = [
        ...
        widgets = {
            "content": forms.Textarea(
                attrs={
                    "placeholder": "댓글 달기...",
                }
            )
        }
```

이제 textarea에 "댓글 달기..." placeholder 문구가 다시 나타난다.

> 💡 **Tips _ Form 클래스에 placeholder 추가**
>
> class Meta의 **widgets** 속성으로 값을 추가하는 것은 ModelForm에서만 유효하다. 일반 Form 클래스에서는 아래와 같은 방식으로 필드 선언 시에 속성을 지정한다.
>
> ```
> content = forms.CharField(
>     widget=forms.TextInput(attrs={"placeholder": "댓글 달기..."})
> )
> ```

18.1.3 댓글 작성 처리를 위한 View 구현

지금까지는 form을 사용한 POST 요청으로 받은 데이터를 같은 페이지에서 처리했다. 이전의 블로그 프로젝트에서 예를 들면, **글 상세 페이지**에 있는 **댓글 작성 form**에서 전송한 데이터는 글 작성 View에서 request.method에 따라 분기하여 처리했다.

많은 역할을 하나의 View에서 처리하게 되면 코드를 유지보수하기 어려워진다. **댓글 작성 form**은 **피드 페이지**에 위치하지만, **피드 페이지 View**가 **댓글 작성** 기능을 처리할 이유는 없어 보인다. **댓글 작성 form**에서 전송한 데이터는 별도의 **댓글 작성 View**에서 처리하도록 하자.

```python
from django.views.decorators.http import require_POST

def feeds(request):
    ...

@require_POST  # 댓글 작성을 처리할 View, Post 요청만 허용한다
def comment_add(request):
    print(request.POST)
```

View에 **require_POST** 데코레이터를 사용하면 오로지 POST 유형의 요청만 처리하며, 이 외 유형의 요청에는 405 Method Not Allowed 응답을 돌려준다.

View의 전체 로직을 구현하기 전에 POST로 전달된 데이터를 확인해보자. 일단 해당 데이터를 디버그 콘솔에 출력하도록 한다. 요청을 받기 위해 URLconf에 이 View를 등록하자.

```python
from django.urls import path
from posts.views import feeds, comment_add

urlpatterns = [
    path("feeds/", feeds),
    path("comment_add/", comment_add),
]
```

posts/urls.py는 config/urls.py에서 **posts/** 경로 뒤에 include되어 있으므로, comment_add View로 연결되는 URL은 **/posts/comment_add/**가 된다.

18.1.4 form에서 comment_add View로 데이터 전달 및 처리

form의 action 속성

지금까지 form 요소에서 지정해본 속성값은 다음과 같다.

1. **method**: GET과 POST중 어떤 방식으로 데이터를 전달할지
2. **enctype**: 기본값(application/x-www-form-urlencoded)과 파일 전송을 위한 값(multipart/form-data) 중 선택

이번에 사용할 속성값은 **action**이다. **action** 속성은 이 form의 요청을 **어디로** 보낼지를 지정한다. 비어 있는 경우에는 현재 브라우저의 URL을 사용하게 된다. 이전의 블로그 프로젝트에서 **글 상세 페이지**에 있는 form은 **method**가 POST이며, 특별히 **action 속성**을 지정하지 않았으므로, **글 상세 페이지**에 해당하는 URL에 POST 방식으로 데이터가 전달한다.

이번에는 form은 **피드 페이지**에 있지만, 요청의 데이터는 **댓글 생성(comment_add) View**에 보낼 것이므로, action에 값을 댓글 생성 View와 연결되는 지정한다.

templates/posts/feeds.html

```html
<div class="post-comment-create">
    <!-- action 속성을 "댓글 추가" View를 가리키는 URL로 지정한다 -->
    <form method="POST" action="/posts/comment_add/">
        {% csrf_token %}
        {{ comment_form.content }}
        <button type="submit">게시</button>
    </form>
</div>
```

피드 페이지를 새로고침하고, 적당한 내용을 입력하고 **게시** 버튼을 눌러 form을 전송해보자. comment_add View에서는 아직 적절한 HttpResponse나 render를 돌려주지 않으므로, ValueError가 발생하며 HttpResponse object를 리턴하지 않았다는 오류가 발생하는 것이 정상이다.

오류는 무시하고, comment_add View에서 print로 출력한 request.POST 값을 디버그 콘솔에서 확인해보자.

```
# request.POST의 내용
<QueryDict: {
    'csrfmiddlewaretoken': ['KVhvJWy30...'],
    'content': ['댓글을 추가하자']
}>

# 오류 메시지보다 위쪽에 출력된다.
Internal Server Error: /posts/comment_add/
...
ValueError: The view posts.views.comment_add didn't return an HttpResponse object.
It returned None instead.
```

전달된 데이터를 사용해서 Comment 객체를 만들어야 한다. 하지만 이 데이터로는 Comment 객체를 만들 수 없다. 앞서 인터프리터에서 실습했을 때, Comment를 만들기 위해서는 content뿐 아니라 post, user에 들어갈 값도 필요했다.

어떤 Post의 댓글인지는 form에서 직접 전달해주도록 하자. ForeignKey로 다른 테이블(모델)과 연결된 필드는 해당 모델의 id값을 전달하면 된다.

```html
<div class="post-comment-create">
    <form method="POST" action="/posts/comment_add/">
        {% csrf_token %}
        <!-- 사용자가 직접 입력하지 않는 고정된 데이터를 form 내부에 위치 -->
        <input type="hidden" name="post" value="{{ post.id }}">
        {{ comment_form.content }}
        <button type="submit">게시</button>
    </form>
</div>
```

hidden 타입의 input은 사용자에게 표시되지 않는다. 여기서는 for문 내부에서 순회하며 사용하는 Post 객체(변수명 post)의 id값을 전달한다.

HTML을 수정할 때는 반드시 **해당 페이지를 다시 로드해야** 변경사항이 적용된다. 페이지를 다시 불러온 후, 적당히 값을 입력하고 디버그 콘솔에 전달된 request.POST의 내용을 확인해보자.

```
<QueryDict: {
    'csrfmiddlewaretoken': ['P4BwrQcgqWP...'],
    'post': ['1'],
    'content': ['댓글을 추가하자']
}>
Internal Server Error: /posts/comment_add/
```

post 키에 해당 Post의 id값이 전달된 것을 확인할 수 있다.

사용자 정보를 View에서 직접 할당

남은 데이터는 user값으로, 이 값을 사용자가 보내게 되면 악용할 수 있는 여지가 있으므로 View 함수 내부에서 Comment 생성 시 직접 지정하도록 한다. 댓글 생성이 완료되면 다시 피드 페이지로 돌아가게 한다.

posts/views.py

```python
...
@require_POST
def comment_add(request):
    # request.POST로 전달된 데이터를 사용해 CommentForm 인스턴스를 생성
    form = CommentForm(data=request.POST)
    if form.is_valid():
        # commit=False 옵션으로 메모리상에 Comment 객체 생성
        comment = form.save(commit=False)

        # Comment 생성에 필요한 사용자 정보를 request에서 가져와 할당
        comment.user = request.user

        # DB에 Comment 객체 저장
        comment.save()

        # 생성된 Comment의 정보 확인
        print(comment.id)
        print(comment.content)
        print(comment.user)
        # 생성 완료 후에는 피드 페이지로 다시 이동
        return redirect("/posts/feeds/")
```

user 값에는 View 함수가 매개변수로 받는 request(요청) 객체에 있는 사용자 정보를 사용한다. request로 전달되는 User 객체는 사용자가 임의로 지정하거나 변경할 수 없다.

이제 댓글을 입력하고 **게시** 버튼을 누르면 입력한 댓글이 생성되며, 피드 페이지로 이동한다.

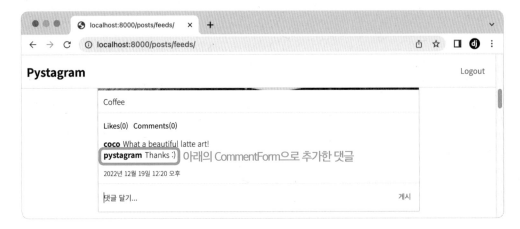

작성 완료 후 원하는 Post 위치로 이동

댓글은 잘 작성되지만, 보완해야 할 부분이 있다.

맨 위의 글에 댓글을 추가하면 작성 완료 후 피드 페이지로 이동했을 때 해당 글과 추가한 댓글이 잘 보인다. 하지만, 좀 더 아래쪽의 글에 댓글을 추가했을 때는 댓글 작성 후 피드 페이지의 맨 위로 이동하게 되어 추가한 댓글을 찾기가 힘들다.

글에 댓글을 추가한 후, 피드 페이지의 최상단이 아니라 댓글을 추가한 글로 돌아올 수 있다면 좋을 것이다. 이 기능을 구현하기 위해 HTML 요소의 **id** 속성을 활용할 수 있다. 각각의 Post에 해당하는 HTML 요소에 id값을 할당해보자.

templates/posts/feeds.html

```
<div id="feeds" class="post-container">
    {% for post in posts %}
        <article id="post-{{ post.id }}" class="post">
```

posts를 순회하며 렌더링되는 각각의 Post(article 요소)에 id 속성을 추가했다. HTML 요소의 id값은 현재 브라우저에서 보고 있는 페이지에서 유일해야 하며, 이를 위해 **post-{{ post.id }}**로 각 Post마다 유일한 값을 갖는 속성인 id를 동적으로 할당했다.

페이지 소스보기로 렌더링된 HTML 결과를 확인해보면 각각의 Post에 해당하는 article 요소가 post-1, post-2, post-3과 같이 다른 id값을 가진 것을 확인할 수 있다.

id="post-{{ post.id }}" 구문이 렌더링된 결과

```
<div id="container">
    <div id="feeds" class="post-container">
        <article id="post-1" class="post">
        ...
        <article id="post-2" class="post">
        ...
        <article id="post-3" class="post">
```

현재 피드 페이지의 URL은 **localhost:8000/posts/feeds/**이다. 이 URL뒤에 **#{HTML 요소의 id}**를 입력하면, 그 id를 가진 요소의 위치로 이동하게 된다. 상황에 따라 존재하는 Post의 id값은 다를 수 있으므로, 페이지 소스 보기나 관리자 페이지에서 Post id를 확인한 후 주소표시줄의 URL뒤에 #post-{id값}을 입력해보자. 필자의 경우, id가 3인 Post가 가장 아래쪽에 위치하므로 #post-3을 입력했다.

주소표시줄에 입력 후 **Enter**를 누르면 # 뒤에 입력한 id를 가진 요소의 위치로 이동한다.

이를 이용해 댓글 작성이 완료된 후 피드 페이지에서 스크롤될 위치를 지정할 수 있다. 다만, 이 경우에는 지금까지 사용한 redirect() 함수는 사용할 수 없으며, 대신 HttpResponseRedirect 객체를 사용해야 한다.

posts/views.py

```python
from django.http import HttpResponseRedirect
...

@require_POST
def comment_add(request):
    form = CommentForm(data=request.POST)
    if form.is_valid():
        comment = form.save(commit=False)
        ...
        # 생성한 comment에서 연결된 post 정보를 가져와서 id값을 사용
        return HttpResponseRedirect(f"/posts/feeds/#post-{comment.post.id}")
```

redirect는 HttpResponseRedirect 객체 사용을 좀 더 간편하게 만든 shortcut으로, HttpResponseRedirect의 자주 사용하는 기능들을 모아놓은 함수이다. redirect에서는 URL 뒤에 추가 문자열을 붙이는 것을 허용하지 않으므로, redirect 시킬 URL 뒤에 #post-3과 같은 문자열을 추가하려면 HttpResponseRedirect 객체를 직접 사용한다.

이제 피드 페이지를 다시 로드하고 아래쪽 글에서 댓글을 작성하면, 작성 완료 후 해당 글 위치까지 자동으로 이동한다.

18.1.5 글의 댓글 수 표시

마지막으로 Post에 몇 개의 Comment가 연결되어 있는지 표시해보자. 연결된 객체의 정보가 전부 필요하지 않고 단순히 개수만 필요하다면 QuerySet의 count 메서드를 사용하면 좋다. 인터프리터에서 사용법을 확인해보자.

Terminal

```
> python manage.py shell
>>> from posts.models import Post

>>> for post in Post.objects.all():
...     print(f"id: {post.id}, comment_count: {post.comment_set.count()}")
...
id: 1, comment_count: 2
id: 2, comment_count: 2
id: 3, comment_count: 1
```

post.comment_set.all()로 Post에 연결된 모든 Comment들을 가져오는 것은 이미 여러 번 사용해보았다. all() 대신 count()를 호출하면 해당 Post에 연결된 Comment의 개수를 가져올 수 있다.

템플릿에서는 comment_set.count로 괄호()를 제외하고 사용한다.

templates/posts/feeds.html

```
<div class="post-buttons">
    <button type="submit">Likes(0)</button>
    <span>Comments({{ post.comment_set.count }})</span>
</div>
```

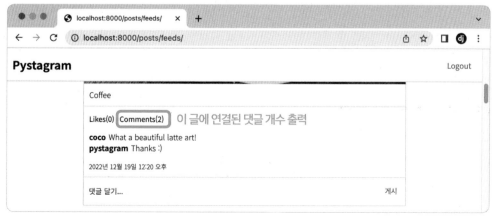

comments(댓글 개수)로 Post의 댓글 개수를 표시

18.1.6 댓글 삭제

댓글을 삭제하는 로직은 추가와 비슷하나 그보다 훨씬 간단하다. 삭제할 댓글의 id 정보를 받고, 받은 id
에 해당하는 Comment 객체를 delete() 메서드로 삭제하면 된다. 삭제할 댓글의 id는 request.POST로
받는 대신, URL로 받도록 해보자. 데이터를 URL로 받는 것과는 별개로, 댓글 삭제는 DB의 내용을 수정
하는 명령이므로 method가 POST일 때만 동작해야 한다.

View와 URL 구현

posts/views.py

```python
from posts.models import Post, Comment
...


@require_POST
def comment_add(request):
    ...


@require_POST
def comment_delete(request, comment_id):
    if request.method == 'POST':
        comment = Comment.objects.get(id=comment_id)
        comment.delete()
        return HttpResponseRedirect(f"/posts/feeds/#post-{comment.post.id}")
```

posts/urls.py

```python
from posts.views import feeds, comment_add, comment_delete

urlpatterns = [
    ...
    path("comment_delete/<int:comment_id>/", comment_delete),
]
```

View 함수에서 comment_id를 받기로 했으므로, urls.py의 path를 정의할 때 comment_id를 int로
받을 수 있도록 해준다.

삭제할 Comment가 요청한 사용자가 작성한 것인지 확인

이렇게 구성하면 Comment를 작성한 소유자가 아니어도 적당한 Comment의 id값을 사용해 comment_
delete에 삭제를 요청하면 댓글을 삭제할 수 있다. View 함수에서 삭제 요청이 들어온 Comment의
작성자가 요청한 사용자와 일치하는지 먼저 확인해야 한다.

```python
from django.http import HttpResponseRedirect, HttpResponseForbidden

@require_POST
def comment_delete(request, comment_id):
    comment = Comment.objects.get(id=comment_id)
    if comment.user == request.user:
        comment.delete()
        return HttpResponseRedirect(f"/posts/feeds/#post-{comment.post.id}")
    else:
        return HttpResponseForbidden("이 댓글을 삭제할 권한이 없습니다")
```

request.user(요청한 사용자)가 comment.user(댓글의 작성자)와 같은지 검사하고, 일치하는 경우에만 댓글을 삭제한다. 일치하지 않는다면, 권한이 없음을 브라우저에게 알려주는 HttpResponseForbidden을 리턴해주도록 한다. HttpResponseForbidden의 상태코드는 403으로, 요청 데이터는 유효하나 해당 요청을 실행할 권한이 없다는 의미를 가진다.

템플릿에 삭제 버튼 추가

현재 로그인한 사용자가 작성한 글에만 삭제 버튼을 추가해야 한다.

```html
<div class="post-comments">
    <ul>
        {% for comment in post.comment_set.all %}
        <li>
            <span>{{ comment.user.username }}</span>
            <span>{{ comment.content }}</span>

            <!-- 댓글 삭제 Form 추가 -->
            {% if user == comment.user %}
                <form method="POST" action="/posts/comment_delete/{{ comment.id }}/">
                    {% csrf_token %}
                    <button type="submit">삭제</button>
                </form>
            {% endif %}
        </li>
        {% endfor %}
    </ul>
</div>
```

{% if user == comment.user %} 구문으로 현재 로그인된 사용자가 댓글의 작성자인지 확인 후 일치할 경우에만 삭제 버튼을 만들어주도록 한다.

댓글 작성 기능에서는 action이 고정 URL이었지만, 댓글 삭제 시에는 어떤 댓글을 삭제할지 URL을 통해 받기 때문에 action에 들어가는 URL의 마지막 부분이 Comment별로 다르게 만들어져야 한다.

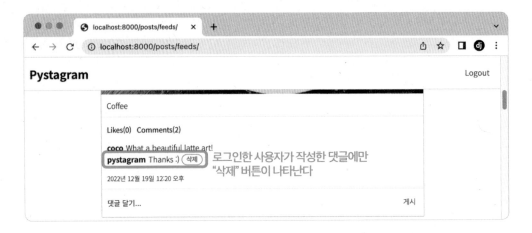

댓글 삭제 버튼을 눌러보면 댓글이 삭제된 후, 삭제된 댓글이 있던 글로 이동한다.

18.2 글 작성하기

글 작성 기능은 블로그 프로젝트에서 이미 만들어보았다. 이번 파트에서는 한 번에 여러 장의 사진을 업로드하는 법까지 추가하여 처리해보도록 한다.

18.2.1 글 작성 기본구조 구현

- View: /posts/post_add/
- URL: post_add
- Template: templates/posts/post_add.html

View

posts/views.py (가장 아래쪽에 작성)

```
...
def post_add(request):
    return render(request, "posts/post_add.html")
```

URLconf

posts/urls.py

```
...
from posts.views import feeds, comment_add, comment_delete, post_add

urlpatterns = [
    ...
    path("post_add/", post_add),
]
```

Template

templates/posts/post_add.html (새로 생성)

```
{% extends 'base.html' %}

{% block content %}
<div id="post-add">
    <h1>Post Add</h1>
</div>
{% endblock %}
```

http://localhost:8000/posts/post_add/에 접속해 Template 내용이 잘 출력되는지 확인한다.

18.2.2 PostForm 클래스 구현

CommentForm과 같이 ModelForm으로 구성한다.

posts/forms.py

```python
from posts.models import Comment, Post

...
class PostForm(forms.ModelForm):
    class Meta:
        model = Post
        fields = [
            "content",
        ]
```

18.2.3 View 로직, Template 구현

post_add View에서 Template으로 PostForm을 전달한다.

posts/views.py

```python
from posts.forms import CommentForm, PostForm
...

def post_add(request):
    form = PostForm()
    context = {"form": form}
    return render(request, "posts/post_add.html", context)
```

전달받은 PostForm을 사용해 Template을 구현한다.

templates/posts/post_add.html

```html
{% extends 'base.html' %}

{% block content %}
    <nav>
        <h1>Pystagram</h1>
    </nav>
    <div id="post-add">
        <h1>Post 작성</h1>
        <form method="POST">
            {% csrf_token %}
            {{ form.as_p }}
            <button type="submit">게시</button>
        </form>
    </div>
{% endblock %}
```

PostForm을 구성하고, 해당 Form을 사용하는 Template을 작성했다.

localhost:8000/posts/post_add/로 접속해보자.

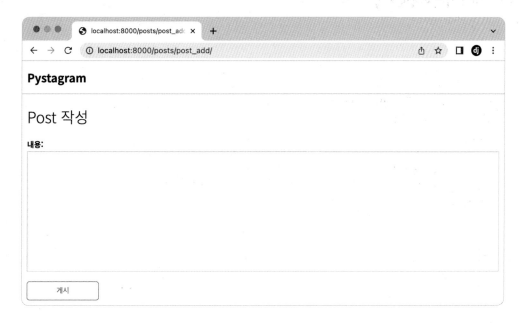

Post를 만들기 위해서는 내용뿐 아니라 이미지 파일들도 필요한데, 이미지 파일을 저장하는 필드는 Post 모델이 아닌 PostImage 모델에 있다.

ModelForm은 기본적으로 **class Meta** 속성에 정의한 하나의 모델만을 생성할 수 있으며, 이미지 파일 여러 장을 추가로 받아 처리하는 기능은 가지고 있지 않다. 여러 이미지를 처리하도록 커스터마이징 하는 것이 불가능한 것은 아니지만, 입문자가 처리하기에는 조금 어려운 내용이므로 **여러 장의 이미지를 업로 드해서 PostImage 객체를 여러 개 생성하는** 기능은 PostForm과는 별도로 구성해보자.

18.2.4 여러 장의 이미지 업로드

Template에 직접 \<input type="file"\> 구성

여러 개의 파일을 받는 input은 아래와 같이 구성해야 한다.

templates/posts/post_add.html

```html
<!-- file을 전송할 것이므로 enctype을 multipart/form-data로 설정해야 한다 -->
<form method="POST" enctype="multipart/form-data">
    {% csrf_token %}
    <div>
        <!-- label의 for 속성에는 가리키는 input의 id값을 입력 -->
        <label for="id_images">이미지</label>
        <input id="id_images" name="images" type="file" multiple>
    </div>
    {{ form.as_p }}
    <button type="submit"> 게시 </button>
</form>
```

파일을 첨부하기 위해 〈input〉의 type 속성을 **file**로 선언했다. 여러 개의 파일을 첨부하기 위해서는 **multiple** 속성이 추가로 선언되어야 한다. multiple 속성은 선언만 하면 되며 따로 값을 지정하지는 않는다. 파일을 첨부할 것이므로 form의 enctype을 multipart/form-data로 지정한다.

label에 있는 for 속성은 이 label이 어떤 input에 대한 설명인지를 지정하는 역할이며, 값은 가리키는 input의 id 속성값을 지정해야 한다. 여기서는 여러 파일을 받는 input의 id를 **id_images**로 지정했으므로 label의 for 속성은 **id_images**가 되어야 한다.

새 input과 label을 추가하면 아래와 같이 파일을 선택할 수 있는 버튼이 추가된다.

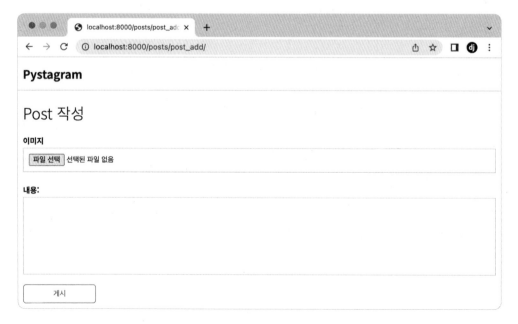

View에서 multiple 속성을 가진 file input의 데이터 받기

Template의 **images**와 **content** 중, **content**는 PostForm으로 전달하고 **images**로 전달된 여러 개의 파일을 별도로 처리해야 한다. multiple 속성으로 전달한 여러 개의 파일 데이터는 request.FILES 대신 **request.FILES.getlist("〈전달된 input의 'name' 속성〉")**으로 가져온다.

블로그 프로젝트에서의 글 작성 View와 비슷한 구조를 가진다.

posts/views.py

```python
from posts.models import Post, Comment, PostImage
...


def post_add(request):
    if request.method == "POST":
        # request.POST로 온 데이터 ("content")는 PostForm으로 처리
        form = PostForm(request.POST)

        if form.is_valid():
            # Post의 "user" 값은 request에서 가져와 자동 할당한다
            post = form.save(commit=False)
            post.user = request.user
            post.save()

            # Post를 생성한 후
            # request.FILES.getlist("images")로 전송된 이미지들을 순회하며 PostImage 객체를 생성한다
            for image_file in request.FILES.getlist("images"):
                # request.FILES 또는 request.FILES.getlist()로 가져온 파일은
                # Model의 ImageField 부분에 곧바로 할당한다
                PostImage.objects.create(
                    post=post,
                    photo=image_file,
                )

            # 모든 PostImage와 Post의 생성이 완료되면
            # 피드 페이지로 이동하여 생성된 Post의 위치로 스크롤되도록 한다
            url = f"/posts/feeds/#post-{post.id}"
            return HttpResponseRedirect(url)

    # GET 요청일 때는 빈 form을 보여주도록 한다
    else:
        form = PostForm()

    context = {"form": form}
    return render(request, "posts/post_add.html", context)
```

꽤 많은 내용이 추가되었지만, pylog 프로젝트와 비교하면 아래 코드 블록만 추가되었다.

```python
for image_file in request.FILES.getlist("images"):
    # request.FILES 또는 request.FILES.getlist()로 가져온 파일은 Model의 ImageField 부분에 즉시 할당
    PostImage.objects.create(
        post=post,
        photo=image_file,
    )
```

글 작성 화면에서 여러 파일을 선택하고(Shift를 누른 상태로 파일들을 하나씩 선택) **게시** 버튼을 누르면 선택한 파일들이 request.FILES.getlist("images")에 리스트로 전달된다.

파일들이 리스트 안에 들어 있으므로, 해당 파일 리스트를 for문으로 순회하며 각각의 이미지 파일을 사용해 PostForm으로 생성한 Post객체와 연결되는 PostImage 객체를 생성한다.

여러 파일을 선택하고 글을 생성하여 여러 개의 이미지가 연결된 Post 객체의 생성을 확인하자.

18.2.5 내비게이션 바에 링크 추가

피드 페이지에서 글 작성 페이지로의 작성 추가

templates/posts/feeds.html

```html
<nav>
    <h1>
        <a href="/posts/feeds/">Pystagram</a>
    </h1>
    <a href="/posts/post_add/">Add post</a>
    <a href="/users/logout/">Logout</a>
</nav>
```

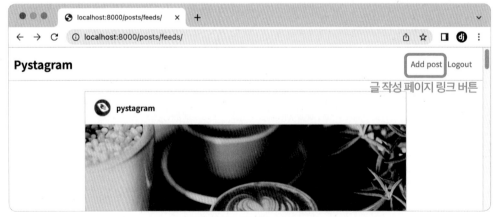

글 작성 페이지로 이동 버튼 추가

글 작성 페이지에서 피드 페이지로 돌아오는 링크 추가

templates/posts/post_add.html

```html
<nav>
    <h1>
        <a href="/posts/feeds/">Pystagram</a>
    </h1>
    <!-- 로그아웃 링크도 함께 추가 -->
    <a href="/users/logout/">Logout</a>
</nav>
```

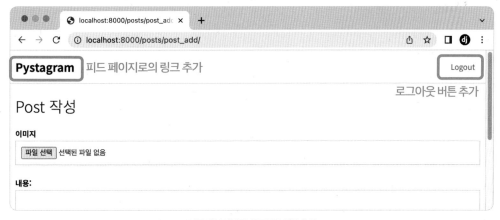

피드 페이지 링크, 로그아웃 버튼 추가

## CHAPTER 19

동적 URL

19.1 URL 경로 변경

19.1.1 URL 경로를 변경할 때 생기는 중복작업

다음 기능을 만들기 전에 Django가 URL과 관련된 코드 유지보수를 용이하게 하기 위해 제공하는 기능을 사용해보자.

지금까지 템플릿과 View에서 특정 URL로 이동하거나, action에 URL을 입력하거나 할 때에 직접 URL 경로를 입력해왔다. 이 방법은 직관적이지만, URL과 관련된 코드를 수정할 때 반드시 두 부분을 동시에 수정해야 한다.

로그인 페이지의 주소를 변경한다고 가정하고, 어느 부분을 수정해야 하는지 알아보자. 지금 로그인 페이지 URL은 /users/login/을 사용하고 있다. 이 URL을 /users/login2/를 사용하도록 변경하려면 /users/login/을 사용한 모든 부분을 변경해야 한다.

먼저, URL 자체가 변경되므로 path가 설정된 users/urls.py를 변경한다.

users/urls.py

```
urlpatterns = [
    path("login2/", login_view),
```

Template에서는 회원가입 페이지의 **로그인 페이지로 이동** 링크에서 /users/login/을 사용하고 있다.

templates/users/signup.html

```
<div id="signup">
    <form method="POST" enctype="multipart/form-data">
        ...
        <a href="/users/login2/">로그인 페이지로 이동</a>
    </form>
</div>
```

posts/views.py에서는 feeds View 함수에서 사용자가 인증되지 않은 경우 로그인 페이지로 돌려보내는 로직에서 사용하고 있다.

posts/views.py

```python
def feeds(request):
    ...
    if not user.is_authenticated:
        return redirect("/users/login2/")
```

users/views.py에서는 logout View 함수에서 로그아웃 처리 완료 후 로그인 페이지로 돌려보내는 부분에서 사용한다.

users/views.py

```python
def logout_view(request):
    ...
    return redirect("/users/login2/")
```

마지막으로 config/views.py의 index View에서 루트 URL로 접근 시 로그인 페이지로 보내는 부분에서 사용한다.

config/views.py

```python
from django.shortcuts import redirect

def index(request):
    if request.user.is_authenticated:
        return redirect("/posts/feeds/")
    else:
        return redirect("/users/login2/")
```

URLconf에 정의된 **"/users/login/"** URL을 총 4군데(Template에서 1곳, View에서 3곳)에서 사용 중이었고, 로그인 URL이 변경된다면 이 코드들을 4군데에서 모두 변경해야 한다. 프로젝트가 복잡해질수록 한 URL을 여러 곳에서 사용할 것이고, 변경할 부분이 점점 많아지게 된다.

URLconf에 있는 로그인 페이지 URL값이 변경되었을 때 자동으로 변경된 내용을 반영할 수 있다면 관리가 훨씬 쉬워질 것이다. 이를 위해 Django에서는 View와 Templete에서 동적으로 URL을 사용할 수 있는 기능을 제공한다.

19.2 Template의 동적 URL 변경

19.2.1 동적 URL 생성을 위한 요소 추가

동적으로 URL을 생성해서 사용하기 위해서는 app별로 분리된 하위 urls.py에 app_name이라는 속성이 필요하다. 일반적으로는 app의 패키지명(디렉터리명)을 사용한다.

users/urls.py

```
...
app_name = "users"
urlpatterns = [
    ...
]
```

posts/urls.py

```
...
app_name = "posts"
urlpatterns = [
    ...
]
```

19.2.2 Template을 위한 {% url %} 태그

📄 **Docs** _ {% url %} Template tag
https://docs.django.ac/templates/tags/url

{% url "URL pattern name" %} 태그는 Template에서 urls.py의 내용을 이용해 동적으로 URL을 생성해준다. 중간에 들어가는 URL pattern name 부분은 아래 구조를 가진다.

```
{urls.py에 있는 app_name}:{path()에 지정된 name}
```

app_name은 방금 각각의 urls.py에 등록했다. 지금까지 등록한 path()에는 name 속성이 없으므로, 이를 지정해보자.

users/urls.py

```
...
app_name = "users"
urlpatterns = [
    path("login2/", login_view, name="login"),
    path("logout/", logout_view, name="logout"),
    path("signup/", signup, name="signup"),
]
```

{% url %} 태그에 사용하는 **app_name**과 **path()**의 **name 속성**으로 만들 수 있는 이름을 **URL pattern name**이라 부르며, 여기서 login_view와 연결되는 URL pattern name은 **users:login**이 된다.

signup.html에 있는 로그인 페이지로 이동하는 링크를 동적으로 만들어보자.

templates/users/signup.html

```
<a href="{% url 'users:login' %}">로그인 페이지로 이동</a>
```

로그아웃 하고(버튼을 없애버렸으므로 관리자 페이지에서 시도해야 한다.) localhost:8000/users/signup/에 접근해 **페이지 소스 보기**로 어떤 URL이 생성되었는지 확인한다.

'페이지 소스 보기' 결과

```
<div id="signup">
    <form method="POST" enctype="multipart/form-data">
        ...
        <button type="submit" class="btn btn-signup">가입</button>
        <a href="/users/login2/">로그인 페이지로 이동</a>
    </form>
</div>
```

/users/login2/로 변경된 URL이 적용됐다. users/urls.py에 있는 **path("login2/", …)를 path("login135/",** **…)**로 변경하고, 회원가입 페이지를 새로고침해서 HTML 코드가 어떻게 변경됐는지 다시 확인해보자.

users/urls.py에서 path("login/135/", …)로 변경 후

```html
<div id="signup">
    <form method="POST" enctype="multipart/form-data">
        ...
        <button type="submit" class="btn btn-signup">가입</button>
        <a href="/users/login135/">로그인 페이지로 이동</a>
    </form>
</div>
```

urls.py에서 변경한 내용이 자동으로 반영된다. {% url %} 태그를 사용하면 path 함수에서 지정한 이름을 사용해 Template에서 같은 URL을 참조하는 부분을 수정하는 반복적인 작업을 피할 수 있다.

이전 챕터에서 `login2/`를 사용하도록 View와 Template을 수정한 상태이므로, 다시 `login2/`를 사용하도록 변경한다. View와 Template 양쪽에서 동적으로 URL을 사용하도록 수정이 완료되면 다시 `login/`으로 변경할 것이다.

users/urls.py

```python
app_name = "users"
urlpatterns = [
    path("login2/", login_view, name="login"),
```

posts/urls.py에서도 각각의 path()에 name을 지정하자.

posts/urls.py

```python
app_name = "posts"
urlpatterns = [
    path("feeds/", feeds, name="feeds"),
    path("comment_add/", comment_add, name="comment_add"),
    path("comment_delete/<int:comment_id>/", comment_delete, name="comment_delete"),
    path("post_add/", post_add, name="post_add"),
]
```

19.2.3 {% url %} 태그를 사용하도록 기존 Template 코드 수정

Template에서 직접 URL 경로를 입력했던 모든 부분을 {% url %} 태그를 사용하도록 수정하자.

templates/users

로그인 페이지

templates/users/login.html

```
<a href="{% url 'users:signup' %}">회원가입 페이지로 이동</a>
```

회원가입 페이지

templates/users/signup.html

```
<a href="{% url 'users:login' %}">로그인 페이지로 이동</a>
```

templates/posts

글 작성 페이지

내비게이션 바 링크를 수정한다.

templates/posts/post_add.html

```
<nav>
    <h1>
        <a href="{% url 'posts:feeds' %}">Pystagram</a>
    </h1>
    <!-- 로그아웃 링크도 함께 추가 -->
    <a href="{% url 'users:logout' %}">Logout</a>
</nav>
```

피드 페이지

- 내비게이션 바 부분

templates/posts/feeds.html (상단)

```
<nav>
    <h1>
        <a href="{% url 'posts:feeds' %}">Pystagram</a>
    </h1>
    <a href="{% url 'posts:post_add' %}">Add post</a>
    <a href="{% url 'users:logout' %}">Logout</a>
</nav>
```

■ 댓글 삭제/생성 부분

```html
<!-- 댓글 삭제 부분 -->
<div class="post-comments">
    ...
    {% if user == comment.user %}
        <form method="POST"
                action="{% url 'posts:comment_delete' comment_id=comment.id %}">

<!-- 댓글 생성 부분 -->
<div class="post-comment-create">
    <form method="POST" action="{% url 'posts:comment_add' %}">
```

내비게이션 바/로그인/회원가입/댓글 생성은 모두 유사한데, 댓글 삭제는 조금 형태가 다르다.

```
{% url 'posts:comment_delete' comment_id=comment.id %}
```

URL pattern name이 **posts:comment_delete**로, app_name이 **posts**인 urls.py에서 name이 **comment_ delete**인 URL을 동적으로 생성하겠다는 의미이다. 이 URL에 해당하는 path()는 아래와 같다.

```
path("comment_delete/<int:comment_id>/", comment_delete, name="comment_delete")
```

이 경로는 〈int:comment_id〉 부분의 값을 URL을 통해 동적으로 입력받는다. 그러므로 이 path()를 사용해서 URL 경로를 만드려면 동적으로 입력받는 부분인 comment_id 값이 필요하다.

{% url %} 태그에서 **URL pattern name(comment_delete)과 동적으로 입력받는 부분의 이름(comment_id)에 Comment의 id값을** 할당해주었다. Comment의 id값이 5라면, 생성되는 URL은 **/posts/comment_ delete/5/**가 된다. 렌더된 HTML의 내용을 확인해보자.

19.3 View의 동적 URL 변경

19.3.1 View를 위한 reverse 함수

Template에서 {% url %} 태그를 사용하듯, View에서는 **reverse** 함수로 동적 URL을 생성할 수 있다. 동작을 셸에서 확인해보자.

```
〉 python manage.py shell
>>> from django.urls import reverse

# {urls.py의 app_name}:{path()의 name 속성}
>>> reverse('users:login')
'/users/login2/'

>>> reverse('posts:feeds')
'/posts/feeds/'

# 추가 인수를 dict에 담아 키워드 인수(keyword arguments)로 전달
>>> reverse('posts:comment_delete', kwargs={'comment_id': 1})
'/posts/comment_delete/1/'

# 추가 인수를 list에 담아 위치 인수(positional arguments)로 전달
>>> reverse('posts:comment_delete', args=[1])
'/posts/comment_delete/1/'
```

kwargs와 args, 2가지 방법으로 동적 URL 생성에 필요한 추가 정보를 전달할 수 있다. comment_delete View 함수의 형태를 살펴보자.

```
def comment_delete(request, comment_id):
    ...
```

Django가 기본적으로 채워넣어주는 request를 제외하면 매개변수는 **comment_id** 하나이며, 이 함수는 위치인수나 키워드인수를 전달해서 호출할 수 있다.

- **위치인수로 호출한 경우**: comment_delete(5)
- **키워드인수로 호출한 경우**: comment_delete(comment_id=5)

reverse 함수에서 인수를 전달할 때, args를 사용하는 경우는 위치인수를 사용하는 경우와 유사하며, kwargs를 사용하는 경우는 키워드인수를 사용하는 경우와 유사하다.

19.3.2 reverse 함수를 사용하도록 기존 View 코드 수정

💡 **Tips** _ redirect 함수와 reverse 함수

redirect 함수에 reverse 함수에서 사용할 수 있는 값(:으로 구분된 app_name:path_name)을 전달하면 reverse 함수의 결과 값이 자동으로 적용된다.

config/views.py

```python
from django.shortcuts import redirect

def index(request):
    if request.user.is_authenticated:
        return redirect("posts:feeds")
    else:
        return redirect("users:login")
```

users/views.py

```python
def login_view(request):
    if request.user.is_authenticated:
        return redirect("posts:feeds")
    ...
        if user:
            # 로그인 처리 후, 피드 페이지로 redirect
            login(request, user)
            # redirect() 함수는 직접 입력한 URL 경로나
            # reverse()에서 사용한 URL name 양쪽 모두 사용 가능하다.
            return redirect("posts:feeds")

...
def logout_view(request):
    logout(request)
    return redirect("users:login")

...
def signup(request):
    ...
    login(request, user)
    return redirect("posts:feeds")
```

```python
from django.urls import reverse


...
def feeds(request):
    ...
    if not user.is_authenticated:
        return redirect("users:login")


...
def comment_add(request):
    ...
    if form.is_valid():
        ...
        # redirect() 함수가 아닌 HttpResponseRedirect는 URL pattern name을 사용할 수 없다
        # 이 경우, reverse()로 URL을 만든 후, 뒤에 추가로 붙일 주소를 직접 입력해야 한다
        url = reverse("posts:feeds") + f"#post-{comment.post.id}"
        return HttpResponseRedirect(url)


...
@require_POST
def comment_delete(request, comment_id):
    comment = Comment.objects.get(id=comment_id)
    if comment.user == request.user:
        comment.delete()
        url = reverse("posts:feeds") + f"#post-{comment.post.id}"
        return HttpResponseRedirect(url)


...
def post_add(request)
    if request.method == "POST":
        ...
        if form.is_vaild():
            ...
            url = reverse("posts:feeds") + f"#post-{post.id}"
            return HttpResponseRedirect(url)
```

마지막으로 **login2/**를 사용하던 URL을 **login/**으로 변경해준다.

```python
app_name = "users"
urlpatterns = [
    path("login/", login_view, name="login"),
    ...
```

URL pattern name을 사용하는 모든 부분을 수정했다. 이제 urls.py에서 경로를 수정하면, Template과 View에서 해당 경로를 사용하는 부분들을 직접 바꿀 필요 없이 자동으로 동기화될 것이다.

## CHAPTER 20

해시태그

소셜 미디어에서는 게시물에 여러 **해시태그**를 달 수 있으며, **좋아요**를 누르는 기능이 존재한다. 이 기능은 테이블 간의 다대다 (Many-to-many) 연결구조를 필요로 한다. 해시태그와 좋아요 기능을 만들며 다대다 관계를 정의하고 사용해보자.

20.1 다대다 관계 모델

20.1.1 다대다 관계 모델

다대일(Many-to-one, N:1) 관계는 한 테이블의 **한 레코드**가 다른 테이블의 **여러 레코드**와 연관됨을 나타 냈다. 다대다(Many-to-Many, M2M, N:N) 관계는 한 테이블의 **여러 레코드**가 다른 테이블의 **여러 레코드** 와 연관되는 관계이다.

일반적으로, 학생은 **하나의 대학교**에만 속할 수 있다. 이 관계는 다대일(학생:학교)로 정의할 수 있다. 한 학생은 **여러 개의 수업**을 수강신청 할 수 있으며, 하나의 수업은 그 수업을 수강신청한 **여러 명의 학생**을 가질 수 있다. 이러한 관계를 다대다 관계라 부른다.

다대다 관계는 두 테이블의 연결을 정의하는 또 하나의 테이블이 필요하다. 표 형태로 설명해보겠다.

20.1.2 다대다 테이블 구조

학생 테이블

id	이름
1	김럭스
2	최이즈리얼
3	박룰루

수업 테이블

id	수업명
1	협곡
2	칼바람
3	TFT

위와 같이 학생과 수업 테이블이 있을 때, 다대다 관계를 만들기 위해서는 학생과 수업을 중개하는 테이 블이 하나 더 필요하다.

id가 1인 **김럭스** 학생이 id 1, 2인 **협곡**과 **칼바람** 수업을 수강 중이라면 아래와 같이 나타낼 수 있다.

학생과 수업을 중개하는 테이블

학생	수업
1	1
1	2

여기에 id가 2인 **최이즈리얼** 학생이 **협곡**, **칼바람**, **TFT** 3개의 수업을 모두 수강한다면, 레코드가 3개 더 추가된다.

학생과 수업을 중개하는 테이블

학생	수업
1	1
1	2
2	1
2	2
2	3

20.1.3 해시태그 모델 생성, ManyToMany 연결

해시태그 역시 학생과 수업과 같은 다대다 관계이다. 하나의 글은 여러 개의 해시태그를 가질 수 있으며, 해시태그로 검색하면 해당 해시태그를 가진 모든 글을 가져올 수 있다.

해시태그는 단순히 이름만을 가진다. 모델을 생성하자.

posts/models.py

```
...
# posts/models.py의 가장 아래쪽에 작성
class HashTag(models.Model):
    name = models.CharField("태그명", max_length=50)
```

다대다 관계는 관계를 정의하는 테이블이 각각의 모델과는 별개의 테이블로 만들어진다. Post 모델에서 다대다를 선언하거나, HashTag 모델에서 다대다를 선언하는 어느 쪽이든 중간에 테이블이 하나 만들어지는 결과는 같다. 하지만 관계에서 어느 쪽이 좀 더 다른 쪽을 **포함하는지**에 따라 다대다를 선언하는 모델이 달라진다. 아래와 같이 스스로에게 질문하면서 좀 더 타당하게 느껴지는 쪽을 다대다를 선언하는 모델로 정하면 된다.

- 글(Post)에 해시태그 여러 개를 포함하기
- 해시태그(HashTag)에 글 여러 개를 포함하기

글에 해시태그를 포함하는 것은 사용자가 글을 작성하면서 자연스럽게 만들어지는 관계이나, 해시태그에 글이 여러 개 포함되는 것은 여러 글들이 있을 때 역방향으로 검색하는 관계이다. 글이 해시태그를 포함하는 쪽이 좀 더 자연스러우므로, 다대다 관계는 Post 모델에 정의한다.

posts/models.py

```
class Post(models.Model):
    ...
    tags = models.ManyToManyField(HashTag, verbose_name='해시태그 목록', blank=True)
```

이렇게 정의하고 runserver를 실행하면 models.ManyToManyField(**HashTag**...)에서 HashTag가 정의되지 않아 찾을 수 없다고 하는 오류가 발생한다.

Terminal

```
> python manage.py runserver

...
Exception in thread django-main-thread:
Traceback (most recent call last):
  ...
  File ".../instagram/posts/models.py", line 8, in Post
    tags = models.ManyToManyField(HashTag, verbose_name="해시태그 목록", blank=True)
NameError: name 'HashTag' is not defined
```

posts/models.py에서 HashTag 클래스를 Post 클래스보다 아래쪽에 선언했기 때문에 Post 클래스가 정의될 때는 HashTag 클래스가 있다는 것을 알 수 없다. ForeignKey나 ManyToManyField를 사용할 때, 아래쪽에 선언한 모델을 참조할 때는 문자열을 사용한다.

```
tags = models.ManyToManyField("posts.HashTag", verbose_name="해시태그 목록",
blank=True)
```

{app 이름}:{Model 클래스 이름} 형태로 문자열을 지정하면, 보다 아래쪽에 선언한 Model 클래스도 참조할 수 있다.

새 모델을 만들었으므로 makemigrations와 migrate로 데이터베이스 변경사항을 적용시킨다.

```
> python manage.py makemigrations
Migrations for 'posts':
  posts/migrations/0002_auto.py
    - Create model HashTag
    - Add field tags to post

> python manage.py migrate
Operations to perform:
  Apply all migrations: admin, auth, contenttypes, posts, sessions, users
Running migrations:
  Applying posts.0002... OK
```

20.2   다대다 모델 admin

20.2.1   admin 구현

Djagno admin은 다대다 관계를 편집할 수 있는 admin을 내장하고 있다. admin에서 해시태그를 관리하려면 관리자 페이지에 해시태그 모델을 등록해야 한다.

posts/admin.py

```
from posts.models import ..., HashTag

...
@admin.register(HashTag)
class HashTagAdmin(admin.ModelAdmin):
    pass
```

이후 `localhost:8000/admin/`으로 접속해 아무 Post나 선택하여 변경 페이지로 들어가보자.

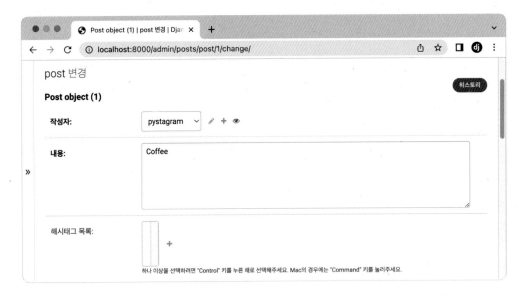

해시태그 목록이 생겼다. 우측의 + 버튼을 눌러 새 해시태그를 추가할 수 있다. 몇 개의 태그를 생성해서 추가해보자.

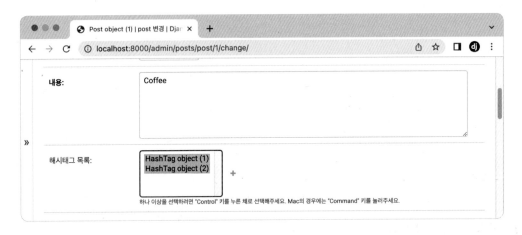

태그는 추가된 듯 한데, **HashTag objects (1)**과 같은 정보로는 이 객체가 어떤 태그인지 알 수가 없다. HashTag 모델에 **__str__** 메서드를 정의하자.

posts/models.py

```python
class HashTag(models.Model):
    name = models.CharField("태그명", max_length=50)

    def __str__(self):
        return self.name
```

HashTag 모델에 **__str__** 메서드를 정의하고 관리자 페이지를 새로고침하면 어떤 태그가 추가되었는지 볼 수 있다.

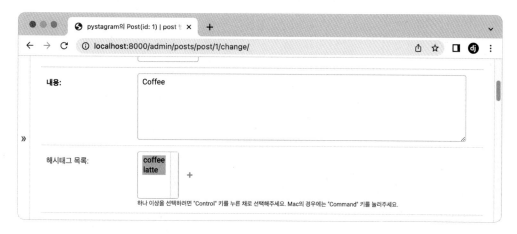

다대다 관계를 저장하려면 + 버튼을 눌러 태그를 추가하는 것과 별개로, 위와 같이 태그가 선택(배경 부분 색이 변경)된 상태로 저장해야 한다.

이렇게 여러 항목을 선택할 수 있는 HTML 요소는 multiple 속성이 추가된 ⟨select⟩ 태그이다. 여러 항목을 선택할 수는 있지만, 체크박스 형태의 UI보다는 불편하다. 다음과 같이 admin에 **formfield_overrides** 옵션을 추가하면 선택할 항목을 checkbox로 표시할 수 있다.

posts/models.py

```python
from django.db.models import ManyToManyField
from django.forms import CheckboxSelectMultiple

...
@admin.register(Post)
class PostAdmin(admin.ModelAdmin):
    ...
    # Post 변경 화면에서 ManyToManyField를 Checkbox로 출력
    formfield_overrides = {
        ManyToManyField: {"widget": CheckboxSelectMultiple},
    }
```

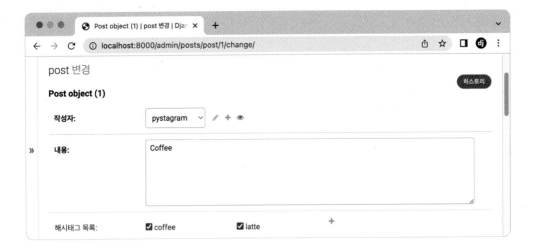

목록이 체크박스로 표시된다.

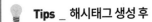 **Tips** _ 해시태그 생성 후
우측의 +를 눌러 새 해시태그를 추가했다면, 페이지를 새로고침 해야 추가된 해시태그가 나타난다.

admin에서 추가한 해시태그를 Template에서 출력해보자.

20.2.2 Template에 Post의 HashTag 표시

posts/feeds.html

```
<div class="post-content">
    {{ post.content|linebreaksbr }}
    <div class="post-tags">
        {% for tag in post.tags.all %}
            <span>#{{ tag.name }}</span>
        {% endfor %}
    </div>
</div>
```

Post 모델에 **tags**라는 이름의 ManyToManyField를 선언했다. ForeignKey를 역방향에서 참조할 때와 비슷하게 **post.tags.all()**로 연결된 전체 HashTag 객체를 불러올 수 있고, Template에서는 ( )를 제외한 **post.tags.all**을 사용한다.

Template에서 **⟨span⟩#{{ tag.name }}⟨/span⟩** 태그를 사용해 HashTag의 이름 앞에 #을 붙여서 보여 주었다.

20.3 해시태그 검색

20.3.1 해시태그의 사용 예시

인스타그램에서는 해시태그로 검색하거나 해시태그를 클릭하면 해당 해시태그를 가진 Post들을 가로 3 칸의 그리드 형태로 보여준다. 해시태그로 글을 필터링하고 보여주는 View를 별도로 구성해보자.

인스타그램에 접속해서 해시태그로 검색하거나 해시태그를 클릭해보면, URL에 클릭한 해시태그의 이 름이 들어있는 것을 볼 수 있다. 우리도 이와 유사하게 URL에서 해시태그의 **name** 속성을 받을 것이다.

진행하기 전에, Template에서 Post가 가로 3칸씩 나누어 출력되는 것을 확인해본다. admin에서 특정 해시태그가 4개 이상의 Post에 포함되도록 설정하자.

20.3.2 기본구조 구현

- **View**: posts/views.py → tags
- **URL**: /posts/tags/{tag의 name}/
- **Template**: templates/posts/tags.html

View 함수에서 특정 해시태그를 찾기 위해 tag_name이 매개변수로 전달될 수 있도록 한다.

View

posts/views.py

```
...
def tags(request, tag_name):
    return render(request, 'posts/tags.html')
```

URL이 tag의 **name** 속성을 동적으로 받을 수 있도록 설계한다. id를 동적으로 받을 때 `<int:post_id>`나 `<int:comment_id>`를 사용했는데, 문자열을 받을 때는 앞부분에 `str`을 사용한다. 뒷부분은 View 함수에서 매개변수명을 `tag_name`으로 지정했으므로 `tag_name`을 사용해준다.

URLconf

posts/urls.py

```python
from posts.views import ..., tags

urlpatterns = [
    ...
    path("tags/<str:tag_name>/", tags, name="tags"),
]
```

Template

templataes/posts/tags.html (새로 생성)

```html
{% extends 'base.html' %}

{% block content %}
<nav>
    <h1>
        <a href="{% url 'posts:feeds' %}">Pystagram</a>
    </h1>
    <a href="{% url 'posts:post_add' %}">Add post</a>
    <a href="{% url 'users:logout' %}">Logout</a>
</nav>
<div id="tags">
    <header class="tags-header">
        <h2>#{{ tag_name }}</h2>
        <div>게시물 1,094</div>
    </header>
    <div class="post-grid-container">
        <div class="post-grid"></div>
        <div class="post-grid"></div>
        <div class="post-grid"></div>
        <div class="post-grid"></div>
        <div class="post-grid"></div>
        <div class="post-grid"></div>
        <div class="post-grid"></div>
        <div class="post-grid"></div>
    </div>
</div>
{% endblock %}
```

header.tags-header 부분에는 어떤 해시태그로 검색했는지와 게시물 수를 보여주며, 각각의 Post는 post-grid-container 내부의 post-grid에 나타낸다.

localhost:8000/posts/tags/〈아무문자열〉/ 경로로 이동하면 아래와 같이 나타난다.

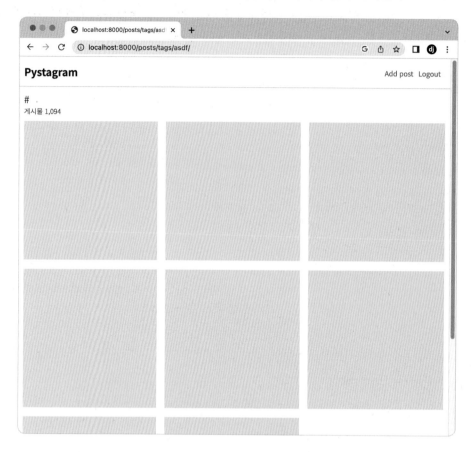

이제 /posts/tags/ 뒤에 입력한 문자열이 **name** 속성값과 같은 HashTag를 찾고, 해당 해시태그를 포함한 Post들을 돌려주도록 하자.

20.3.3 View에서 해시태그를 찾고, 해당하는 Post 목록 돌려주기

필자는 테스트를 위해 admin에서 **coffee**라는 태그를 만들고, 2개의 Post가 이 태그를 갖도록 설정했다. localhost:8000/posts/tags/coffee/로 접속하면, **tags View** 함수의 **tag_name**에 **coffee** 문자열이 전달될 것이다. 이때 전달받은 **tag_name** 값을 사용해 HashTag를 찾는다.

posts/views.py

```python
from posts.models import ..., HashTag
...

def tags(request, tag_name):
    tag = HashTag.objects.get(name=tag_name)
    print(tag)
    return render(request, "posts/tags.html")
```

localhost:8000/posts/tags/coffee/ (coffee 부분은 각자 생성한 해시태그의 이름에 따라 다르게 작성한다)로 접속하면, 디버그 콘솔에서 찾아낸 해시태그가 출력되는 것을 볼 수 있다.

```
coffee
[{timestamp}] "GET /posts/tags/coffee/ HTTP/1.1" 200 1254
```

name 속성이 URL로 전달한 tag_name인 HashTag를 찾았다면, 해당 해시태그를 갖는 Post 목록을 찾아야 한다. ManyToManyField로 선언된 필드는 =을 사용해 일치 여부를 검사하면 된다.

posts/views.py

```python
def tags(request, tag_name):
    tag = HashTag.objects.get(name=tag_name)

    # tags(M2M 필드)에 찾은 HashTag 객체가 있는 Post들을 필터
    posts = Post.objects.filter(tags=tag)

    # context로 Template에 필터링된 Post QuerySet을 넘겨주며,
    # 어떤 tag_name으로 검색했는지도 넘겨준다
    context = {
        "tag_name": tag_name,
        "posts": posts,
    }
    return render(request, "posts/tags.html", context)
```

Post 목록뿐 아니라, 어떤 tag_name으로 검색했는지도 Template으로 넘겨준다. 검색한 tag_name은 상단에 **어떤 태그로 검색했는지**를 보여주는 데 쓰인다.

20.3.4 Post 목록만큼 Grid 렌더링, tag_name 표시

templates/posts/tags.html

```html
...
</nav>
<div id="tags">
    <header class="tags-header">
        <h2>#{{ tag_name }}</h2>
        <div>게시물 {{ posts.count }}</div>
    </header>
    <div class="post-grid-container">
        {% for post in posts %}
            <div class="post-grid">{{ post.id }}</div>
        {% endfor %}
    </div>
</div>
```

결과를 확인하기 위해 {{ post.id }}로 글의 id값을 출력해본다.

Post 개수만큼 정사각형이 나타나며, Post id값을 볼 수 있다. 각각의 칸에 Post의 id 대신 Post가 가진 첫 번째 이미지를 나타내보자.

20.3.5   각각의 Post가 가진 첫 번째 이미지 보여주기

templates/posts/tags.html

```
<div class="post-grid-container">
    {% for post in posts %}
        <!-- Post에 연결된 PostImage가 있으며, 연결된 첫 번째 PostImage의 photo가 비어 있지 않은 경우-->
        {% if post.postimage_set.first and post.postimage_set.first.photo %}
            <div class="post-grid">
                <img src="{{ post.postimage_set.first.photo.url }}" alt="">
            </div>
        {% endif %}
    {% endfor %}
</div>
```

Post에 연결된 PostImage가 없거나 PostImage의 photo 필드가 비어 있는 경우에는 .url로 이미지의 주소를 가져오는 로직에서 오류가 발생할 것이다. 이미지를 렌더링하기 전에 {% if %} 태그 내에서 아래 두 가지 조건을 먼저 검사한다.

1   Post에 연결된 PostImage가 있는지를 post.postimage_set.first로 검사하며

2 연결된 PostImage가 있다면 **post.postimage_set.first.photo**로 해당 PostImage가 photo
  필드에 **사진 파일을 갖고 있는지**를 한 번 더 검사하고, 두 검사를 모두 통과한다면 이미지를 출력한다.

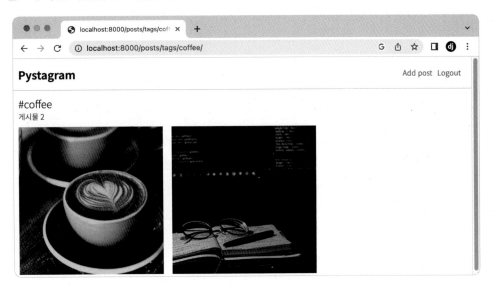

20.3.6 없는 해시태그로 검색했을 때 처리

HashTag의 **name** 속성으로 존재하는 문자열을 보내면 문제 없이 출력되지만, 없는 해시태그를 검색하
면 오류가 발생한다. **localhost:8000/posts/tags/invalid_name/**으로 접속해보자.

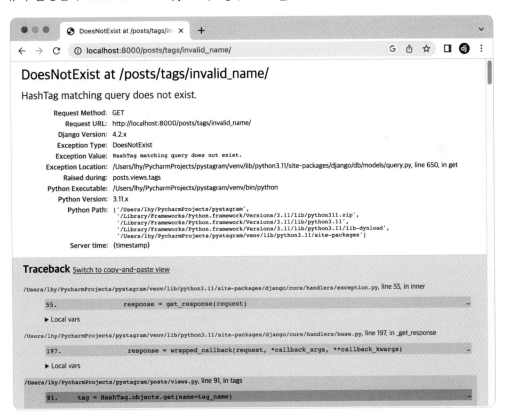

posts/views.py의 **tag = HashTag.objects.get(name=tag_name)** 부분에서 URL에 입력한 문자열이 **name** 속성인 HashTag를 찾지 못해 DoesNotExist 에러가 발생했다. HashTag에서 이름을 찾을 수 없는 경우에는 검색결과가 없다는 처리를 해주도록 하자.

posts/views.py

```python
def tags(request, tag_name):
    try:
        tag = HashTag.objects.get(name=tag_name)
    except HashTag.DoesNotExist:
        # tag_name에 해당하는 HashTag를 찾지 못한 경우, 빈 QuerySet을 돌려준다
        posts = Post.objects.none()
    else:
        posts = Post.objects.filter(tags=tag)

    context = {
    ...
```

파이썬의 예외처리 기법인 try-except 구문을 사용했다. tag_name이 name 속성인 HashTag를 찾지 못한다면 HashTag.DoesNotExist 예외가 발생한다. 이 경우에는 빈 Post QuerySet을 리턴해주는 Post.objects.none()의 결과를 posts 변수에 할당한다. try 뒤에 오는 else문은 except가 발생하지 않았을 때 실행하는 부분으로, HashTag를 찾는 데 성공했다면 해당 해시태그를 가지고 있는 모든 Post를 posts 변수에 할당한다.

이제 없는 해시태그명의 URL로 다시 접속해보자.

게시물이 나오지 않는다. 기왕이면 이 해시태그로 검색된 게시물이 없다고 알려주면 더 좋을 것 같다. Template에 게시물이 없을 때의 처리를 추가한다.

templates/posts/tags.html

```
<div class="post-grid-container">
    {% for post in posts %}
        ...
    {% empty %}
        <p>검색된 게시물이 없습니다</p>
    {% endfor %}
</div>
```

{% for %}와 **{% endfor %}** 사이에 **{% empty %}** 태그를 추가하면, 순회하는 posts값이 비어있을 때 **{% empty %}** 다음의 값이 나타난다.

이제 해당 태그명으로 필터링된 Post가 없을 때는 **검색된 게시물이 없습니다**라는 문구가 보인다.

20.3.7 피드 페이지의 글에서 해시태그 링크 생성

피드 페이지에서 해시태그를 누르면 검색결과로 이동해야 한다. 〈a〉 태그로 링크를 생성한다.

templates/posts/feeds.html

```
<div class="post-content">
    {{ post.content|linebreaksbr }}
    <div class="post-tags">
        {% for tag in post.tags.all %}
            <a href="{% url 'posts:tags' tag_name=tag.name %}">#{{ tag.name }}</a>
        {% endfor %}
    </div>
```

posts.urls(app_name이 **posts**)의 path 중, name이 **tags**이고, path에서 동적으로 받는 부분의 이름이 tag_name이므로 위와 같이 작성한다.

해시태그 부분에 링크가 적용되었다. 해당 링크를 클릭하면 태그 검색결과 페이지로 이동한다.

인쇄상 위 이미지는 해시태그에 아무 변화가 없어 보이지만 실제로 해시태그에 링크가 적용되면 파란 글씨로 보인다.

20.4 해시태그 생성

20.4.1 ManyToManyField 항목 추가 실습

Post에 정의된 **tags** ManyToManyField에 HashTag를 추가할 때는 add 함수를 사용한다. 인터프리터에서 실습해보자.

```
> python manage.py shell
>>> from posts.models import Post, HashTag

# 임의의 HashTag 객체 하나 생성
>>> tag = HashTag.objects.create(name='테스트해시태그')
>>> tag
<HashTag: 테스트해시태그>

# 새 Post 생성에 사용할 User 가져오기
>>> from users.models import User
>>> user = User.objects.first()
>>> user
<User: pystagram>

# 임의의 Post 객체 하나 생성
>>> post = Post.objects.create(user=user, content='HashTag 테스트용 Post')
>>> post
<Post: Post object (10)>

# 생성한 Post에는 해시태그가 하나도 연결되어 있지 않은 것을 확인
>>> post.tags.all()
<QuerySet []>

# Post에 생성한 HashTag를 연결
>>> post.tags.add(tag)
>>> post.tags.all()
<QuerySet [<HashTag: 테스트해시태그>]>
```

post.tags.add 함수로 HashTag를 Post와 연결할 수 있다. 이제 admin에서 해시태그를 생성하는 대신, 글 작성 페이지에서 입력한 값으로 View에서 해시태그를 생성해보자.

20.4.2 해시태그 추가 input 구현

templates/post_add.html

```html
<form method="POST" enctype="multipart/form-data">
    {% csrf_token %}
    <div>
        <label for="id_images">이미지</label>
        <input id="id_images" name="images" type="file" multiple>
    </div>
    {{ form.as_p }}
    <div>
        <label for="id_tags">해시태그</label>
        <input id="id_tags" name="tags"
                type="text" placeholder="쉼표(,)로 구분하여 여러 태그 입력">
    </div>
    <button type="submit">게시</button>
</form>
```

글 작성 페이지에 해시태그 입력란 추가

해시태그를 입력할 input이 추가됐다. name에 **tags**를 주었으므로, post_add View에서 **request. POST.get("tags")**로 이 데이터를 가져올 수 있을 것이다.

20.4.3 쉼표로 구분된 문자열 처리

입력한 문자열에서 쉼표 단위로 데이터를 분리해 HashTag를 만드는 과정을 구현하기 전에 먼저 인터프리터에서 실습해본다.

```
〉 python manage.py shell
>>> tag_string = 'coffee,latte'

# 문자열 내장함수인 split()에 인수로 쉼표(,)를 전달하면, 문자열이 쉼표 단위로 나뉜 리스트가 리턴된다
>>> tag_string.split(',')
['coffee', 'latte']

# 중간에 공백이 들어가 있는 경우는 처리하지 못한다
>>> tag_string = 'coffee, latte'
>>> tag_string.split(',')
['coffee', ' latte']

# 문자열에서 좌우 공백을 없애는 함수는 strip()이다
>>> '   좌우 공백 포함   '.strip()
'좌우 공백 포함'

# list comprehension으로 리스트 내의 공백 문자열을 없앤다
>>> tag_string = 'coffee, latte'
>>> tag_list = [tag.strip() for tag in tag_string.split(',')]
>>> tag_list
['coffee', 'latte']
```

사용자가 공백을 포함해서 태그들을 입력했을 때도 strip 메서드를 사용해 앞뒤의 공백문자를 제외하도록 처리한다.

```python
def post_add(request):
    if request.method == "POST":
        form = PostForm(request.POST)
        if form.is_valid():
            post = form.save(commit=False)
            ...

            # "images"에 전달된 여러 장의 이미지 파일로 각각의 PostImage 생성
            for image_file in request.FILES.getlist("images"):
                ...

            # "tags"에 전달된 문자열을 분리해 HashTag 생성
            tag_string = request.POST.get("tags")
            if tag_string:
                tag_names = [tag_name.strip() for tag_name in tag_string.split(",")]
                for tag_name in tag_names:
                    tag, _ = HashTag.objects.get_or_create(name=tag_name)
                    # get_or_create로 생성하거나 가져온 HashTag 객체를 Post의 tags에 추가한다
                    post.tags.add(tag)
            url = reverse("posts:feeds") + f"#post-{post.id}"
            return HttpResponseRedirect(url)
```

request.POST에 **tags**로 문자열이 전달되었을 경우에만 진행하며, 전달된 문자열을 쉼표 단위로 구분해서 HashTag.objects.get_or_create( )를 호출한다.

get_or_create( )는 인수로 전달하는 값에 해당하는 객체가 이미 존재한다면 DB의 내용을 가져오고, 없다면 새로 DB에 생성한다. 같은 이름을 가진 HashTag가 중복으로 존재할 필요는 없으므로, create( ) 대신 get_or_create( )를 사용한다. get_or_create( )의 결과는 2개의 아이템을 가진 튜플로 반환된다.

```
{DB에서 가져오거나 생성된 객체}, {생성 여부} = Model.objects.get_or_create(속성)
```

결과를 두 개의 변수에 할당하면, 첫 번째 변수에는 생성되거나 가져온 객체가 할당되며, 두 번째 변수에는 DB에 해당 속성을 가진 객체가 없어서 생성한 경우 True, 이미 존재하던 데이터를 단순히 가져오기만 했다면 False가 할당된다. 지금은 객체의 생성 여부를 알 필요가 없는데, 반환되는 객체가 필요 없는 경우 관용적으로 변수명에 언더스코어(_)를 사용해서 의미없는 변수임을 나타낸다.

글 작성에서 추가할 해시태그들을 쉼표 단위로 구분해서 입력하면 작성된 게시물에 해시태그가 추가된다.

CHAPTER 21
글 상세 페이지

글(Post) 상세 페이지를 구현하고, Template의 중복된 내용들을 제거하는 리팩터링*을 진행해본다.

* 리팩터링(refactoring)은 **결과의 변경 없이 코드의 구조를 재조정함**을 뜻한다. 주로 가독성을 높이고 유지보수를 편하게
  하며, 버그를 없애거나 새로운 기능을 추가하는 것은 아니다.

21.1 글 상세 페이지

21.1.1 기본구조 구현

- View: posts/views.py → post_detail
- URL: /posts/〈post_id〉/
- Template: templates/posts/post_detail.html

매개변수로 전달받은 post_id에 해당하는 Post 객체를 Template으로 전달한다.

View

posts/views.py (가장 아래쪽에 작성)

```python
def post_detail(request, post_id):
    post = Post.objects.get(id=post_id)
    context = {"post": post}
    return render(request, "posts/post_detail.html", context)
```

URLconf

posts/urls.py

```python
from posts.views import ..., post_detail

app_name = "posts"
urlpatterns = [
    ...
    path("<int:post_id>/", post_detail, name="post_detail"),
]
```

Template

```
{% extends 'base.html' %}

{% block content %}
<div id="post-detail">
    <h1>Post Detail</h1>
</div>
{% endblock %}
```

posts/urls.py에 있는 내용들은 config.urls에서 **posts/** 경로로 include시켰으므로 /posts/1/, /posts/3/과 같은 URL을 만드려면 추가할 path에서는 단순히 숫자 하나만을 받을 수 있게 정의해야 한다.

21.1.2 Template 내용 구현

Post의 상세화면은 피드 페이지의 각각의 글과 같다. 피드 페이지에서 각 글을 어떻게 렌더링했는지 먼저 살펴보자.

```
{% extends 'base.html' %}

{% block content %}
<nav>...</nav>
<div id="feeds" class="post-container">
    {% for post in posts %}
    <article id="post-{{ post.id }}" class="post">
        ...
    </article>
    {% endfor %]
</div>
...
{% endblock %}
```

`{% for post in posts %}`에서 Post QuerySet을 순회하며, 각 순회마다 〈article〉 요소가 하나의 Post를 나타낸다.

Post 상세화면에는 Post QuerySet 대신 단일 Post 객체가 전달될 것이며, 나머지 모습은 피드 페이지와 같으므로 피드 페이지 Template을 전체 복사한 후 `{% for %}`...`{% endfor %}` 태그만 삭제해준다.

```
{% extends 'base.html' %}

{% block content %}
<nav>...</nav>
<div id="feeds" class="post-container">
    <article id="post-{{ post.id }}" class="post">
        ...
    </article>
</div>
...
{% endblock %}
```

21.1.3 PostForm 전달

localhost:8000/posts/1/과 같이 id가 존재하는 글의 상세화면으로 들어가보면 대부분의 요소들이 정상적으로 출력된다. 하지만 하단의 댓글 입력 form은 **게시** 버튼 외에는 나타나지 않는다.

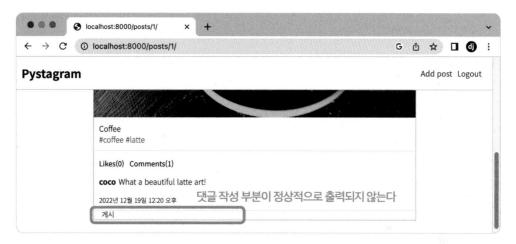

feeds View 함수에서는 각각의 Post 하단의 댓글 입력에 사용할 CommentForm을 전달하지만, post_detail View 함수에서는 CommentForm을 전달하지 않는다. post_detail View에서도 CommentForm을 Template에 전달한다.

```
def post_detail(request, post_id):
    post = Post.objects.get(id=post_id)
    comment_form = CommentForm()
    context = {
        "post": post,
        "comment_form": comment_form,
    }
    return render(request, "posts/post_detail.html", context)
```

이제 하단의 댓글 추가 input도 정상적으로 출력된다. 하지만 feeds.html과 post_detail.html는 {% for %} 태그를 제외한 ⟨aritcle⟩ 태그의 내용을 중복으로 가지고 있다. 이대로는 Post를 나타내는 방법이 달라질 때마다 두 Template을 수정해야 한다.

Post 정보를 나타내는 ⟨article⟩ 태그를 별도의 Template으로 구성해 재사용해보자.

21.1.4 {% include %} 태그로 Template 재사용

⟨article⟩ 태그를 post.html로 재사용
하나의 글을 나타내는 ⟨article⟩…⟨/article⟩ 태그 내용으로 새 Template을 생성한다.

templates/posts/post.html

```
<article id="post-{{ post.id }}" class="post">
    ...
</article>
```

피드 페이지 Template에서 해당 부분을 삭제하고, 이미 만들어져 있는 post.html을 가져와 삽입한다. 다른 Template을 삽입할 때는 {% include %} 태그를 사용한다.

templates/posts/feeds.html

```
{% extends 'base.html' %}
{% block content %}
<nav>...</nav>
<div id="feeds" class="post-container">
    <!-- 전달된 Post QuerySet 객체를 순회 -->
    {% for post in posts %}
        {% include 'posts/post.html' %}
    {% endfor %}
</div>
{% endblock %}
```

글 상세 Template에서도 대체해준다.

templates/posts/post_detail.html

```
{% extends 'base.html' %}
{% block content %}
<nav>...</nav>
<div id="feeds" class="post-container">
    {% include 'posts/post.html' %}
</div>
{% endblock %}
```

‹nav› 태그의 내용을 별도의 nav.html로 이동

상단 내비게이션 바 역할을 하는 ‹nav› 태그 내용으로 새 Template을 생성한다.

templates/nav.html

```
<nav>
    <h1><a href="{% url 'posts:feeds' %}">Pystagram</a></h1>
    <a href="{% url 'posts:post_add' %}">Add post</a>
    <a href="{% url 'users:logout' %}">Logout</a>
</nav>
```

피드 페이지와 글 상세 페이지의 ‹nav› 태그 부분을 {% include %}로 대체한다.

templates/posts/feeds.html, templates/posts/post_detail.html 공통

```
{% extends 'base.html' %}
{% block content %}
    {% include 'nav.html' %}
    <div id="feeds" class="post-container">
...
{% endblock %}
```

21.1.5 해시태그 검색결과에 링크 추가

피드 페이지나 글 상세 페이지에서 해시태그를 클릭하면 해시태그 검색결과로 올 수 있다. 반대로 해시태그로 검색된 결과를 클릭했을 때는 글 상세 페이지로 갈 수 있도록 링크를 추가하자.

templates/posts/tags.html

```
<div class="post-grid">
    <a href="{% url 'posts:post_detail' post_id=post.id %}">
        <img src="{{ post.postimage_set.first.photo.url }}" alt="">
    </a>
</div>
```

기존의 img 태그를 새로 만든 a 태그 내에 위치시키고, 이동할 URL을 동적으로 구성한다.

21.2   글 작성 후 이동할 위치 지정

21.2.1   Post 상세 화면에서 댓글 작성 시 상세 화면으로 이동

기존의 댓글 작성 후 redirect 로직

댓글 추가를 처리하는 posts/views.py의 comment_add View 함수를 보면, 댓글 작성 완료 후 피드 페이지로 이동하라는 응답을 돌려준다.

posts/views.py

```python
def comment_add(request):
    ...
    if form.is_valid():
        ...
        # 피드 페이지의 #post-{post.id}로 redirect
        url = reverse("posts:feeds") + f"#post-{comment.post.id}"
        return HttpResponseRedirect(url)
```

하지만 댓글은 피드 페이지와 글 상세 페이지 양쪽에서 작성할 수 있다. 댓글 작성 완료 후 사용자를 이동시킬 페이지를 각각의 경우에 따라 다르게 지정해보자.

{% include %} 태그의 with 옵션

> 📄 **Docs** _ {% include %} Template tag
> https://docs.django.ac/templates/tags/include

각각의 글을 나타내는 HTML 요소인 〈article〉…〈/article〉은 `{% include 'post.html' %}`로 가져오고 있으며, 댓글을 작성하는 CommentForm은 post.html Template 내에서 사용하고 있다.

post.html을 `{% include %}`로 가져오면서 댓글 작성 후 이동할 URL 값을 전달해본다.

templates/posts/post_detail.html

```html
    ...
    <div id="feeds" class="post-container">
        {% url 'posts:post_detail' post.id as action_redirect_to %}
        {% include 'posts/post.html' with action_redirect_url=action_redirect_to %}
    </div>
```

{% 태그명 as 변수명 %}는 태그로 만들어진 결과 값을 Template 내에서 사용할 변수에 할당한다. 이 코드에서는 {% url 'posts:post_detail' post.id %}로 생성되는 상세 페이지로의 URL이 **action_redirect_to** 변수에 할당된다. 이 변수에 할당된 상세 페이지로의 URL은 댓글 작성이 완료된 후에 브라우저에서 이동해야 할 주소이다.

{% include 'Template명' with 변수명=값 %}은 include로 가져올 Template에 **변수명**으로 값을 전달한다. 이 코드에서는 post.html Template을 렌더할 때, **action_redirect_url**이라는 변수를 추가적으로 사용할 수 있게 된다.

전달받은 값을 include에 사용할 post.html에서 사용해보자.

templates/posts/post.html

```
...
<div class="post-comment-create">
    <form method="POST"
        action="{% url 'posts:comment_add' %}?next={{ action_redirect_url }}">
        {% csrf_token %}
        <input type="hidden" name="post" value="{{ post.id }}">
        {{ comment_form.content }}
        <button type="submit">게시</button>
    </form>
</div>
```

댓글을 생성하는 form의 action에 **?next=**으로 값을 추가했다. URL에 **?key=value** 문자열을 포함해서 요청 URL에 댓글 작성 완료 후 다음으로 갈 URL 정보를 next 키로 전달한다.

이 값은 댓글 작성 View 함수에서 사용한다.

posts/views.py

```
def comment_add(request):
    ...
    if form.is_valid():
        ...
        comment.save()

        # URL로 "next" 값을 전달받았다면, 댓글 작성 완료 후 전달받은 값으로 이동한다
        if request.GET.get("next"):
            url_next = request.GET.get("next")

        # "next" 값을 전달받지 않았다면, 피드 페이지의 글 위치로 이동한다
        else:
            url_next = reverse("posts:feeds") + f"#post-{comment.post.id}"

        return HttpResponseRedirect(url_next)
```

위 코드에서 url_next 변수에 값을 할당하는 로직은 아래와 같이 사용할 수 있다.

```
url_next = request.GET.get('next') or reverse("posts:feeds") + f"#post-{comment.
post.id}"
```

url_next = A or B와 같이 사용하면, url_next에는 앞의 값(A)이 True로 취급되면 A가 할당되며 A가 False로 취급되면 B가 할당된다. 파이썬의 Boolean Operation을 사용하는 방법이며, 자세한 설명은 아래 파이썬 공식문서를 참조하자.

글 상세 페이지에서 댓글 작성 후 다시 글 작성 페이지로 오는 것을 확인하고, 피드 페이지에서도 next 값을 지정한다. 피드 페이지에서 next 값을 설정하는 것은 조금 더 복잡하다.

templates/posts/feeds.html

```
...
<div id="feeds" class="post-container">
    {% for post in posts %}
        {% with post.id|stringformat:"s" as post_id %}
            {% url 'posts:feeds' as action_redirect_to %}
            {% include 'posts/post.html' with action_redirect_url=action_redirect_
to|add:'#post-'|add:post_id %}
        {% endwith %}
    {% endfor %}
</div>
```

1. **{% with post.id|stringformat:"s" as post_id %}**으로 Template에 post_id라는 이름의 새 변수를 만든다. 이 변수에는 for 태그로 순회 중인 Post 객체의 id값이 **문자열 형태**로 할당된다. with 태그 내에서 선언한 변수는 **{% endwith %}**가 나오기 전까지만 사용 가능하다.

   → 변수명 post_id, 값은 **post.id**의 문자열화

2. **{% url 'posts:feeds' as action_redirect_to %}**로 Template에 action_redirect_to라는 변수를 만든다.

   → 변수명 action_redirect_to, 값은 **"/posts/feeds/"**로 렌더된 문자열

3. **{% include with action_redirect_url %}**에 지정하는 값으로
   action_redirect_to|add:'#post-'|add:post_id를 사용

   → 순회 중인 Post의 ID가 7일 경우, "/posts/feeds/" + "#post-" + "7"

   결과값은 **"/posts/feeds/#post-7"**이 된다.

{% url ... %}의 결과와 **post_id**를 더해 원하는 결과 URL(**/posts/feeds/#post-7**)을 만들 수 있다면 좋겠지만, Django Template은 정수값(post.id)과 문자열을 합치는 기능을 제공하지 않는다. 이와 같이 Django Template에 기본 탑재된 기능으로 변수들을 조작하는 것은 한계가 있다. 위와 같이 내장 기능을 활용해서 원하는 next값을 만들 수도 있지만, 직관적이지 않으며 사용하기도 어렵다. Custom template filter를 만들어서 해결해보자.

> 📄 **Docs** _ {% with %} Template tag
> https://docs.django.ac/templates/tags/with

21.2.2 Custom template filter

> 📄 **Docs** _ Writing custom template filters
> https://docs.django.ac/templates/custom-filters

Custom template filter는 settings.py의 INSTALLED_APPS에 추가되어 있는 app 내에 생성해야 한다. **posts** app 내부에 다음과 같이 패키지를 생성한다.

```
pystagram/
├── posts
│   ├── __init__.py
│   ├── ...
│   ├── templatetags
│   │   ├── __init__.py
│   │   └── custom_tags.py
│   └── ...
├── ...
```

> 🗒 **Note** _ 패키지로 취급되는 디렉터리
> 디렉터리가 패키지로 취급되려면 내부에 반드시 __init__.py 파일이 있어야 한다.

posts/templatetags/custom_tags.py

```python
from django import template
register = template.Library()

@register.filter
def concat(value, arg):
    return f"{value}{arg}"
```

Template에서 **"First"|concat:"-Second"**와 같이 사용한다면, concat 함수의 value 매개변수에는 **"First"** 문자열이, arg 매개변수에는 **"-Second"** 문자열이 전달된다. concat 함수는 주어진 두 값을 문자열로 합쳐서 돌려준다.

@register.filter로 이 함수를 Template filter로 등록했다. 등록한 filter는 Template에서 **{% load "태그가 포함된 모듈명" %}**으로 불러온 뒤 사용할 수 있다.

templates/posts/feeds.html

```
{% extends 'base.html' %}
{% load custom_tags %}

{% block content %}
{% include 'nav.html' %}
<div id="feeds" class="post-container">
    {% for post in posts %}
        {% url 'posts:feeds' as action_redirect_to %}
        {% include 'posts/post.html' with action_redirect_url=action_redirect_
to|concat:'#post-'|concat:post.id %}
    {% endfor %}
</div>
...
```

concat 필터를 사용해 3개의 값을 합쳤다. 내장 기능의 with와 add를 사용하던 것보다 훨씬 직관적이다. 피드 페이지의 댓글 작성 form은 아래와 같이 렌더링된다.

```
<form method="POST" action="/posts/comment_add/?next=/posts/feeds/#post-1">
    ...
<form method="POST" action="/posts/comment_add/?next=/posts/feeds/#post-2">
    ...
<form method="POST" action="/posts/comment_add/?next=/posts/feeds/#post-3">
    ...
```

! **Warning** _ 태그 로드 오류 발생 시

1. 패키지 생성 확인
templatetags 디렉터리 내에 **__init__.py** 파일이 있는지 확인한다.

2. 개발 서버 재시작
모든 내용이 올바름에도 'custom_tags' is not a registered tag library 오류가 발생한다면 개발서버(runserver)를 종료 후 재시작한다. Custom template tag들은 runserver가 처음 실행될 때 로드되므로, 이미 runserver를 실행 중이었다면 재시작하기 전까지는 새로 작성한 tag를 가져오지 못한다.

21.3 Template 중복코드 제거

21.3.1 화면 단위 기능 정리

지금까지 만든 화면 단위 기능은 다음과 같다.

- 로그인
- 회원가입
- 피드 페이지
- 글 상세 페이지
- 글 작성 페이지

비슷한 레이아웃을 가진 기능들은 다음과 같이 묶을 수 있다.

- 상단 내비게이션 바가 없는 레이아웃
  - 로그인
  - 회원가입
- 내비게이션 바가 있는 레이아웃
  - 이미지 슬라이더 기능이 필요한 레이아웃
    - 피드 페이지
    - 글 상세 페이지
    - 태그 페이지
  - 이미지 슬라이더가 없어도 되는 레이아웃
    - 글 작성 페이지

위 목록에서 각 화면 단위 기능의 기반이 되는 레이아웃은 3가지로 정리할 수 있다.

- 상단 내비게이션 바가 없는 레이아웃

  base.html
- 내비게이션 바가 있는 레이아웃

  base_nav.html
- 내비게이션 바가 있으며, 이미지 슬라이더 기능이 포함된 레이아웃

  base_slider.html

하나의 base.html을 3가지로 분리해서 사용해보자.

21.3.2 base.html 분할

모든 기반 레이아웃의 최상단 Template

extends하는 기반 레이아웃들이 모두 extends할 최상단 Template을 구성한다. 이 Template은 단독으로는 사용하지 않을 것이며, 파이썬에서 내부 사용(internal use) 하는 속성명의 명명법처럼 밑줄(_, underscore)로 시작하는 이름을 사용해보겠다.

Tips _ PEP

PEP(Python Enhancement Proposal)는 파이썬의 기능 개선을 위한 제안들을 말한다. 어떤 제안인지는 PEP 뒤의 번호로 구분한다.

Docs _ PEP8 – Style Guide for Python Code

파이썬 코드의 변수명이나 구문 사용 규칙은 스타일 가이드인 PEP8을 따른다.
https://docs.django.ac/python/pep8

templates/_base.html (새로 생성)
content가 아닌 base_content 블럭임에 유의하자.

```
{% load static %}
<!doctype html>
<html lang="ko">
<head>
    <link rel="stylesheet" href="{% static 'css/style.css' %}">
    <title>Pystagram</title>
    {% block head %}{% endblock %}
</head>
<body>
    {% block base_content %}{% endblock %}
</body>
</html>
```

`{% block content %}` 대신 `{% block base_content %}`를 사용한다.

로그인, 회원가입에서 사용할 base.html

다른 기능이 들어가지 않은 경우, _base.html의 내용을 그대로 사용하며 {% content %} 블록만 정의한다. _base.html을 확장한 각각의 Template에서 {% content %} 블록을 사용할 것이기 때문에 _base.html에서는 content 블록까지 포함한 base_content 블록을 정의했다.

```
{% extends '_base.html' %}

{% block base_content %}
    {% block content %}{% endblock %}
{% endblock %}
```

글 작성에서 사용할 base_nav.html

```
{% extends '_base.html' %}

{% block base_content %}
    {% include 'nav.html' %}
    {% block content %}{% endblock %}
{% endblock %}
```

피드, 글 상세에서 사용할 base_slider.html

⟨head⟩ 태그 내에서 슬라이더 동작을 위한 소스파일(js, css)을 가져오고 하단에 ⟨script⟩ 태그를 선언해 슬라이더 기능을 활성화한다.

```
{% extends '_base.html' %}
{% load static %}

{% block head %}
    <link href="{% static 'splide/splide.css' %}" rel="stylesheet">
    <script src="{% static 'splide/splide.js' %}"></script>
{% endblock %}

{% block base_content %}
    {% include 'nav.html' %}
    {% block content %}{% endblock %}
    <script>
        const elms = document.getElementsByClassName('splide');
        for (let i = 0; i < elms.length; i++) {
            new Splide(elms[i]).mount();
        }
    </script>
{% endblock %}
```

21.3.3 분할한 Template을 사용하도록 코드 수정

base.html을 사용하는 페이지

아래 두 Template에서 사용 중이며 별도의 수정은 필요 없다.

- templates/users/login.html
- templates/users/signup.html

base_slider.html을 사용하는 페이지

templates/posts/feeds.html

```
{% extends 'base_slider.html' %}
{% load custom_tags %}

{% block content %}
    <div id="feeds" class="post-container">
        {% for post in posts %}
            {% url 'posts:feeds' as action_redirect_to %}
            {% include 'posts/post.html' with action_redirect_url=action_redirect_
to|concat:'#post-'|concat:post.id %}
        {% endfor %}
    </div>
{% endblock %}
```

templates/posts/post_detail.html

```
{% extends 'base_slider.html' %}

{% block content %}
    <div id="feeds" class="post-container">
        {% url 'posts:post_detail' post.id as action_redirect_to %}
        {% include 'posts/post.html' with action_redirect_url=action_redirect_to %}
    </div>
{% endblock %}
```

base_nav.html을 사용하는 페이지

templates/posts/tags.html

```
{% extends 'base_nav.html' %}

{% block content %}
    <div id="tags">
        ...
    </div>
{% endblock %}
```

```
{% extends 'base_nav.html' %}

{% block content %}
    <div id="post-add">
        ...
    </div>
{% endblock %}
```

Template들에서 중복 코드를 제거해서 코드가 훨씬 간결해졌고, Template들을 확장하여 각각의 Template이 어떤 기능을 가지는지도 쉽게 알 수 있다.

CHAPTER 22
좋아요 기능

좋아요 기능은 해시태그와 같은 다대다 관계를 사용한다. 해시태그는 글 생성 시 입력한 문자열을 쉼표 단위로 구분해서 생성했지만, 좋아요는 form과 button으로 구성해서 언제든 추가/삭제할 수 있는 토글 방식으로 구현해본다.

22.1 좋아요 모델, 관리자 구성

22.1.1 ManyToManyField 추가

좋아요 기능은 해시태그와 같은 M2M DB 구조를 사용한다. 한 사용자는 여러 개의 Post에 좋아요를 누를 수 있고, 하나의 Post는 자신에게 좋아요를 누른 여러 사용자를 가질 수 있다.

사용자가 좋아요를 누른 Post와, Post에 좋아요를 누른 사용자들의 관계는 사용자의 **좋아요** 액션으로 만들어진다. 사용자쪽이 좀 더 주도적이므로 User 모델에 like_posts로 ManyToManyField를 정의하고, 좋아요 기능을 구현해보자.

users/models.py

```
class User(AbstractUser):
    ...
    like_posts = models.ManyToManyField(
        "posts.Post",
        verbose_name="좋아요 누른 Post 목록",
        related_name="like_users",
        blank=True,
    )
```

Model을 변경했으므로 makemigrations, migrate를 실행해 변경사항을 DB에 반영한다.

```
> python manage.py makemigrations
Migrations for 'users':
  users/migrations/0003_user_like_posts.py
    - Add field like_posts to user

> python manage.py migrate
Operations to perform:
  Apply all migrations: admin, auth, contenttypes, posts, sessions, users
Running migrations:
  Applying users.0003_user_like_posts... OK
```

이 필드에 정의한 related_name 속성은 역방향으로 Model을 참조할 때 사용하는 이름이다. User 입장에서는 좋아요 한 Post 목록을 user.like_posts.all()로 불러올 수 있으며, 반대로 Post 입장에서는 자신에게 좋아요를 누른 User 목록을 post.like_users.all()로 불러올 수 있다.

> 📋 **Note** _ related_name
>
> related_name을 별도로 지정하지 않으면 **{모델명의 소문자}_set**으로 지정된다. 앞서 만든 User 모델에 related_name을 지정하지 않았다면 **user_set**이 된다. User에서 정방향으로 선언한 like_posts라는 이름은 **좋아요 한 Post 목록**임을 알 수 있지만, Post에서 역방향으로 접근할 때 사용하게 되는 기본값인 **user_set**이라는 이름은 어떤 조건의 User들과 연결된 건지 알 수 없다. 이런 경우에는 의미를 명확히 나타내기 위해 related_name을 별도로 지정하자.

> 📄 **Docs** _ ForeignKey.related_name
> https://docs.django.ac/models/related_name

22.1.2 admin 구성

UserAdmin에 like_posts 추가

ManyToManyField를 선언한 모델에서는 fieldsets에 필드명을 추가한다.

users/admin.py

```python
@admin.register(User)
class CustomUserAdmin(UserAdmin):
    fieldsets = [
        ...
        (
            "추가필드",
            {
                "fields": ("profile_image", "short_description"),
            },
        ),
        ("연관객체", {"fields": ("like_posts",)}),
        ...
```

> "추가 필드" 항목의 아래에 새로 작성한다.

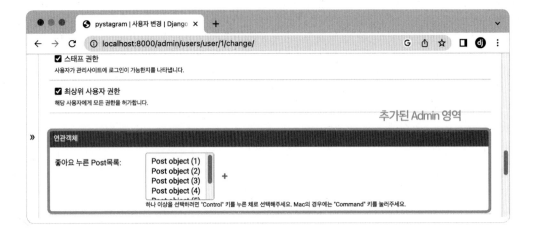

연관객체 섹션의 **좋아요를 누른 Post 목록**은 현재 사용자가 '좋아요'를 누른 Post 목록이다. User와 Post 정보를 좀 더 정확히 나타내기 위해 __str__ 속성을 정의한다.

posts/models.py

```python
class Post(models.Model):
    ...
    def __str__(self):
        return f"{self.user.username}의 Post(id: {self.id})"
```

```python
class User(AbstractUser):
    ...
    def __str__(self):
        return self.username
```

PostAdmin에 like_users 추가

ManyToManyField를 정의한 모델에서는 fieldsets에 필드명을 추가하여 간단히 admin을 구성할 수 있지만, 역방향에서는 Inline을 사용해야 한다. Post에 역방향으로 접근하는 Comment와 PostImage를 연결할 때 사용한 것과 같이 Inline을 추가한다.

```python
class PostImageInline(admin.TabularInline)
    ...

class LikeUserInline(admin.TabularInline):
    model = Post.like_users.through
    verbose_name = "좋아요 한 User"
    verbose_name_plural = f"{verbose_name} 목록"
    extra = 1

    def has_change_permission(self, request, obj=None):
        return False

@admin.register(Post)
class PostAdmin(admin.ModelAdmin):
    ...
    inlines = [
        ...
        LikeUserInline,
    ]
```

UserAdmin에서 like_posts에 추가한 Post 객체의 관리자 화면에서 역방향 관계를 확인

> **Docs** _ InlineModelAdmin objects
> https://docs.django.ac/admin/inline

has_change_permission 메서드가 언제나 False를 리턴하게 하면 Inline으로 보이는 객체의 수정을 막을 수 있다. 이외에도 추가/삭제를 막는 has_add_permission, has_delete_permission 메서드로 객체 조작에 제한을 줄 수 있다.

22.2 좋아요 토글 액션

22.2.1 View 구현

좋아요를 누른 Post 목록을 위한 ManyToManyField는 User에 있지만(like_posts), 좋아요를 누르는 액션 자체는 피드 페이지나 글 상세 페이지에서 이루어지므로 posts 앱에 정의하는 것이 더 타당해보인다.

별도 Template은 만들지 않으며 posts/views.py에 post_like View와 **/posts/<post_id>/like/** URL을 사용한다.

```python
# URL에서 좋아요 처리할 Post의 id를 전달받는다
def post_like(request, post_id):
    post = Post.objects.get(id=post_id)
    user = request.user

    # 사용자가 "좋아요를 누른 Post 목록"에 "좋아요 버튼을 누른 Post"가 존재한다면
    if user.like_posts.filter(id=post.id).exists():
        # 좋아요 목록에서 삭제한다
        user.like_posts.remove(post)

    # 존재하지 않는다면 좋아요 목록에 추가한다
    else:
        user.like_posts.add(post)

    # next로 값이 전달되었다면 해당 위치로, 전달되지 않았다면 피드 페이지에서 해당 Post 위치로 이동한다
    url_next = request.GET.get("next") or reverse("posts:feeds") + f"#post-{post.
id}"
    return HttpResponseRedirect(url_next)
```

Docs _ QuerySet.exists()

https://docs.djangi.ac/querysets/exists

좋아요 처리는 토글(toggle) 방식을 사용한다. 이미 좋아요를 누른 상태라면 해제하며, 그렇지 않다면 좋아요 상태로 만든다. ManyToMany 연결을 제거하거나 추가하는 방식으로 구현할 수 있다.

사용자가 좋아요를 누른 Post 목록에 요청에 전달된 Post가 포함되어 있는지 filter한 결과의 exists로 해당하는 객체가 존재하는지를 판단하고, 이미 존재한다면 연결을 삭제한다. ManyToManyField의 remove 메서드로 연결을 삭제할 수 있다.

반대로 전달된 Post가 이미 좋아요를 누른 Post 목록에 속하지 않는다면, add로 새로운 연결을 생성한다. 생성이든 삭제든 로직이 실행된 후에는 댓글 작성 때와 같이 next로 전달된 URL로 되돌아간다.

22.2.2 URLconf

URL로 좋아요를 처리할 Post 정보를 받을 수 있도록 〈int:post_id〉를 포함한다.

posts/urls.py

```python
from posts.views import ..., post_like

app_name = "posts"
urlpatterns = [
    ...
    path("<int:post_id>/like/", post_like, name="post_like"),
]
```

22.2.3 Template의 좋아요 버튼에 form 추가

좋아요 액션을 처리할 form을 추가한다.

templates/posts/post.html

```html
<div class="post-buttons">
    <form action="{% url 'posts:post_like' post_id=post.id %}?next={{ action_redirect_url }}"
        method="POST">
        {% csrf_token %}
        <button
            type="submit"
            {% if user in post.like_users.all %}
                style = "color: red,:"
            {% endif%}>
            <!-- Post의 related_name으로 지정한 like_users로 좋아요를 누른 사용자 수를 가져온다 -->
            Likes({{ post.like_users.count }})
        </button>
    </form>
    <span>Comments({{ posts.comment_set.count }})</span>
</div>
```

form의 action 주소는 방금 생성한 post_like View 함수로 연결되게 하며, DB 데이터를 변경시키므로 method는 POST 방식을 사용한다. 이 액션을 처리한 후 이동할 주소인 next값은 댓글을 작성했을 때와 같으므로, post.html을 include할 때 전달되는 action_redirect_url을 재사용한다.

{% csrf_token %}을 제외하면 form 내부에 아무런 input도 없는 것을 볼 수 있다. Post의 좋아요 토글 기능에는 특별히 전달할 데이터가 없고, 이런 경우 내부 요소 없이 단순히 POST 요청만을 전달한다.

{% if user in post.like_users.all %} 태그로 post.like_users.all(이 Post에 좋아요를 누른 모든 User 목록)에 현재 로그인한 유저가 포함되는지 판단한다. 좋아요를 누른 상태라면 〈button〉 태그의 style 속성에 **color: red** 값을 지정해 글자를 빨간색으로 바꾸어 사용자가 이 Post에 좋아요를 한 상태임을 표시한다.

피드 페이지나 글 상세 페이지에서 Likes 버튼을 눌러보자. post_like View에서 좋아요 액션이 처리되고 다시 원위치로 돌아오며 Likes 뒤의 숫자와 색상이 바뀌는 것을 볼 수 있다.

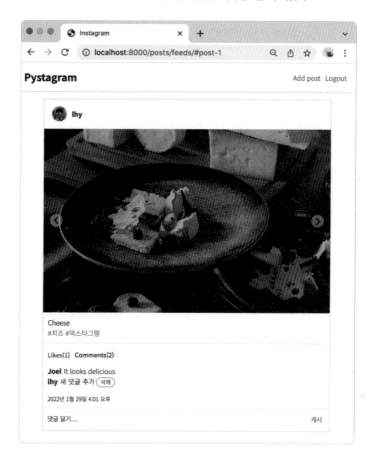

## CHAPTER 23

팔로우/팔로잉 기능

23.1 팔로우/팔로잉 모델, 관리자 구성

23.1.1 팔로우/팔로잉 관계

팔로우/팔로잉 관계는 해시태그, 좋아요와 같이 ManyToManyField를 사용해 다대다 관계로 구성되나 이들과는 다른 점이 있다.

해시태그와 좋아요는 한쪽에서 연결은 반대쪽에서의 연결도 나타내는 대칭적(Symmetrical)인 관계이다. 이와 달리 팔로우/팔로잉 관계는 한 쪽에서의 연결과 반대쪽에서의 연결이 별도로 구분되는 비대칭적인 관계이다.

따라서 팔로우/팔로잉 관계는 같은 테이블(User)에서의 관계를 나타내야 한다.

User

username
녹턴
럭스
람머스

위와 같은 사용자 정보가 있을 때 팔로잉/팔로워 관계를 나타내보자. 테이블에서의 관계를 좀 더 쉽게 알아보기 위해 ID 대신 사용자명만 표시했다. 실제 데이터베이스로 구현할 때는 id 필드를 사용할 것이다.

이 User의 팔로워들(followers)

- 녹턴의 팔로워들(followers)
  - 람머스
- 럭스의 팔로워들(followers)
  - 녹턴, 람머스
- 람머스의 팔로워들(followers)
  - 없음

이 관계는 반대 방향으로도 나타낼 수 있다.

이 User가 팔로잉하는 대상들(following)

- 녹턴이 팔로잉하는 사용자들(following)
  - 럭스
- 럭스가 팔로잉하는 사용자들(following)
  - 없음
- 람머스가 팔로잉하는 사용자들(following)
  - 녹턴, 럭스

팔로우/팔로잉 관계를 구성하는 중개 테이블

From User	To User
람머스	녹턴
람머스	럭스
녹턴	럭스

이 중개 테이블의 데이터는 대칭적 관계인 해시태그, 좋아요 기능과 달리 방향에 따라 나타내는 관계가 다른 비대칭적 관계를 나타낸다. From User에 있는 사용자는 To User에 있는 사용자를 **팔로우**한다. 반면, To User의 사용자에게 From User에 있는 사용자는 자신을 **팔로잉**하는 사용자로 취급된다.

23.1.2   팔로우 관계 모델

좋아요, 해시태그에서는 다대다 연결의 중개 테이블이 자동으로 생성되었다. 팔로우 관계에서는 중개 테이블을 직접 만들어 사용해보자. 중개 테이블을 직접 생성하면 연결 관계 외에 다른 정보를 함께 저장할 수 있다.

```python
class Relationship(models.Model):
    from_user = models.ForeignKey(
        "users.User",
        verbose_name="팔로우를 요청한 사용자",
        related_name="following_relationships",
        on_delete=models.CASCADE,
    )
    to_user = models.ForeignKey(
        "users.User",
        verbose_name="팔로우 요청의 대상",
        related_name="follower_relationships",
        on_delete=models.CASCADE,
    )
    created = models.DateTimeField(auto_now_add=True)

    def __str__(self):
        return f"관계 ({self.from_user} -> {self.to_user})"
```

이 Model 클래스의 from_user는 팔로우/팔로잉 관계에서 팔로우를 **요청한** 사용자를 나타내며, to_user 는 팔로우를 **받은** 사용자를 나타낸다.

직접 생성한 중개 테이블에는 추가 정보를 저장할 수 있다. 관계가 형성된 시간을 created 필드에 저장한다.

User에 팔로우/팔로잉 관계를 나타내는 following ManyToManyField를 추가하자.

```python
...
class User(AbstractUser):
    ...
    following = models.ManyToManyField(
        "self",
        verbose_name="팔로우 중인 사용자들",
        related_name="followers",
        symmetrical=False,
        through="users.Relationship",
    )
```

ManyToManyField의 첫 번째 인수로 **self**를 전달했다. **self** 문자열은 같은 테이블로의 관계를 만들 때 사용한다. **symmetrical=False**로 이 관계가 비대칭 관계임을 나타내고, **through="users. Relationship"**으로 **Relationship** 테이블을 중개 테이블로 사용해 관계를 형성하도록 한다.

Model을 변경했으니 makemigrations와 migrate로 변경사항을 DB에 적용한다.

```
> python manage.py makemigrations
Migrations for 'users':
  users/migrations/0004_relationship_user_following.py
    - Create model Relationship
    - Add field following to user

> python manage.py migrate
Operations to perform:
  Apply all migrations: admin, auth, contenttypes, posts, sessions, users
Running migrations:
  Applying users/migrations/0004_relationship_user_following.py... OK
```

23.1.3 팔로우 관계 admin

같은 테이블로의 관계를 형성했기 때문에 하나의 User에서 **자신을 팔로잉하는 사용자들**과 **자신이 팔로우한 사용자들**의 두 가지 관계를 동시에 볼 수 있어야 한다.

각각의 관계를 admin의 Inline을 사용해 나타내보자.

users/admin.py (CusomUserAdmin보다 위쪽에 작성)

```python
...

class FollowersInline(admin.TabularInline):
    model = User.following.through
    fk_name = "from_user"
    verbose_name = "내가 팔로우 하고 있는 사용자"
    verbose_name_plural = f"{verbose_name} 목록"
    extra = 1

class FollowingInline(admin.TabularInline):
    model = User.following.through
    fk_name = "to_user"
    verbose_name = "나를 팔로우 하고 있는 사용자"
    verbose_name_plural = f"{verbose_name} 목록"
    extra = 1

@admin.register(User)
class CustomUserAdmin(UserAdmin):
    ...
```

같은 테이블 관계의 Inline의 model과 fk_name 속성을 잘 설정해야 한다. User.following.through는

User.following 필드의 다대다 연결을 구성하는 **중개 테이블**을 나타내며, fk_name은 해당 중개 테이블에서 한 쪽으로의 연결을 구성하는 ForeignKey 필드를 나타낸다.

FollowersInline은 **내가 팔로우하는 사용자들**을 나타내야 한다. 이 관계는 중개 테이블에서 **from_user** 필드로 알아낼 수 있다. User 객체의 입장에서 자신이 **from_user**인 데이터들은 자신이 팔로우하는 사용자들을 나타낸다.

반대쪽 관계인 FollowingInline에서는 중개 테이블의 **to_user** 필드를 사용한다. 자신이 **to_user**인 데이터들은 자신에게 팔로우하는 사용자들을 나타낸다.

이 Inline들을 CustomUserAdmin에서 사용하도록 inlines 속성에 추가한다.

users/admin.py

```python
@admin.register(User)
class CustomUserAdmin(UserAdmin):
    fieldsets = [
        ...
    ]
    inlines = [
        FollowersInline,
        FollowingInline,
    ]
```

관리자 페이지에서 아래와 같이 두 가지 관계들을 보고 편집할 수 있다.

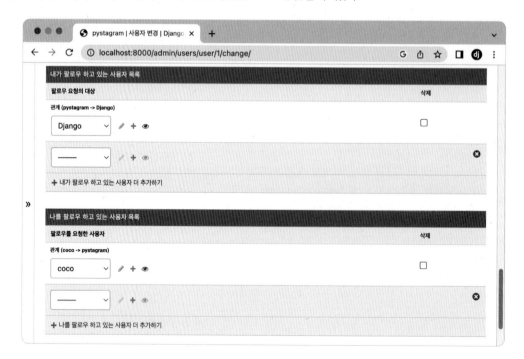

23.2 프로필 페이지

23.2.1 프로필 페이지 기본구조 구성 및 연결

자신의 정보, 작성한 글(Post) 목록, 팔로우/팔로잉 수를 보여줄 프로필 페이지를 먼저 구성한다.

- **View**: users/views.py → profile
- **URL**: /users/⟨int:user_id⟩/profile/
- **Template**: templates/users/profile.html

View

users/**views.py** (맨 아래에 작성)

```python
def profile(request, user_id):
    return render(request, "users/profile.html")
```

URLconf

users/**urls.py**

```python
...
from users.views import ..., profile

app_name = "users"
urlpatterns = [
    ...
    path("<int:user_id>/profile/", profile, name="profile"),
]
```

Template

templates/users/profile.html (새로 생성)

```html
{% extends 'base_nav.html' %}

{% block content %}
<div id="profile">
    <h1>Profile</h1>
</div>
{% endblock %}
```

프로필 페이지로의 링크 추가

각각의 Post의 작성자 썸네일 또는 이름을 클릭하면 프로필 페이지로 이동하도록 링크를 추가한다.

templates/posts/post.html

```html
<article id="post-{{ post.id }}" class="post">
    <header class="post-header">
        <a href="{% url 'users:profile' user_id=post.user.id %}">
            {% if post.user.profile_image %}
                <img src="{{ post.user.profile_image.url }}" alt="">
            {% endif %}
            <span>{{ post.user.username }}</span>
        </a>
    </header>
    ...
```

23.2.2 프로필 Template에 정보 전달

users/views.py

```python
from django.shortcuts import ..., get_object_or_404
...
from users.models import User


...
def profile(request, user_id):
    user = get_object_or_404(User, id=user_id)
    context = {
        "user": user,
    }
    return render(request, "users/profile.html", context)
```

user_id에 해당하는 User 객체를 가져올 때 User.objects.get 대신 get_object_or_404를 사용했다. get_object_or_404는 첫 번째 인수로 Model 클래스를 받고, 나머지 인수들에 해당 Model 클래스를 찾을 조건들을 지정한다. 조건에 해당하는 객체가 있다면 리턴되며 해당하는 객체가 없다면 브라우저에 404 Not Found 응답을 돌려주게 된다.

23.2.3 프로필 Template 구성

```html
{% extends 'base_nav.html' %}

{% block content %}
<div id="profile">
    <div class="info">
        <!-- 프로필 이미지 영역 -->
        {% if user.profile_image %}
            <img src="{{ user.profile_image.url }}">
        {% endif %}

        <!-- 사용자 정보 영역 -->
        <div class="info-texts">
            <h1>{{ user.username }}</h1>
            <div class="counts">
                <dl>
                    <dt>Posts</dt>
                    <dd>{{ user.post_set.count }}</dd>
                    <dt>Followers</dt>
                    <dd>{{ user.followers.count }}</dd>
                    <dt>Following</dt>
                    <dd>{{ user.following.count }}</dd>
                </dl>
            </div>
            <p>{{ user.short_description }}</p>
        </div>
    </div>

    <!-- 사용자가 작성한 Post 목록 -->
    <div class="post-grid-container">
        {% for post in user.post_set.all %}
            {% if post.postimage_set.first and post.postimage_set.first.photo %}
                <div class="post-grid">
                    <a href="{% url 'posts:post_detail' post_id=post.id %}">
                        <img src="{{ post.postimage_set.first.photo.url }}" alt="">
                    </a>
                </div>
            {% endif %}
        {% endfor %}
    </div>
</div>
{% endblock %}
```

프로필 정보는 전달받은 User 객체의 값과 역방향 관계들(post_set, followers, following)을 표시하며 사용자가 작성한 Post 목록은 해시태그 검색 결과의 표시 방법과 같다.

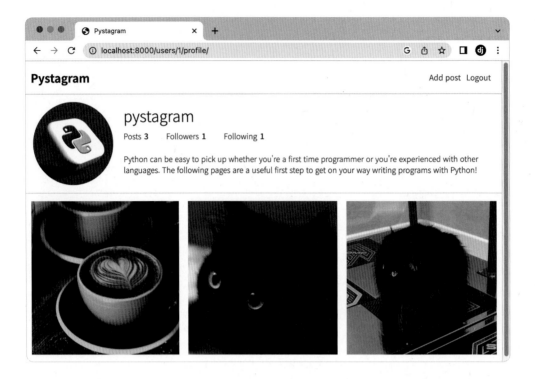

피드 페이지나 글 상세 페이지에서 사용자의 프로필 이미지나 사용자명을 클릭하면 해당 사용자의 프로필 페이지로 이동한다.

23.3 팔로우/팔로잉 목록

23.3.1 중개 테이블의 데이터 가져오기

자신이 팔로우한 사용자 수와 자신을 팔로잉하는 사용자 수를 가져오는 것은 User에 정의된 following ManyToManyField와 역방향 매니저명인 followers의 count 메서드로 쉽게 알아낼 수 있다.

중개 테이블에 정의된 생성일시(created)는 ManyToManyField명 대신 중개 테이블에 정의된 related_name을 사용해서 가져올 수 있다. 인터프리터에서 먼저 실습해본다.

```
> python manage.py shell
>>> from users.models import User, Relationship

# 팔로우하는 사용자가 있는 User를 가져온다 (실습에서는 1명의 User가 팔로우 하고 있다)
>>> user = User.objects.get(id=1)

# user.followers로 이 사용자를 팔로우한 사용자 목록을 본다
# followers로는 사용자 정보만 가져올 수 있으며, 중개 테이블에 있는 created 값은 알 수 없다
>>> user.followers.all()
<QuerySet [<User: coco>]>

# user.followers 대신 user.follower_relationships를 사용한다
>>> user.follower_relationships.all()
<QuerySet [<Relationship: 관계 (coco -> pystagram)>]>

# Relationship 객체들을 가져오므로 created 값도 사용할 수 있다
>>> for relationship in user.follower_relationships.all():
...     print(relationship, relationship.created)
...
관계 (coco -> pystagram) {timestamp}
```

실습한 내용을 사용해 Template을 구성해보자.

23.3.2 base_profile.html 구성

프로필 페이지에서는 사용자 정보와 사용자의 Post 목록을 표시한다. 프로필 페이지의 사용자 정보는 재사용하고 Post 목록 대신 팔로우/팔로잉 목록을 사용할 수 있도록 상단 사용자 정보를 공통으로 사용하는 기반 Template인 base_profile.html을 구성한다.

templates/base_profile.html (새로 생성)

```
{% extends 'base_nav.html' %}

{% block content %}
<div id="profile">
    <div class="info">
        <!-- 프로필 이미지 영역 -->
        {% if user.profile_image %}
            <img src="{{ user.profile_image.url }}">
        {% endif %}

        <!-- 사용자 정보 영역 -->
        <div class="info-texts">
            <h1>{{ user.username }}</h1>
            <div class="counts">
                <dl>
                    <dt>Posts</dt>
                    <dd>{{ user.post_set.count }}</dd>
                    <dt>Followers</dt>
                    <dd>{{ user.followers.count }}</dd>
                    <dt>Following</dt>
                    <dd>{{ user.following.count }}</dd>
                </dl>
            </div>
            <p>{{ user.short_description }}</p>
        </div>
    </div>

    {% block bottom_data %}{% endblock %}
</div>
{% endblock %}
```

templates/users/profile.html의 내용을 복사하고 아랫부분을 bottom_data 블록으로 만든다.

```
{% extends 'base_profile.html' %}

{% block bottom_data %}
<!-- 사용자가 작성한 Post 목록 -->
<div class="post-grid-container">
    {% for post in user.post_set.all %}
        {% if post.postimage_set.first and post.postimage_set.first.photo %}
            <div class="post-grid">
                <a href="{% url 'posts:post_detail' post_id=post.id %}">
                    <img src="{{ post.postimage_set.first.photo.url }}" alt="">
                </a>
            </div>
        {% endif %}
    {% endfor %}
</div>
{% endblock %}
```

프로필 페이지는 새로 생성한 base_profile.html을 기반으로 아래에 Post 목록을 추가로 보여준다.

23.3.3 팔로우/팔로잉 목록

자신을 팔로우하는 사용자 목록 (followers)

- View: users/views.py → followers
- URL: /users/⟨int:user_id⟩/followers/
- Template: templates/users/followers.html

자신이 팔로우하는 사용자 목록 (following)

- View: users/views.py → following
- URL: /users/⟨int:user_id⟩/following/
- Template: templates/users/following.html

View

```python
def followers(request, user_id):
    user = get_object_or_404(User, id=user_id)
    relationships = user.follower_relationships.all()
    context = {
        "user": user,
        "relationships": relationships,
    }
    return render(request, "users/followers.html", context)


def following(request, user_id):
    user = get_object_or_404(User, id=user_id)
    relationships = user.following_relationships.all()
    context = {
        "user": user,
        "relationships": relationships,
    }
    return render(request, "users/following.html", context)
```

URLconf

```python
from users.views import ..., followers, following

app_name = "users"
urlpatterns = [
    ...
    path("<int:user_id>/followers/", followers, name="followers"),
    path("<int:user_id>/following/", following, name="following"),
]
```

Template

```
{% extends 'base_profile.html' %}

{% block bottom_data %}
<div class="relationships">
    <h3>Followers</h3>
    {% for relationship in relationships %}
        <div class="relationship">
            <a href="{% url 'users:profile' user_id=relationship.from_user.id %}">
                {% if relationship.from_user.profile_image %}
                    <img src="{{ relationship.from_user.profile_image.url }}">
                {% endif %}
                <div class="relationship-info">
                    <span>{{ relationship.from_user.username }}</span>
                    <span>{{ relationship.created|date:"y.m.d" }}</span>
                </div>
            </a>
        </div>
    {% endfor %}
</div>
{% endblock %}
```

자신을 팔로우하는 사용자 목록은 relationship.from_user 정보를 출력한다.

```
{% extends 'base_profile.html' %}

{% block bottom_data %}
<div class="relationships">
    <h3>Following</h3>
    {% for relationship in relationships %}
        <div class="relationship">
            <a href="{% url 'users:profile' user_id=relationship.to_user.id %}">
                {% if relationship.to_user.profile_image %}
                    <img src="{{ relationship.to_user.profile_image.url }}">
                {% endif %}
                <div class="relationship-info">
                    <span>{{ relationship.to_user.username }}</span>
                    <span>{{ relationship.created|date:"y.m.d" }}</span>
                </div>
            </a>
        </div>
    {% endfor %}
</div>
{% endblock %}
```

자신이 팔로우하는 사용자 목록은 relationship.to_user 정보를 출력한다.

23.3.4 프로필 페이지 링크 구성

프로필 페이지의 Posts, Followers, Following 항목을 클릭하면 각각의 정보를 아래쪽에 보여주도록 링크를 추가한다.

templates/base_profile.html

```html
<!-- 사용자 정보 영역 -->
<div class="info-texts">
    <h1>{{ user.username }}</h1>
    <div class="counts">
        <dl>
            <dt>Posts</dt>
            <dd>
                <a href="{% url 'users:profile' user_id=user.id %}">
                    {{ user.post_set.count }}</a>
            </dd>
            <dt>Followers</dt>
            <dd>
                <a href="{% url 'users:followers' user_id=user.id %}">
                    {{ user.followers.count }}</a>
            </dd>
            <dt>Following</dt>
            <dd>
                <a href="{% url 'users:following' user_id=user.id %}">
                    {{ user.following.count }}</a>
            </dd>
        </dl>
    </div>
```

프로필 페이지의 Posts/Followers/Following 옆의 숫자를 클릭하면 해당 정보가 아래쪽에 나타난다.

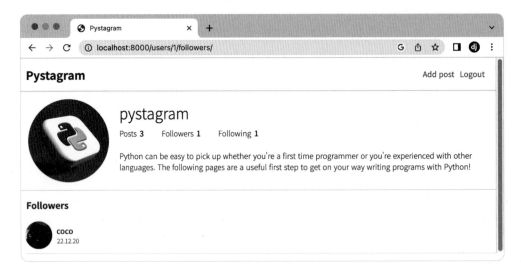

23.4 팔로우 버튼

23.4.1 팔로우 토글 View

Post의 좋아요 기능과 같이 이미 팔로우되어 있다면 언팔로우를, 팔로우되어 있지 않다면 팔로우 목록에 추가하는 토글 기능을 사용한다.

- **View**: users/views.py → follow
- **URL**: /users/⟨int:user_id⟩/follow/
- **Template**: 없음

View

users/views.py (맨 아래에 작성)

```python
from django.http import HttpResponseRedirect
from django.urls import reverse
...

def follow(request, user_id):
    # 로그인한 유저
    user = request.user
    # 팔로우하려는 유저
    target_user = get_object_or_404(User, id=user_id)

    # 팔로우하려는 유저가 이미 자신의 팔로잉 목록에 있는 경우
    if target_user in user.following.all():
        # 팔로잉 목록에서 제거
        user.following.remove(target_user)

    # 팔로우하려는 유저가 자신의 팔로잉 목록에 없는 경우
    else:
        # 팔로잉 목록에 추가
        user.following.add(target_user)

    # 팔로우 토글 후 이동할 URL이 전달되었다면 해당 주소로,
    # 전달되지 않았다면 로그인 한 유저의 프로필 페이지로 이동
    url_next = request.GET.get("next") or reverse("users:profile", args=[user.id])
    return HttpResponseRedirect(url_next)
```

URLconf

```python
from users.views import ..., follow

app_name = "users"
urlpatterns = [
    ...
    path("<int:user_id>/follow/", follow, name="follow"),
]
```

23.4.2 팔로우 버튼 추가

피드 페이지나 글 상세 페이지에서 팔로우 상태를 토글할 수 있는 form과 버튼을 추가한다.

```html
<article id="post-{{ post.id }}" class="post">
    <header class="post-header">
        <a href="{% url 'users:profile' user_id=post.user.id %}">
            ...
        </a>

        <!-- 글의 작성자가 로그인한 사용자라면 팔로우 버튼을 표시하지 않는다 -->
        <!-- (자기 자신을 팔로우하는 것을 방지) -->
        {% if user != post.user %}
            <form action="{% url 'users:follow' user_id=post.user.id %}?next={{
action_redirect_url }}" method="POST">
                {% csrf_token %}
                <button type="submit" class="btn btn-primary">
                    <!-- 이 Post의 작성자가 이미 자신의 팔로잉 목록에 포함된 경우 -->
                    {% if post.user in user.following.all %}
                        Unfollow
                    <!-- 이 Post의 작성자를 아직 팔로잉 하지 않은 경우 -->
                    {% else %}
                        Follow
                    {% endif %}
                </button>
            </form>
        {% endif %}
    </header>
    ...
```

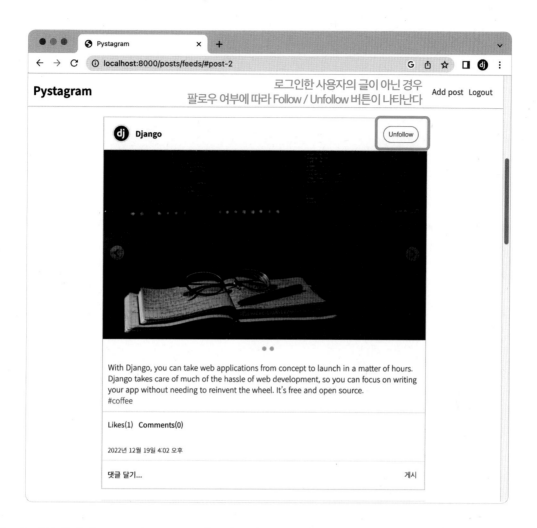

팔로우 여부에 따라 Follow/Unfollow 버튼이 나타나며 클릭 시 팔로우 토글로 동작한다. 다른 사용자를 팔로우/언팔로우하면서 프로필 페이지의 Following 목록에 추가/삭제됨을 확인한다.

PART 05

{ 사이트를 온라인에
올리기 }

 django

만든 사이트에 다른 사람들도 접속할 수 있도록 온라인에서 프로젝트가 동작하도록
해보자. 개발한 프로젝트를 인터넷상에서 동작하게 구성하는 작업을 **배포(deploy)**
라 부른다.

클라우드 플랫폼은 AWS를 사용한다. AWS의 대표적인 클라우드 서버 호스팅 서비스
는 EC2가 있지만, 실습에서는 AWS의 Lightsail을 사용한다. Lightsail은 EC2보다 저렴하
며, 더 쉽게 웹 서비스 환경을 구성할 수 있는 통합 서비스 제품이다.

2022년 11월 기준, Lightsail은 AWS 계정을 새로 생성하면 3개월간 일정 용량을 무료
로 제공한다. 이후 가장 낮은 성능의 서버로 유지할 경우 월간 3.5달러가 청구된다. 가
장 낮은 성능의 서버도 실습용으로 사용하기에는 충분하다.

## CHAPTER 24

AWS Lightsail

AWS는 가입과정에서 해외결제가 가능한 카드가 필요하므로 가입 전에 미리 준비하자. AWS에 계정을 생성하는 과정은 특별히 어려운 점이 없으므로 생략한다.

계정을 생성했으면 다음을 따라 Lightsail에 인스턴스를 생성하고 서버에 소스코드를 전송해보자.

24.1 인스턴스 생성

인스턴스는 클라우드에서 동작하는 하나의 서버 컴퓨터이다. 물리적인 서버 설정과는 달리, 클라우드 서비스에서는 몇 번의 클릭으로 새 서버를 만들고, 있던 서버를 삭제하는 작업이 가능하다.

24.1.1 인스턴스 생성

Lightsail 콘솔로 이동, 인스턴스 생성

AWS에 가입 후 https://lightsail.aws.amazon.com으로 접속하고 **Create instance** 버튼을 누른다.

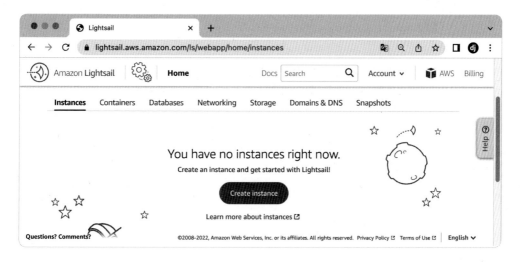

인스턴스 이미지 선택

Linux/Unix 선택, 아래 버튼 중 **OS Only** 버튼을 누른 후 **Ubuntu 최신 버전**을 선택한다. 이 책을 쓰는 시점의 Ubuntu 최신 버전은 22.04 LTS이지만, Lightsail에서 지원하는 Ubuntu 최신 버전은 20.04이다. 어떤 버전이든 상관없으니 Ubuntu에서 가장 최신 버전을 선택한다.

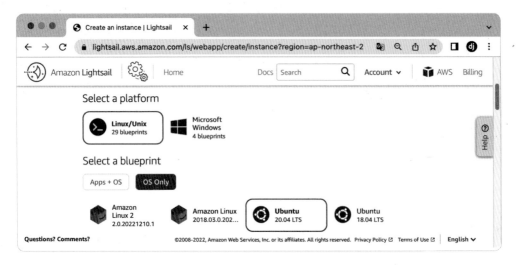

인스턴스 플랜 선택

월 3.5달러가 청구되는 가장 낮은 성능의 plan을 선택한다. 3개월 후 해지할 것이라면 월 10달러 plan을 선택해도 괜찮다. 인스턴스명은 적절히 입력해준다.

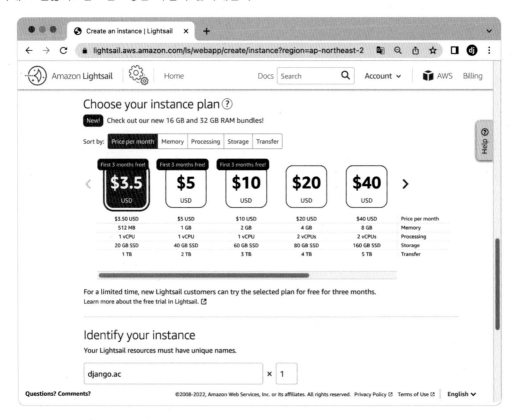

인스턴스 생성 완료

회색 아이콘에 Pending 상태로 인스턴스가 생성되며, 잠시 기다리면 주황색 아이콘과 Running 상태로 변경된다.

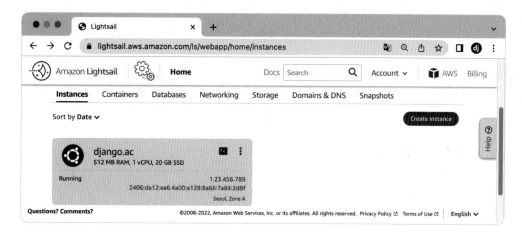

24.1.2 인스턴스에 접속하기

터미널 실행

생성된 인스턴스에 접속해서 명령어를 사용해보자. 인스턴스 상세 화면에 들어와 아래에 있는 **Connect using SSH** 버튼을 눌러본다.

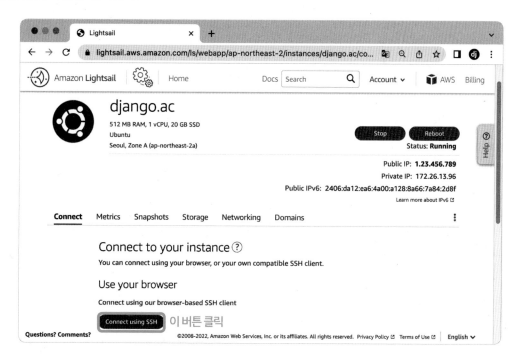

새 창이 열리고 터미널이 나타난다. 이 터미널을 사용해서 인스턴스에 명령을 내릴 수 있다.

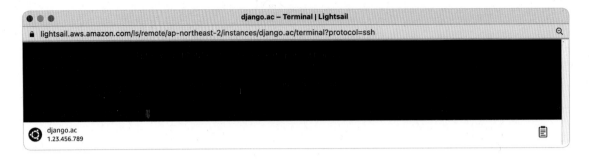

브라우저를 통해 서버에 접속해보기

Lightsail로 생성한 인스턴스는 브라우저로부터 오는 요청을 받을 수 있다. 요청을 처리할 Django 서버를 구축하기 전에, 파이썬에 내장된 HTTP 서버를 사용해 요청을 받아보자.

Lightsail Terminal

```
ubuntu@ip-XXX:~$ sudo python3 -m http.server 80
```

파이썬 내장 HTTP 서버를 실행했다. 이 인스턴스에 요청을 보내려면, 인터넷상에서 이 인스턴스의 위치를 나타내는 IP 주소가 필요하다. Lightsail 인스턴스 상세 화면의 **Networking** 탭을 클릭한다.

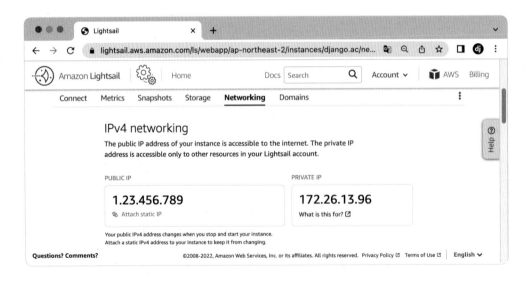

공인 IP(PUBLIC IP)를 사용해 외부에서 이 인스턴스에 접속할 수 있다. 브라우저의 주소표시줄에 Public IP 주소를 입력해보자.

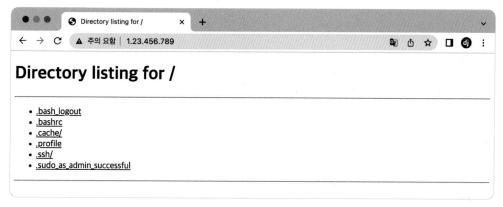

index.html이 없는 경우

파이썬 내장 HTTP 서버는 서버를 실행한 위치에 index.html 파일이 있다면 해당 내용을, 없다면 해당 위치의 파일 목록을 보여준다. Lightsail 터미널에 간단한 명령어를 입력해 index.html 파일을 생성해보자.

Lightsail Terminal

```
# Ctrl + C를 눌러 파이썬 내장 서버를 종료시킨 후 아래 명령어 입력
ubuntu@ip-XXX:~$ echo '<h1>Django!</h1>' > index.html
ubuntu@ip-XXX:~$ sudo python3 -m http.server 80
```

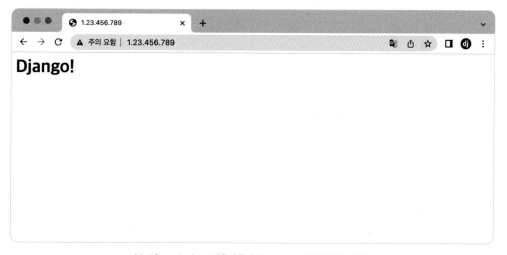

<h1>Django!</h1> 내용이 들어 있는 index.html 파일이 있는 경우

인스턴스를 생성하고 파이썬 내장 서버를 사용해 외부에서 접속을 확인해보았다. 다음 절에서는 서버에 필요한 추가 설정을 진행해본다.

24.2 인스턴스 설정

24.2.1 고정 IP(static IP) 설정

IP 주소는 설계의 한계 때문에 인터넷상에 42억 개 가량만 생성할 수 있는 한정된 자원이다. AWS 사용 중 인스턴스에 할당된 IP는 특정 시점에 변경되거나 삭제될 수 있다.

서버의 위치를 가리키는 IP 주소가 변경되면 서비스가 중단되거나, 외부에서 해당 서버를 찾지 못하는 일이 발생할 수 있다. Lightsail을 사용하면 인스턴스에 변경되지 않는 고정 IP를 지정할 수 있다.

고정 IP 생성

인스턴스 상세 화면의 Networking 탭에서 PUBLIC IP 아래에 있는 **+ Attach static IP** 버튼을 누른다.

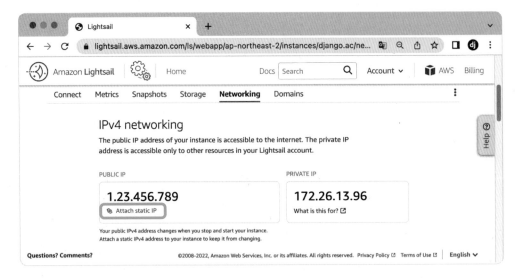

적절히 이름을 설정하고 **Create and attach** 버튼을 눌러준다.

설정이 완료되면 Public static IP address가 할당되고, 인스턴스의 IP 주소가 변경된다.

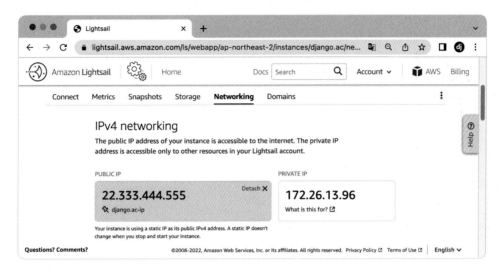

24.2.2 SSH Key 사용

Connect using SSH 버튼을 눌러 나오는 브라우저의 터미널을 사용할 수도 있지만, 서버에 접속하기 위한 열쇠 역할을 하는 SSH Key를 사용해 내 컴퓨터의 터미널을 사용할 수도 있다.

SSH Key 다운로드

인스턴스 상세화면 하단의 **Download default key** 링크를 클릭한다.

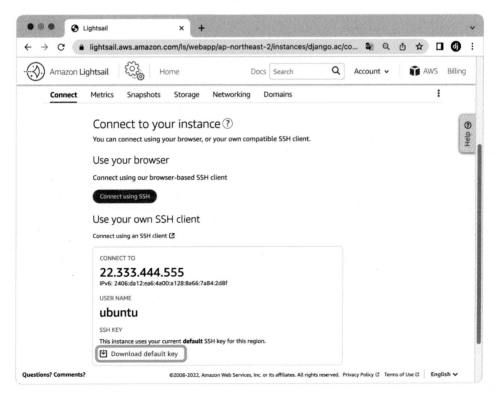

LightsailDefaultKey-ap-northeast-2.pem 파일이 다운로드된다.

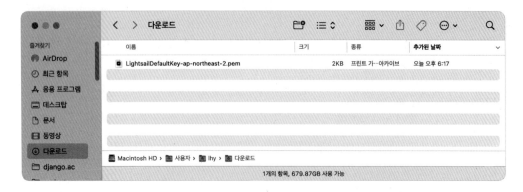

사용하기 쉽도록 이 파일의 이름을 짧게 변경해준다. 필자는 **django-key.pem**을 사용했다.

SSH Key를 사용해 로컬 터미널에서 인스턴스 접속하기

SSH Key 파일은 인스턴스에 접속하기 위한 열쇠 역할을 한다. 터미널에서 ssh 명령어로 인스턴스에 접속해본다. **ssh**는 **Secure Shell**의 약자로, 보안이 유지된 상태로 외부 컴퓨터와 통신할 수 있게 해주는 터미널 프로그램이다.

먼저, 터미널에서 쉽게 사용할 수 있도록 키 파일을 사용자의 홈 디렉터리로 이동시키자.

Terminal

```
# mv 명령어로 파일을 이동시킨다.
# mv {원본경로} {이동할경로}
> mv ~/Downloads/django-key.pem ~/django-key.pem
```

ssh 명령어로 접속하기 전에, 열쇠 역할을 하는 파일을 읽기 전용 모드로 만들어야 한다.

```
# macOS
> chmod 400 ~/django-key.pem

# Windows
> attrib +r ~/django-key.pem
```

```
# django-key.pem 파일을 열쇠로 사용해 서버에 접속한다
> ssh -i ~/django-key.pem ubuntu@{ip address}
The authenticity of host {ip address} ({ip address}) can`t be established.
ED25519 key fingerprint is SHA256:B4GzYyNrr54gsMrYTOtjke96yPC14/gFrpOtFlkJDlU.
This key is not known by any other names

# 이 부분에서 yes를 입력한다.
Are you sure you want to continue connecting (yes/no/[fingerprint])? yes
Warning: Permanently added '{ip address}' (ED25519) to the list of known hosts.
Welcome to Ubuntu 20.04 LTS (GNU/Linux 5.4.0-1018-aws x86_64)

 * Documentation:  https://help.ubuntu.com
 * Management:     https://landscape.canonical.com
 * Support:        https://ubuntu.com/advantage

  System information as of {timestamp}

  System load:           0.0
  Usage of /:            6.7% of 19.32GB
  Memory usage:          43%
  Swap usage:            0%
  Processes:             108
  Users logged in:       1
  IPv4 address for eth0: 172.26.2.xxx
  IPv6 address for eth0: 2406:da12:ea6:4a00:xxx:xxx:xxx

0 updates can be installed immediately.
0 of these updates are security updates.

The list of available updates is more than a week old.
To check for new updates run: sudo apt update
Last login: {timestamp}

# 서버의 터미널이 실행된다. pwd로 현재 위치를 출력해본다
ubuntu@ip-{ip address}:~$ pwd
/home/ubuntu   # 자동 생성된 ubuntu 계정의 홈 디렉터리 위치
```

이제 브라우저에서 터미널을 사용할 필요 없이, 로컬의 터미널에서 서버의 터미널을 실행할 수 있다.

24.3 서버에 소스코드 전송

24.3.1 scp 명령어

로컬에서 서버의 터미널을 사용할 때는 ssh를 사용했다. scp(Secure copy)는 다른 컴퓨터 간 파일을 전송할 때 사용하는 명령어로, 사용법은 다음과 같다.

```
> scp 원본 파일 사용자@호스트주소:경로
```

로컬의 터미널 현재 위치에 있는 **index.html** 파일을 호스트(서버)의 **/home/ubuntu/** 위치로 전달하고 싶다면, 다음과 같이 사용한다. 서버 IP 주소는 3자리마다 점(**.**, **dot**)으로 구분된 12자리 숫자이다.

ex) scp index.html ubuntu@214.312.001.184:/home/ubuntu

```
> scp index.html ubuntu@서버IP주소:/home/ubuntu/
```

위 명령어는 계정에 보안이 없을 때이며, ssh 명령어를 사용할 때와 마찬가지로 열쇠 역할을 하는 SSH Key 파일을 지정해야 한다.

```
> scp -i ~/django-key.pem index.html ubuntu@서버IP주소:/home/ubuntu
```

24.3.2 scp 명령어로 파일 전송

빈 디렉터리에 index.html 파일을 만들고 간단히 내용을 채워놓은 후, 해당 디렉터리로 이동한다.

Terminal (로컬)

```
# index.html 파일을 생성한 위치로 이동 후 실행한다
> ls -al
total 8
drwxr-xr-x    3 lhy   staff   96  7 20 19:45 .
drwxr-xr-x@ 26 lhy   staff  832  7 20 19:45 ..
-rw-r--r--    1 lhy   staff   51  7 20 19:45 index.html

# scp 명령어 사용
> scp -i ~/django-key.pem index.html ubuntu@서버IP주소:/home/ubuntu/
index.html                                 100%   51     1.3KB/s    00:00

# ssh 명령어로 서버 접속
> ssh -i ~/django-key.pem ubuntu@서버IP주소
Welcome to Ubuntu 20.04 LTS (GNU/Linux 5.4.0-1018-aws x86_64)
...
...
Last login: {timestamp} from 111.111.111.111

# 전송한 파일을 확인
ubuntu@ip-172-26-2-145:~$ ls
index.html
```

24.3.3 소스코드를 전송

💡 **Tips** _ SSH로 서버 접속 후 나가기

터미널에서 ssh 명령어로 서버에 접속한 후에는 exit를 입력해서 접속을 종료하고 로컬 터미널로 돌아올 수 있다.

터미널에서 프로젝트 디렉터리보다 한 단계 위로 이동한 후, 프로젝트 디렉터리를 전송한다. 파일이 아닌 디렉터리를 전송할 때는 **-r 옵션**을 추가해야 한다.

Terminal (로컬)

```
# 전송하려는 pystagram 디렉터리의 상단까지 이동, ls 명령어로 디렉터리 확인
〉 ls -al  # Windows에서는 "ls"
total 0
drwxr-xr-x   3 lhy  staff   96  7 21 18:33 .
drwxr-xr-x@ 27 lhy  staff  864  7 21 18:33 ..
drwxr-xr-x   5 lhy  staff  160  7 21 18:34 pystagram

# scp -r 명령어로 디렉터리를 서버의 /home/ubuntu 위치로 복사
〉 scp -i ~/django-key.pem -r pystagram ubuntu@서버IP주소:/home/ubuntu/
asgi.py                                        100% 389     8.5KB/s   00:00
__init__.py                                    100%   0     0.0KB/s   00:00
..                                             100%  10     0.2KB/s   00:00
manage.py                                      100% 662     9.5KB/s   00:00

# ssh 명령어로 서버에 접속해 복사된 디렉터리를 확인
〉 ssh -i ~/django-key.pem ubuntu@서버IP주소
Welcome to Ubuntu 20.04 LTS (GNU/Linux 5.4.0-1018-aws x86_64)
..
..
ubuntu@ip-{ip address}:~$ ls -al
..
-rw-r--r-- 1 ubuntu ubuntu   51 Jul 20 10:50 index.html
drwxr-xr-x 3 ubuntu ubuntu 4096 Jul 21 09:36 pystagram   # 전송된 디렉터리
```

24.3.4 소스코드를 재전송

scp 명령어로 파일을 전송할 때, 기존에 있던 파일은 덮어씌워지지만 로컬에서 삭제된 파일이 전송된 곳에서도 자동으로 삭제되지는 않는다. (서버에 A, B, C 파일이 있고, 로컬에서는 C 파일을 지우고 D 파일을 생성해서 A/B/D 파일들이 있다면, scp 명령어로 업로드하면 C 파일이 지워지지 않고 A/B/C/D 파일이 모두 존재하게 된다.)

남아있는 파일은 프로젝트 실행 시 오류를 일으킬 수 있으므로, 로컬에서 소스코드가 변경되었다면 서버에 있는 소스코드를 삭제하고 재전송한다.

서버에서 rm 명령어로 소스코드 삭제

ssh 명령어로 접속 후 디렉터리를 삭제한다. 삭제 명령어는 rm이며, 디렉터리를 삭제할 때는 -r 옵션을 사용한다.

```
# ssh 명령어로 서버에 접속한다
> ssh -i ~/django-key.pem ubuntu@서버IP주소
ubuntu@ip-{ip address}:~$ ls -al
..
-rw-r--r-- 1 ubuntu ubuntu   51 Jul 20 10:50 index.html
drwxr-xr-x 3 ubuntu ubuntu 4096 Jul 21 09:36 pystagram    # 삭제할 디렉터리

# rm -r 명령어로 디렉터리를 삭제한다
ubuntu@ip-{ip address}:~$ rm -r pystagram

# 디렉터리가 삭제된 것을 확인한다
ubuntu@ip-{ip address}:~$ ls —al
```

ssh에 명령어를 전달해서 소스코드 삭제

서버에 접속 후 삭제하는 대신, ssh를 사용해 서버에 삭제 명령을 전달할 수도 있다.

```
# ssh로 터미널을 실행하는 대신, rm -r {경로} 명령어를 실행한다
> ssh -i ~/django-key.pem ubuntu@서버IP주소 rm -r /home/ubuntu/pystagram

# 이미 디렉터리가 삭제되었다면 아래 메시지가 출력된다
rm: cannot remove '/home/ubuntu/pystagram': No such file or directory
```

로컬 코드가 변경되었다면 서버에 있던 소스코드를 삭제한 후 scp 명령어로 코드를 다시 전송한다.

소스코드 전송

```
# pystagram 디렉터리를 /home/ubuntu로 전송한다
# 전송이 완료되면 /home/ubuntu/pystagram 디렉터리가 생성된다
> scp -i ~/django-key.pem -r pystagram ubuntu@서버IP주소:/home/ubuntu/
```

Django 실행

Django와 같은 파이썬 애플리케이션들은 일반적으로 **웹 서버 – WSGI – 파이썬 애플리케이션**으로 역할을 나누어 배포한다. 웹 서버는 외부로부터의 요청 수신과 정적 파일 제공에 최적화되어 있으며, WSGI는 웹 서버와 파이썬 애플리케이션 간의 통신을 규칙에 맞게 중개해준다.

배포에는 이렇게 역할이 나누어진 3개의 서비스를 사용하는 것이 정석적이나, 이 서비스들을 모두 이해하고 사용하는 것은 입문 단계에서는 어려운 일이다. 각각의 서비스를 설정하는 것도 어렵지만, 오류가 발생했을 때 어떤 서비스에서 발생한 것인지 찾는 것 역시 쉽지 않다.

그리고 배포에 사용하는 대표적인 서비스들은 지속적으로 바뀐다. 필자가 처음 Django를 시작하던 시기에는 Apache와 uWSGI를 사용하는 것이 가장 일반적인 배포 방법이었지만 얼마 지나지 않아 Nginx와 Gunicorn이 대세가 되었으며, 현재는 Nginx를 대체하는 Traefik과 Caddy라는 웹 서버들이 새로 등장하고 있다.

내장된 개발서버인 runserver는 실제 서비스를 운영하기에는 성능과 보안 요소가 충분하지 않지만, 오류 메시지를 쉽게 확인할 수 있으므로 책에서는 runserver를 사용해 배포해본다. 정석적인 배포 방법은 필자의 블로그(lhy.kr)나 이 책의 참고자료 사이트(books.django.ac)에 별도로 기재하겠다.

25.1 배포를 위한 구조 변경

25.1.1 소스코드가 아닌 파일들

24.3 서버에 소스코드 전송(p.364)에서 개발하던 소스코드를 서버에 전송해보았다. 배포한 서비스에 추가 개발한 내용을 적용하려면 소스코드를 다시 서버로 업로드해야 한다.

소스코드를 업로드하면 기존에 서버에 있던 파일들을 덮어씌우게 된다. Django소스코드를 덮어씌우는 것은 상관없지만 데이터베이스 파일(db.sqlite3)과 사용자가 업로드한 파일(User-uploaded files, media 디렉터리)들은 개발환경의 내용으로 덮어씌워지면 운영 중인 서비스의 데이터가 유실된다.

이를 막기 위해 소스코드가 아닌 파일들은 소스코드와 분리해야 한다. 배포에는 앞서 만들었던 pystagram 프로젝트를 사용한다. 프로젝트를 소스코드와 소스코드가 아닌 파일로 나누어보면 다음과 같다.

```
# 현재 pystagram 프로젝트의 구조
pystagram
├── [소스코드]
├── media/          # 사용자가 업로드한 파일이 저장되는 디렉터리
└── db.sqlite3      # 데이터베이스 파일
```

소스코드와 별개로 보존되어야 하는 파일들은 프로젝트 바깥으로 이동시킬 것이다.

```
~/PycharmProjects/
├── media/          # 사용자가 업로드한 파일
├── db.sqlite3      # 데이터베이스 파일
└── pystagram
    ├── media/
    ├── db.sqlite3
    └── [소스코드]
```

이렇게 구조를 바꾸면 서버에서 pystagram 디렉터리를 삭제하고 로컬에서 개발한 코드를 다시 업로드하여 보존되어야 하는 파일은 남기고 서버의 소스코드를 쉽게 갱신할 수 있다.

```
~/PycharmProjects/
├── media/
├── db.sqlite3
└── pystagram       # 이 디렉터리를 삭제하고 다시 업로드하면 소스코드만 업데이트된다
    └── [소스코드]
```

pystagram 디렉터리는 소스코드 디렉터리로 취급한다. 이 디렉터리 내부의 내용은 언제든 바뀌거나 삭제될 수 있어야 한다. 소스코드와 별개로 계속해서 보존되어야 하는 데이터베이스와 사용자가 업로드한 파일들은 이 디렉터리 외부에 위치하도록 설정을 변경해본다.

25.1.2 데이터베이스 파일 위치 변경

settings.py의 DATABASES에서 데이터베이스 설정을 변경할 수 있다. 현재 설정값은 아래와 같다.

settings.py

```
DATABASES = {
    "default": {
        "ENGINE": "django.db.backends.sqlite3",
        # "PycharmProjects/pystagram/db.sqlite3"를 나타냄
        "NAME": BASE_DIR / "db.sqlite3",
    }
}
```

BASE_DIR은 pystagram 디렉터리를 나타낸다. 이보다 한 단계 상위 디렉터리에 위치하도록 BASE_DIR.parent 값을 사용한다. 데이터베이스 파일의 이름도 pystagram-db.sqlite3로 변경한다.

settings.py

```
DATABASES = {
    "default": {
        "ENGINE": "django.db.backends.sqlite3",
        # "PycharmProjects/pystagram-db.sqlite3"를 나타냄
        "NAME": BASE_DIR.parent / "pystagram-db.sqlite3",
    }
}
```

이렇게 변경하고 `python manage.py migrate`를 실행하면 새로운 위치에 데이터베이스 파일이 생성된다.

💡 **Tips** _ 기존 DB 파일을 계속해서 사용

위와 같이 경로를 변경하면 migrate 시 새 데이터베이스 파일이 생성된다. PycharmProjects/pystagram/db.sqlite3 파일을 PycharmProjects 디렉터리로 이동시키고 이름을 pystagram-db.sqlite로 변경하면 기존 데이터베이스 파일을 계속해서 사용할 수 있다.

```
~/PycharmProjects/
├── pystagram-db.sqlite3  # 변경된 데이터베이스 파일 위치
└── pystagram
    ├── config/
    ├── media/
    ├── posts/
    ├── static/
    ├── templates/
    ├── users/
    └── manage.py
```

이제 pystagram 디렉터리를 삭제하거나 내부 내용을 변경해도 데이터베이스 파일에는 영향이 없다.

25.1.3 MEDIA_ROOT 위치 변경

settings.py의 MEDIA_ROOT에서 디렉터리 위치를 변경한다. 현재 설정값은 `PycharmProjects/pystagram/media` 디렉터리를 사용하고 있다.

settings.py

```
MEDIA_ROOT = BASE_DIR / "media"
```

PycharmProjects/pystagram-media 디렉터리를 사용하도록 변경한다.

settings.py

```
MEDIA_ROOT = BASE_DIR.parent / "pystagram-media"
```

```
PycharmProjects/
├── pystagram-db.sqlite3
├── pystagram-media/    # 변경된 MEDIA_ROOT 위치
└── pystagram
    ├── config/
    ├── posts/
    ├── static/
    ├── templates/
    ├── users/
    └── manage.py
```

데이터베이스와 사용자가 업로드한 파일들이 소스코드의 외부에 위치하도록 변경했다.

> 💡 **Tips** _ 기존 media 디렉터리 내용을 계속해서 사용
> 데이터베이스와 마찬가지로 media 디렉터리도 기존 내용을 계속해서 사용하고 싶다면 media 디렉터리를 PycharmProjects 디렉터리로 이동시키고 이름을 pystagram-media로 변경한다.

25.1.4 venv 위치 변경

db.sqlite3와 **media/** 디렉터리 외에 PyCharm에서 프로젝트 세팅 시 파이썬 가상환경이 저장되는 **venv/** 디렉터리가 있다. 이 디렉터리는 소스코드가 아니며 서버에서도 사용되지 않으며, 용량이 크기 때문에 매번 서버에 업로드하는 것은 비효율적이다.

```
PycharmProjects/
├── pystagram-db.sqlite3
├── pystagram-media/
├── pystagram-venv/    # 변경될 가상환경 디렉터리 위치
└── pystagram
    ├── ...
    └── venv/          # 기존 가상환경은 삭제
```

소스코드 디렉터리를 업로드할 때 포함되지 않도록 가상환경 디렉터리도 외부로 이동시킨다. **venv/** 디렉터리를 옮길 때는 PyCharm에서 추가적인 설정이 필요하다.

CHAPTER 25 Django 실행 371

새 가상환경 생성

01 PyCharm 우측 하단의 가상환경 버튼 **Python 3.11 (pystagram)**을 클릭 → Add New Interpreter → Add Local interperter…를 선택한다.

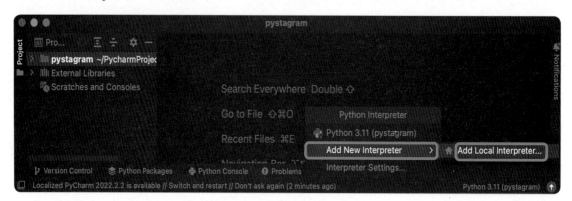

02 **New**를 선택하고 PycharmProjects/pystagram/venv 경로를 **PycharmProjects/pystagram-venv**로 변경하고 OK 버튼을 눌러 새 가상환경 생성한다.

03 새로 생성된 가상환경명(pystagram-venv)을 확인한다.

04 기존 가상환경 디렉터리 삭제한다. venv 디렉터리 우클릭 → Delete…를 선택 후 확인 팝업에서
Delete 버튼을 누른다.

25.1.5 라이브러리 재설치

기존에 사용하던 가상환경을 삭제하고 새로 생성했다면 파이썬 라이브러리들을 다시 설치해주어야 한다.
재설치 전에 켜진 터미널이 있다면 모두 종료하고 새 터미널을 열고 진행한다.

Terminal

```
# 모든 터미널을 종료 후 다시 열고 실행
> pip install 'django<5' 'pillow<10' 'django-admin-thumbnails<0.3'
Collecting django<5
  Using cached Django-4.x-py3-none-any.whl (8.1 MB)
Collecting pillow<10
  Using cached Pillow-9.x.whl (2.9 MB)
Collecting django-admin-thumbnails<0.3
  Using cached django-admin-thumbnails-0.2.6.tar.gz (6.2 kB)
  Preparing metadata (setup.py) ... done
...
Installing collected packages: sqlparse, asgiref, six, django, pillow, django-
admin-thumbnails
Successfully installed asgiref-3.x django-4.x django-admin-thumbnails-0.2.6
pillow-9.x six-1.16.0 sqlparse-0.4.3
```

25.2 runserver 실행

25.2.1 설치된 파이썬 패키지 추출

개발환경에 설치된 파이썬 패키지들을 서버에도 설치해야 한다. `pip install {패키지명}`으로 하나씩
설치하는 대신 현재 환경에 설치된 패키지들을 추출해보자.

Terminal (Local)

```
# 현재 설치된 패키지 목록
> pip list
Package                 Version
----------------------- -------
...
Django                  4.x
django-admin-thumbnails 0.2.6
Pillow                  9.x
...

# 현재 설치된 패키지 목록을 텍스트 파일로 추출
> pip freeze > requirements.txt

# 생성된 파일 확인
> ls -al
total 32
drwxr-xr-x  11 lhy  staff   352 Dec 20 19:09 .
drwxr-xr-x  10 lhy  staff   320 Dec 20 19:09 ..
drwxr-xr-x   9 lhy  staff   288 Dec 20 18:39 config
-rwxr-xr-x   1 lhy  staff   662 Dec 19 11:24 manage.py
drwxr-xr-x  14 lhy  staff   448 Dec 20 18:30 posts
-rw-r--r--   1 lhy  staff   102 Dec 20 19:02 requirements.txt
drwxr-xr-x   5 lhy  staff   160 Dec 20 18:30 static
drwxr-xr-x  12 lhy  staff   384 Dec 20 18:30 templates
drwxr-xr-x  13 lhy  staff   416 Dec 20 18:30 users

# 추출된 텍스트 파일 확인
> cat requirements.txt

...
Django==4.x
django-admin-thumbnails==0.2.6
Pillow==9.x
...
```

requirements.txt에 현재 설치된 패키지들이 버전 정보와 함께 저장되었다. 이 파일을 사용해 서버에서 같은 패키지를 설치한다.

25.2.2 서버에 소스코드 재전송

requirements.txt 파일이 추가되었으므로 소스코드를 재전송한다. 로컬환경에서 개발하며 변경된 코드를 서버에 적용할 땐 항상 아래의 두 과정을 거친다.

1. 서버에 있는 소스코드 삭제

Terminal (Local)

```
> ssh -i ~/django-key.pem ubuntu@{서버IP주소} rm -r /home/ubuntu/pystagram
```

2. 로컬의 소스코드를 서버에 업로드

Terminal (Local)

```
# PycharmProjects 디렉터리로 이동 후 실행
> scp -i ~/django-key.pem -r pystagram ubuntu@서버IP주소:/home/ubuntu/
```

25.2.3 파이썬 패키지 설치

서버에 접속해 전송받은 requirements.txt 파일을 사용해 패키지를 설치한다. 로컬에서 pip install로 새 패키지를 설치할 때마다 pip freeze를 사용해 requirements.txt를 생성하고, 서버에서는 scp로 소스코드와 함께 requirements.txt 파일을 받아 로컬에 설치한 것과 같은 버전의 패키지들을 설치해주어야 한다.

나중에 runserver를 실행할 때 관리자 권한이 필요하므로 서버에 접속한 후에는 root 계정으로 전환 후 작업한다. 파이썬과 달리, 패키지 관리자인 pip는 `sudo apt installl python3-pip` 명령어로 설치해야 사용할 수 있다. (다음 쪽 코드 참조)

```
〉 ssh -i ~/django-key.pem ubuntu@서버IP주소
Welcome to Ubuntu 20.04 LTS (GNU/Linux 5.4.0-1018-aws x86_64)
...
Last login: {timestamp}

# root 계정으로 전환
ubuntu@{ip_name}:~$ sudo su

# 앞의 계정명이 root로 바뀐 것을 확인
root@{ip_name}:/home/ubuntu#

# pystagram 디렉터리로 이동
root@{ip_name}:/home/ubuntu# cd /home/ubuntu/pystagram

# requirements.txt 내용을 확인
root@{ip_name}:/home/ubuntu/pystagram# cat requirements.txt
...
Django==4.x
django-admin-thumbnails==0.2.6
Pillow==9.x
...

# (한 번만 실행) 아직 pip를 설치하지 않은 경우 설치
〉 root@{ip_name}:/home/ubuntu/pystagram# apt update
〉 root@{ip_name}:/home/ubuntu/pystagram# apt install python3-pip
Need to get 61.9 MB of archives.
After this operation, 228 MB of additional disk space will be used.
Do you want to continue? [Y/n] Y
Get:1 http://ap-northeas...


# requirements.txt 파일을 사용해 패키지 설치
root@{ip_name}:/home/ubuntu/pystagram# pip install -r requirements.txt
...
Collecting Django==4.x
  Downloading Django-4.x-py3-none-any.whl (8.1 MB)
     |████████████████████████| 8.1 MB 17.5 MB/s
...
Successfully installed Django-4.x...
```

25.2.4 runserver 실행 확인

python3 manage.py migrate로 서버에 데이터베이스를 생성하고 **python3 manage.py runserver**로 runserver를 실행한다.

Terminal (Server, ubuntu → root로 계정 전환)

```
# python이 아니라 python3임에 유의
# migrate 실행
root@{ip_name}:/home/ubuntu/pystagram# python3 manage.py migrate
Operations to perform:
  Apply all migrations: admin, auth, contenttypes, posts, sessions, users
Running migrations:
  Applying contenttypes.0001_initial... OK
  ...

# runserver 실행
root@{ip_name}:/home/ubuntu/pystagram# python3 manage.py runserver
Watching for file changes with StatReloader
...
Django version 4.x, using settings 'config.settings'
Starting development server at http://127.0.0.1:8000/
Quit the server with CONTROL-C.
```

💡 **Tips _ Ubuntu 20.04 내장 파이썬**

Ubuntu 20.04 버전에는 3.8 버전의 파이썬이 탑재되어 있다. 로컬 개발환경에서는 3.11 버전을 사용했지만, 지금까지 작성한 모든 코드는 3.8 버전에서도 문제없이 동작한다. 로컬과 달리 파이썬을 실행하려면 **python** 대신 **python3** 명령어를 사용해야 한다. **Python** 명령어는 Python2.7 버전을 사용하는 프로그램들의 하위 호환을 위해 남겨 있다. 먼 미래에는 **python** 명령어를 사용해 Python3.x 버전을 사용할지도 모르나, 이 책을 쓰는 시점의 최신 Ubuntu인 22.04에서도 **python3** 명령어를 사용해야 한다.

25.2.5 runserver를 외부에서 접속 가능하도록 실행

추가 옵션 없이 실행한 runserver는 127.0.0.1이라는 IP 주소를 사용한다. 127.0.0.1은 루프백 주소로, 이 주소로 서버를 실행하면 내부(runserver를 실행한 컴퓨터)에서만 접속이 가능하며 외부에서는 접근이 불가능하다. 로컬 개발환경에서는 실행한 컴퓨터에서 직접 접속했기 때문에 문제가 없었지만, 서버에서 실행한 runserver의 결과를 보려면 외부에서의 접속을 허용해야 한다.

127.0.0.1 대신 0.0.0.0을 사용하면 외부에서 접속할 수 있는 서버가 실행된다. Lightsail 서버는 기본적으로 80번 포트가 열려 있으므로 0.0.0.0 주소와 80번 포트를 사용해 runserver를 실행해본다.

```
root@{ip_name}:/home/ubuntu/pystagram# python3 manage.py runserver 0.0.0.0:80
Watching for file changes with StatReloader
Performing system checks...

System check identified no issues (0 silenced).
{timestamp}
Django version 4.x, using settings 'config.settings'
Starting development server at http://0.0.0.0:80/
Quit the server with CONTROL-C.
```

서버를 실행된 상태로 두고, 브라우저에서 Lightsail 서버의 IP 주소로 접속해보자.

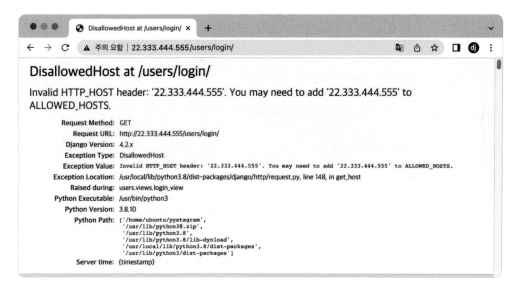

Lightsail 서버에서 실행된 Django runserver에 접속했다. DisallowedHost 오류는 Django의 보안 요소 중 하나로, 지정하지 않은 도메인이나 IP 주소로부터의 접속을 차단하는 기능이다.

runserver의 기본설정은 localhost 도메인과 127.0.0.1 IP 주소만을 허용한다. settings.py의 ALLOWED_HOSTS에 모든 IP를 허용하는 설정을 추가해서 에러 메시지를 없애보자.

config/settings.py

```
# 모든 IP 주소와 도메인을 허용한다
ALLOWED_HOSTS = ["*"]  # 기본값은 빈 리스트이다
```

> 📄 **Docs** _ settings.ALLOWED_HOSTS
>
> ALLOWED_HOSTS 허용된 도메인과 IP 주소 외의 요청을 차단해주는 보안 요소 중 하나이다. 지금은 실행을 확인하기 위해 모든 IP 주소와 도메인을 허용했지만, 실제 서비스 시에는 사용하는 도메인과 IP 주소들을 등록해 운영해야 한다.

변경한 소스코드를 업로드해서 서버에 변경사항을 반영해야 한다. 서버에서 실행한 runserver를 종료하고 소스코드를 전송한다.

Terminal (Local)

```
# pystagram 디렉터리의 한 단계 위에서 실행
> ssh -i ~/django-key.pem ubuntu@{서버IP주소} rm -r /home/ubuntu/pystagram
> scp -i ~/django-key.pem -r pystagram ubuntu@서버IP주소:/home/ubuntu/
```

소스코드가 모두 업로드되었다면 서버에서 다시 runserver를 실행한다.

```
# 서버에 접속해 있던 상태로 디렉터리를 삭제했다면 동작이 정상적이지 않을 수 있다
# 이 경우 cd {경로} 명령어로 다시 생성된 디렉터리로 경로를 변경 후 실행한다
root@{ip_name}:/home/ubuntu/pystagram# cd /home/ubuntu/pystagram

# runserver 실행
# 0.0.0.0:80은 0:80으로 줄여서 쓸 수 있다
root@{ip_name}:/home/ubuntu/pystagram# python3 manage.py runserver 0:80
Performing system checks...

System check identified no issues (0 silenced).
{timestamp}
Django version 4.x, using settings 'config.settings'
Starting development server at http://0:80/
Quit the server with CONTROL-C.
```

브라우저에서 다시 Lightsail 서버의 IP 주소로 접속해보자.

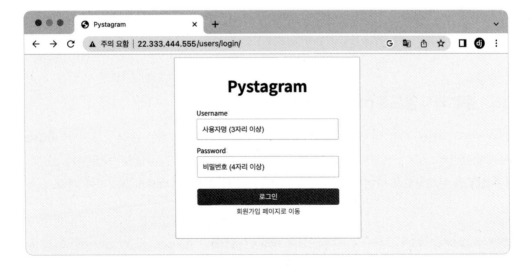

로그인 페이지가 나타난다. 서버에서 `python3 manage.py createsuperuser`로 사용자를 생성하고 로그인 되는지도 확인해본다.

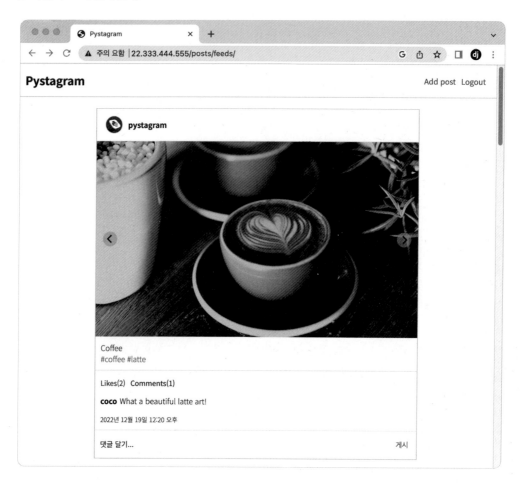

인터넷에 배포되어 있으므로 서버를 실행하는 동안에는 이 주소만 입력하면 누구든 사이트에 접속할 수 있다.

25.2.6 종료되지 않도록 runserver 실행

`python3 manage.py runserver`로 실행한 서버는 ssh 접속을 해제하는 순간 종료된다. runserver가 계속 켜지게 하려면 nohup 명령어를 사용한다. nohup으로 실행한 runserver는 사용자가 ssh에서 로그아웃하는 신호를 무시하도록 하며, 결과적으로 ssh 접속을 해제해도 계속해서 동작하게 된다.

```
# 마지막에 &를 붙이는 것에 유의
root@{ip_name}:/home/ubuntu/pystagram# nohup python3 manage.py runserver 0:80 &
[1] 346359    # 실행된 runserver 프로세스의 ID
```

실행 중인 runserver 프로세스는 ps 명령어로 확인할 수 있다.

```
# 엔터를 한 번 더 치면 명령어를 입력할 수 있는 상태가 된다
root@{ip_name}:/home/ubuntu/pystagram# ps -ax | grep runserver
346359 pts/0    S       0:00 python3 manage.py runserver 0:80
346360 pts/0    Sl      0:00 /usr/bin/python3 manage.py runserver 0:80
346381 pts/0    S+      0:00 grep --color=auto runserver

# exit로 ssh 접속 해제
root@{ip_name}:/home/ubuntu/pystagram# exit
```

ssh 접속을 해제해도 서버는 계속 실행되어 있다. runserver를 종료하려면 `pkill -9 python3` 명령어를 사용한다.

```
root@{ip_name}:/home/ubuntu/pystagram# pkill -9 python3
[1]+  Killed                  nohup python3 manage.py runserver 0:80
```

간단한 설정으로 runserver를 외부에서 접속할 수 있도록 실행하고, ssh 접속을 종료해도 계속해서 실행되게 해보았다. 앞서 말했듯 실제 서비스 운영 시에는 **웹 서버 - WSGI - Django**로 연결되는 배포 구조를 갖춰야 하지만, 개발단계에서 간단히 동작을 확인하고자 한다면 이렇게 내장 서버인 runserver를 사용해 시간을 절약할 수 있다.

• • •
파이썬으로 시작하는 웹 프로그래밍

이한영의
Django 장고 입문

1판 1 쇄 인쇄 2023년 3월 5일
1판 1 쇄 발행 2023년 3월 10일

―

지 은 이 이한영
발 행 인 이미옥
발 행 처 디지털북스
정   가 25,000원
등 록 일 1999년 9월 3일
등록번호 220-90-18139
주   소 (03979) 서울 마포구 성미산로 23길 72 (연남동)
전화번호 (02) 447-3157~8
팩스번호 (02) 447-3159

―

ISBN 978-89-6088-422-9 (93000)
D-23-02
Copyright ⓒ 2023 Digital Books Publishing Co., Ltd

DIGITAL BOOKS
디지털북스